Alexander S. Coburg

Schöne weite Welt

Reisenotizen

Bibliografische Information der Deutschen Nationalbibliothek:
Die Deutsche Nationalbibliothek verzeichnet diese Publikation in der
Deutschen Nationalbibliografie; detaillierte bibliografische Daten sind
im Internet über http://dnb.dnb.de abrufbar.

© 2016 Alexander S. Coburg

Herstellung und Verlag: BoD – Books on Demand, Norderstedt
Umschlaggestaltung: font11, Berlin
Titelfoto: https://pixabay.com/de
ISBN: 978-3-7412-9899-8

Inhalt

Teil I	11
In deutschen Landen	11
Insel Mainau und Meersburg	13
Klassenfahrten in Hunsrück und Teutoburger Wald	14
Flugreise nach Westberlin	15
Ahrtal	16
Tübingen	17
Düsseldorf	18
Mainz	19
Taxi-Rundfahrt durch Leipzig	19
Ostfriesische Inseln	21
Frankfurt am Main und Bad Homburg	23
Braunschweig, Göttingen und Stuttgart	25
Ausgewählte Wanderungen	27
Oberbayern mit Königsschlössern	29
Weitere Wanderungen	30
Hagen und Wuppertal	32
Siegerland und Westerwald	32
Aachen und Xanten	34
Entlang von Rhein und Mosel	35
Abschied von der Nordsee	37
Von Lübeck bis Kiel	38
Hansestadt Bremen	40
Lüneburger Heide	40
Hannover	41
Goslar	42
Entlang der Weser	43
Altes Land	45

Schwäbisch Hall und Ulm	46
München	47
Romantische Straße	49
Nürnberg	52
Bamberg und Bayreuth	54
Busfahrt nach Westberlin	57
Hansestadt Hamburg	57
Kassel und Fulda	59
Lahntal	60
Schwarzwald	61
Regensburg, Straubing, Passau und Bayerischer Wald	63
Thüringen	65
Östlicher Harz	69
Von Heidelberg durch Odenwald und Spessart	70
Bodensee	71
Tegernsee	73
Dachau	74
Naumburg, Magdeburg und Schwerin	74
Mecklenburgische Seenplatte	75
Berlin und Potsdam	77
Insel Rügen und Hansestadt Stralsund	79
Flensburg, Ratzeburg und Wolfenbüttel	83
Soest und Paderborn	85
Speyer und Worms	86
Merseburg und Halle an der Saale	87
Wörlitzer Park und Lutherstadt Wittenberg	88
Berliner Museen und Brandenburg an der Havel	89
Insel Usedom	90
Zwickau	93
Busfahrt nach Dresden	94
Münster	97
Weimar und Erfurt	98
Spreewald	103
Busfahrt ins Havelland	112
Bayern-Rundfahrt	114

Busfahrt an die Mosel	122
Teil II	127
Visite in der alten Heimat	127
Breslau	129
Niederschlesien	135
Erzgebirge	142
Teil III	147
Inselurlaub auf Bornholm	147
Die Perle der Ostsee	149
Teil IV	159
Auf Europas Pfaden	159
Klassenfahrten nach Zandvoort und zum Luganer See	161
Radtour durch Holland und Belgien	162
Vier-Länder-Busrundfahrt	164
Oslo	166
Amsterdam	168
Camping auf der Insel Texel	169
Barcelona	170
Salzburg und Innsbruck	177
Flugreise nach London	178
Flugreise nach Rom	183
Paris	187
Flugreise nach Budapest	193
Kopenhagen, Oslo und Insel Rømø	196
Urlaub in Zoutelande	200
Rotterdam, Delft und Den Haag	201
Belgien und Luxemburg	204
Busfahrt nach Südtirol	206
Flugreise nach Griechenland	208
Busfahrt nach Prag	219
Wien und Wachau	225
Schweiz und Mailand	229
Nordfrankreich	232
Flugreise nach Venedig	237
Steiermark und Jugoslawien	239

Dänemark und Schweden	242
Plattensee	246
Flugreise nach Mallorca	249
Flugreise nach Lissabon	251
Zürich und Luzern	256
Straßburg und Colmar	257
Krakau	259
Flugreise nach Kreta	259
Busreise nach Südfrankreich und Monaco	264
Busfahrt in die Tschechische Republik	267
Busreise nach Masuren	269
Zweite Busfahrt nach Südtirol	275
Busreise in die Toskana	279
Teil V	285
Fernweh	285
Flugreise nach New York	287
Flugreise nach Kairo	291
Flugreise nach Moskau und Leningrad	298
Flugreise nach Israel	307
Flugreise nach Mexiko	317
Flug nach Hongkong	324
Rundreise durch die Volksrepublik China	327
Flug auf die Insel Djerba	344
Busreise durch Südtunesien	347

Teil I

In deutschen Landen

Insel Mainau und Meersburg

Meine Familie zog es schon früh an den Bodensee: zum einen konnte der Vater seinem Angelvergnügen nachgehen, während der Rest der Familie den Blick auf den See genoss; zum anderen bot sich der Besuch von lohnenswerten Zielen in der näheren Umgebung an, wie zum Beispiel das Blumenparadies auf der Insel Mainau, das dem schwedischen Grafen Bernadotte gehört, oder die alte Stadt Meersburg, wo der Vater einst die Reichsfinanzschule absolvierte.

Die Blumeninsel beeindruckt sogar ihn als botanisch Uninteressierten. Die gärtnerische Gestaltung ist eine wahre Meisterleistung, die Farbenpracht geradezu überwältigend. Die ab und zu vom See herüber wehende Brise treibt den Blumenduft in die Nasen der Besucher. Ganze Bienenvölker saugen gierig den Nektar aus den Blüten, Libellen führen ihre Tänze auf, Schwärme von Schmetterlingen flattern durch die Luft. Ein wahres Paradies begegnet den Naturfreunden auf Schritt und Tritt.

Auch Meersburg mit seinem historischen Stadtbild, dem bunten Treiben in den engen und steilen Gassen, den gepflegten Bürgerhäusern sowie Sehenswürdigkeiten – unter anderen das markante Obertor, das Alte Schloss als ehemaliges Domizil der Dichterin Annette von Droste-Hülshoff und das Neue, nach Plänen von Balthasar Neumann erbaute Schloss – zieht ihn magisch an, versprüht einen Hauch von Romantik.

Und den Bodensee selbst, Deutschlands größtes Binnenmeer, mit der Schweiz und Österreich als weiteren Anrainerstaaten, seiner riesigen Wasserfläche und den am Ufer wie Perlen aufgereihten Ortschaften, empfindet er in manchem Winkel gar als eine Oase der Ruhe.

Klassenfahrten in Hunsrück und Teutoburger Wald

Freude kam während der Schulzeit immer dann auf, wenn Klassenfahrten auf dem Programm standen. An zwei Inlandstouren nahm ich während meiner Zeit am Gymnasium teil: nach Hermeskeil im Hunsrück und nach Oerlinghausen im Teutoburger Wald, wo jeweils in Jugendherbergen übernachtet wurde. Im Vordergrund stand natürlich das pure Freizeitvergnügen – herumalbern, Schabernack treiben, die pädagogischen Begleiter foppen, mit den Klassenkameraden herumtollen. Auch Fußball spielen gehörte dazu. Dennoch sollte die Bildung nicht zu kurz kommen.

Was sie bei den Ausflügen am meisten beeindruckt, sind im Hunsrück die gigantischen Ausmaße des südlich von Hermeskeil gelegenen Ringwalls Otzenhausen, hinter dessen Wällen sich einst die Kelten verschanzt hatten; im Teutoburger Wald die hoch aufragenden, seltsam geformten Externsteine bei Horn-Bad Meinberg und das monumentale Hermannsdenkmal in der Nähe von Detmold, auf dessen Sockel der Bezwinger der römischen Besatzer, Arminius der Cheruskerfürst, thront.

Flugreise nach Westberlin

Mit den Teilnehmern eines Abendkurses besuchte ich Westberlin. Der Lehrer, der mich von der Höheren Handelsschule her kannte, hatte mich zu dem Ausflug eingeladen. Weil ich mich acht Jahre nach der Flucht und kurz nach dem Mauerbau noch nicht auf DDR-Territorium wagte, entschloss ich mich, ab Hannover-Langenhagen das Flugzeug nach Berlin-Tempelhof zu nehmen, wählte für Hin- und Rückflug also die Route, auf der ich mit der Familie von Westberlin ausgeflogen worden war. Alle anderen legten die gesamte Strecke mit dem Lehrer im Reisebus zurück. Im Westen der geteilten Stadt angekommen, wurden wir in einem Schullandheim im Grunewald einquartiert.

Die noch am selben Tag stattfindende Besichtigungstour führt zunächst zum Funkturm, den er mit ein paar schwindelfreien Mitstreitern besteigt – belohnt mit einem großartigen Rundblick auf die zu Füßen liegende Stadt. Dann folgen das Olympiastadion und das Hansaviertel, eine Mustersiedlung modernen Wohnens – mit Bauten von Walter Gropius, Oscar Niemeyer und Alvar Aalto, um nur einige Architekten zu nennen. An der Siegessäule, dem Schloss Bellevue und der Kongresshalle vorbei geht es zum Reichstag, auf dem damals noch keine Glaskuppel thront, und zum Brandenburger Tor, das seit dem Mauerbau als Symbol der deutschen Teilung gilt und komplett gesperrt ist. Von dort fährt der Bus zur Kaiser-Wilhelm-Gedächtnis-Kirche, deren Turmruine an die Zerstörungen im Zweiten Weltkrieg erinnern soll, und über den östlichen Teil des Kurfürsten-

damms zum Rathaus Schöneberg, dem Sitz des Westberliner Senats und Abgeordnetenhauses.

An den beiden restlichen Tagen verlässt er zwischenzeitlich die Gruppe, um mit einem der Reiseteilnehmer in der Deutschen Oper "Die verkaufte Braut" von Friedrich Smetana und im Theater des Westens "My Fair Lady" von Frederick Loewe zu besuchen. Natürlich begegnen sie auch den typischen Berlinern: den Drehorgelspielern, den Bouletten-Verkäufern und den Trödlern. Und nicht zuletzt den Türken, der größten Ansammlung in Europa außerhalb der Türkei. Einer dieser Spezies sorgt gar für einen Aufsehen erregenden Zwischenfall. Als sie in einem Lokal mit einer jungen Frau Blickkontakt aufnehmen, geht ein vor Eifersucht rasender Türke plötzlich mit einem Messer auf sie los. Zum Glück schaffen sie es, die Flucht zu ergreifen und den Widersacher abzuhängen.

Ahrtal

An der Ahr, wo ich – im Zusammenhang mit dem Bau des Regierungsbunkers in Marienthal-Dernau – mit einem Kollegen beruflich im Einsatz war, nahmen wir während unserer Freizeit die Gelegenheit wahr, die Umgebung näher zu erkunden.

In Ahrweiler bewundern sie den mittelalterlichen Stadtmauerring, erfreuen sich am Fachwerk-Idyll, bestaunen die alten schmiedeeisernen Kunstwerke über den Eingängen der Weinstuben und kehren am frühen Abend im Weinhaus Sankt Peter in Walporzheim ein, wo sie Fasan nach Pfälzer Art genießen. Zum Ausklang des Tages steigen sie in den größten Weinkeller von Mayschoss hinab und trinken einige

Schoppen des kräftigen Rotweins, der an den Hängen der Ahr prächtig gedeiht. Beim Verlassen des kühlen Kellers versetzt sie die warme Außenluft in einen wahren Rausch. In ihrer Weinseligkeit derart laut singend, dass sie von einigen Fenstern aus energisch um Ruhe gebeten werden, torkeln sie in Richtung ihrer Pension und fallen – erst nach längerem Suchen ihrer Herberge – schließlich volltrunken in die Betten.

Tübingen

Jedes Mal, wenn er seine Verlobte besucht, ist ein Blick auf das historische Altstadtensemble obligatorisch. Zu drei Stellen fühlt er sich besonders hingezogen: zur Eberhardsbrücke, die einen schönen Blick auf Stiftskirche, Hölderlinturm, Schloss und den Neckar mit seiner Platanenallee ermöglicht; zum dreieckig angelegten Marktplatz mit Renaissance-Rathaus, Neptunsbrunnen und alten Fachwerkhäusern; und zum Schloss Hohentübingen, hoch über der Stadt auf einem Bergsporn zwischen Neckar und Ammer gelegen, mit seinem schönen Renaissance-Portal. Das Zisterzienserkloster im nahe gelegenen Bebenhausen mit dem bemerkenswerten Kreuzgang und die auf einem Hügel thronende Wurmlinger Kapelle stellen weitere Anziehungspunkte dar. Was ihn an Tübingen erstaunt, ist das quirlige Leben in den romantischen Gassen und Winkeln der Altstadt – bei Tag wie auch bei Nacht. Und wohin ihn auch die Füße tragen: überall in der Stadt ist die Universität gegenwärtig, begegnen ihm ganze Heerscharen von Studenten.

Düsseldorf

Zweimal wurde ich, gemeinsam mit Kollegen des Armaturen-Herstellers, von der Geschäftsleitung in die Stadt am Rhein eingeladen: im Sommer zu einem Treffen in der Altstadt; im Winter zu einer Weihnachtsfeier. Vor allem den Abend in der Altstadt sollte ich so schnell nicht vergessen.

Sie ziehen von einer Kneipe in die andere, werden jedes Mal von einem blaugewandeten, schlagfertigen Köbes bedient und stoßen untereinander mit einem dunklen, obergärigen Altbier an. Während des Kneipenbummels begegnen sie vor dem Alten Rathaus dem Reiterstandbild des Jan Wellem, wie die Einheimischen den Kurfürst Johann Wilhelm nennen, sehen den Kindern zu, die mit akrobatischer Behändigkeit ein Rad nach dem anderen schlagen, und müssen sich immer wieder durch herumstehende Gäste hindurch kämpfen, die an dem warmen Sommertag ihr Bier draußen vor den geöffneten Fenstern der Lokale trinken. Jetzt verstehen sie, warum man die Altstadt die längste Theke der Welt nennt. Richtig gemütlich wird es nach Einbruch der Dunkelheit, wenn das ganze Viertel erleuchtet ist, die Häuserfassaden angestrahlt werden und in den Kneipen Kerzen für schummriges Licht sorgen. Und um dem steigenden Alkoholpegel die notwendige Grundlage zu verschaffen, entschließen sie sich – kurz vor dem gemeinsamen Abendessen – für einen lokal üblichen Zwischenimbiss, genießen ein halbes Roggenbrötchen mit Mainzer Käse, "halve Hahn" genannt.

Mainz

Die Reise nach Mainz führte zu einer der beiden Konzernmütter des Glasfaser-Produzenten und diente der beruflichen Weiterbildung. Eine Weinprobe im Rheingau sollte immerhin für Abwechslung sorgen, um so zur Geselligkeit beizutragen. Zusätzlich nahm ich die sich bietende Gelegenheit wahr, einen Blick auf die Stadt zu werfen.

In der Altstadt südwestlich vom Dom St. Martin und St. Stephan ziehen die Fachwerkbauten und Weinlokale die Besucher an. Auch auf dem Marktplatz und in einigen umliegenden Gassen befinden sich alte Häuser und Einkehrmöglichkeiten. In einer dieser Gaststätten verzehrt er einen gefüllten Saumagen, eine würzige Pfälzer Spezialität. Auch von einer Besichtigungsmöglichkeit macht er Gebrauch, nimmt an einem Rundgang durch den Dom teil, in dem vor allem die zahlreichen, Jahrhunderte alten, Erzbischöfen, Domherren und Heiligen gewidmeten Grabdenkmäler erwähnenswert sind. Nicht weniger beeindruckend zeigt sich der romanische Kirchenbau von außen, wirkt vor allem an seiner Westfront fast wie eine trutzige Burg. Was ihn sonst noch interessiert, ist das Gutenberg-Museum, das zu dieser Tageszeit aber leider schon geschlossen ist.

Taxi-Rundfahrt durch Leipzig

Zur Leipziger Frühjahrsmesse fuhr ich dieses Mal aus privatem Anlass, wollte mich ein weiteres Mal mit meinem älteren Bruder und dessen Familie treffen. Das Telegramm hatte ich rechtzeitig nach Halle geschickt. Ob es dort jemals ankam, durfte ich mit Recht bezweifeln. Denn das Wiedersehen am vereinbarten Ort zur verabredeten Zeit fand nicht statt. So nutzte ich die Gelegenheit, mir die Stadt am Zusammenfluss von Weißer Elster und Pleiße näher anzusehen.

Er mietet ein Taxi, handelt den Preis für eine Rundfahrt durch die Stadt und einen Abstecher zum Messegelände aus. Der Fahrer kutschiert ihn nicht nur überall hin, sondern lässt ihm auch genügend Zeit, sich in Ruhe alles anzuschauen.

Die Fahrt beginnt am Hauptbahnhof, dem einst größten Kopfbahnhof Europas, mit seinen doppelt vorhandenen Anlagen – wegen der damals getrennten sächsischen und preußischen Staatsbahnen. Von dort geht es in die Innenstadt: zum Markt mit dem Alten Rathaus, der Alten Waage und Barthels Hof, dem ältesten erhaltenen Durchgangshof – einem im 16. Jahrhundert charakteristischen Gebäudetyp; zur Thomaskirche, der Heimstätte des weltberühmten Thomanerchores, mit dem Denkmal Johann Sebastian Bachs davor; zum monumentalen Neuen Rathaus und dem gegenüber liegenden ehemaligen Reichsgericht, wo der Reichstagsbrand-Prozess stattfand; zum Universitätshochhaus, von den Einheimischen "Weisheitszahn" genannt; zum Opernhaus und der Nikolaikirche, die später mit den Friedensgebeten Geschichte schreiben, die Wende einleiten sollte; zu Specks Hof, einem typischen Messehaus mit Passagensystem; schließlich zum Naschmarkt mit dem Handelshof und der Alten Handelsbörse samt Goethe-Denkmal. Was ihm überall begegnet, sind zum einen die riesigen, an Fassaden aufgehängten Konterfeis der Staatsführung, zum anderen die Vielzahl von Transparenten mit sozialistischen Parolen. Und dazwischen natürlich das Wehen der Wimpel mit dem markanten Messe-Symbol und der unverwechselbare Gestank der Zweitakter.

Nach einer Einkehr mit kurzer Kaffeepause fahren sie in Richtung Messegelände: zuerst zur Russischen Gedächtniskirche, die zum Gedenken an die in der Völkerschlacht gefallenen russischen Soldaten erbaut wurde; danach zum Völkerschlachtdenkmal, dem über neunzig Meter hohen monumentalen Granitbau – einem Mahnmal, das an alle Gefallenen des vor dem Zweiten Weltkrieg größten Waffengangs aller Zeiten erinnern soll. Hier hatten sich Anfang des 19. Jahrhunderts das knapp zweihunderttausend französische Soldaten umfassende Heer Napoleons und eine über dreihunderttausend Mann starke, aus Schweden, Russen, Preußen und Österreichern bestehende Armee gegenübergestanden. Das Gemetzel forderte fast hundertdreißigtausend Menschenleben. Bestürzt angesichts so viel vergossenen Blutes, ohne jemals daraus Lehren gezogen zu haben, wie allein die beiden Weltkriege beweisen, lässt er sich zurück in die Stadt bringen.

Ostfriesische Inseln

Schon in meiner ersten Ehe war ich häufig unterwegs: nicht nur, was das spätere Pendeln zwischen dem Siegerland und dem Ruhrgebiet betraf. Ein Anziehungspunkt in den ersten Jahren war die Nordsee, genauer gesagt deren ostfriesische Inseln.

Ohne die Tochter, die, wie anderweitig berichtet, vom Schwiegervater abgeholt worden war, nutzen sie die Gelegenheit, von Juist aus einen Ausflug zur östlichen Nachbarinsel Norderney zu unternehmen. Alles in allem sind sie enttäuscht. Die dort zugelassenen Autos ver-

pesten mit ihren Abgasen die Luft – zumindest im Ortsinneren fällt das Atmen bisweilen schwer. Und die Touristen, meist Tagesgäste, fallen wie früher die Seeräuber über die Insel her, plündern förmlich die Geschäfte mit dem völlig überteuerten Warenangebot und besetzen in Windeseile die Plätze in Cafés und Gaststätten auf typisch deutsche Art, indem jeweils eine Person gleich einen ganzen Tisch für den nicht anwesenden Rest der Familie reserviert. Der Masse des Proletariats stehen die feinen Leute gegenüber – weniger die Gebildeten, eher die Neureichen, die sich an der scheinbaren Exklusivität des Seebades ergötzen, die Nase über das einfache Volk rümpfen, sich in die teuren Hotels und Restaurants zurückziehen, mit einstudiertem Gesichtsausdruck deutlich ihren Dünkel zeigen und sich in ihrer Naivität von der Sterne-Küche blenden, mitunter auch über den Tisch ziehen lassen. Ungeduldig warten sie auf die Rückfahrt, wollen so schnell wie möglich das ostfriesische Sylt verlassen. Wie angenehm ruhig ist es dagegen auf Juist, wie sauber die Luft, wie bezahlbar die Preise, wie naturverbunden die Gäste.

Meine erste Ehe stand kurz vor dem Ende, als ich nochmals einen Versuch wagte, mit meiner mittlerweile fünf Jahre alten Tochter Urlaub an der Nordsee zu machen – ohne ihre Mutter, die nicht mehr mitfahren wollte, dafür mit ihren Großeltern. Wir hatten ein Appartement in einer Ferienanlage in Hooksiel gebucht – mit einem Wohnraum, zwei Schlafzimmern, Küche und Bad. Ich schlief mit der Tochter im einen, meine Schwiegereltern im anderen Zimmer. Wir unternahmen Spaziergänge oder fuhren ans Meer, wo der Sprössling am Strand Sandburgen bauen oder durch den Schlick des Watts stapfen konnte; beobachteten die Fischer, wenn sie die Krabben vom Kutter luden – mit dem üblichen Gestank, der mir zu schaffen machte; und machten an Spielplätzen halt, auf denen sich die Kleine austoben konnte.

Einmal machen sie einen Ausflug auf die Insel Spiekeroog, lassen sich mit einem Boot von Neuharlingersiel aus, dem wohl schönsten Fischerhafen Ostfrieslands, hinüber bringen und erkunden einen Teil der Westküste zu Fuß, bis die Tochter keine Lust mehr hat. Die grünste aller Inseln ist noch ruhiger als Juist, verbreitet mit ihren verstreut liegenden, von farbenprächtigen Gärten umgebenen Friesenhäusern einen kaum zu beschreibenden Charme. In manchen Winkeln ist sie aber auch von großer Einsamkeit geprägt. Nur wer die totale Abgeschiedenheit sucht, ist hier bestens aufgehoben.

Frankfurt am Main und Bad Homburg

Meine gelegentlichen Aufenthalte in der Bankenhochburg, die wegen der Lage am Main und der vielen Wolkenkratzer "Mainhattan" genannt wird, nutzte ich nicht nur für anfallende Büroarbeiten in der Zentrale der Wirtschaftsprüfungsgesellschaft, sondern auch um die Stadt zu erkunden. Mit Vorliebe begab ich mich in die Altstadt beziehungsweise das, was nach dem Krieg noch von ihr übrig geblieben war: erfreute mich an historischen Gebäuden wie dem Römer, der einst als Rathaus diente – mit Kaisersaal und Innenhöfen, dem gotischen Dom St. Bartholomäus als Krönungskirche deutscher Kaiser und Könige und der klassizistischen Paulskirche, die für kurze Zeit Sitz der Nationalversammlung war. Hin und wieder zog ich an der Hauptwache vorbei durch die Fressgass' zur Alten Oper, ging weiter in Richtung Eschenheimer Turm bis zur Börse und bummelte über die Zeil, die moderne Einkaufsstraße.

Natürlich lässt er sich die Saurierskelette im Senckenberg-Museum sowie die tropischen und subtropischen Pflanzen im Palmengarten nicht entgehen. Sein Lieblingsplatz befindet sich jedoch am Mainkai, wo er die vorüber fahrenden Schiffe beobachten kann – die Ausflugsdampfer ebenso wie die Lastkähne, die unter allen möglichen Flaggen unterwegs sind. Gelegentlich tut er dies vom Eisernen Steg aus, der von der Altstadt hinüber nach Sachsenhausen führt und von dem aus sich ein schöner Blick auf das Museumsufer zur Linken und auf die Skyline zur Rechten bietet.

Im nahe gelegenen Bad Homburg, dem angesehenen Kurort im Taunus, wo ich später ein eigenes Appartement bewohnte – an manchen Wochenenden gemeinsam mit meiner Frau – fühlte ich mich besonders wohl. Wir besuchten das Schloss mit Weißem Turm, Schlosspark und Landgrafenhaus, spazierten über die Ritter-von-Marx-Brücke mit Hexenturm, Brückenhäuschen und Wachgebäude, schlenderten über die Kaiser-Friedrich-Promenade mit den weltbekannten Kurhotels und betrachteten die Sanatorien und Kurheime am Rande des Kurparks.

Durch den von Peter Joseph Lenné geschaffenen Park wandeln sie mit Vorliebe, genießen die Stille, die allenfalls vom Zwitschern der Vögel durchbrochen wird; betrachten die Spielbank – auch "Mutter von Monte Carlo" genannt, die schon so manchen Armen reich und manchen Reichen arm gemacht hat; bestaunen die prächtigen Bauten wie das Kaiser-Wilhelms-Bad, die Russische Kapelle und den Siamesischen Tempel, außerdem die Brunnen und Denkmäler. Auch einen Ausflug zur nahegelegenen Saalburg unternehmen sie – jenem Römerkastell, in dem einst eine römische Grenzgarnison am Limes stationiert war und das heute als Museum dient.

Braunschweig, Göttingen und Stuttgart

Im Auftrag der Frankfurter Wirtschaftsprüfungsgesellschaft, die uns zu einer großen deutschen Forschungs- und Versuchsanstalt schickte, verschlug es einen Kollegen und mich an verschiedene Standorte – unter anderen nach Braunschweig, Göttingen und Stuttgart. Wenn es die Zeit zuließ, sahen wir uns auch außerhalb des jeweiligen Forschungsgeländes ein wenig um.

In Braunschweig wurde uns schon bald bewusst, dass wir zwar in einer modernen Stadt zu Gast waren, aber auch Spuren früherer Jahrhunderte existierten. An insgesamt fünf Stellen ist die Geschichte allgegenwärtig: zuallererst auf dem an Heinrich den Löwen erinnernden Burgplatz mit dem Dom St. Blasius und der Burg Dankwarderode – mit dem Löwen davor, dem Wappentier der Welfen; außerdem noch im Magniviertel, rund um die Pfarrkirche St. Ägidien sowie zwischen Alter Knochenhauerstraße und der Pfarrkirche St. Michaelis, wo alte Fachwerkhäuser zu bestaunen sind; und schließlich auf dem Altstadtmarkt – mit dem Altstadtrathaus und seinen Lauben, der Pfarrkirche St. Martini und dem Gewandhaus. In Dom und Burg nahmen wir uns Zeit für eine Besichtigung, im Gewandhaus kehrten wir ein.

Auch in Göttingen stellen sie fest, dass die Altstadt keine geschlossene Einheit bildet. Die alten Fachwerkhäuser sind an verschiedenen Stellen zu finden. Blickfang ist das Alte Rathaus am Markt mit dem Gänseliesel-Brunnen, dessen Figur die frischgekürten Doktoren küssen müssen. Überhaupt ist die Universität das beherrschende Element, was sich vor allem in der Kneipenkultur niederschlägt. Auch sie besuchen das eine oder andere Lokal und lassen sich von der Stimmung mitreißen, zumal sein rheinischer Begleiter den Frohsinn gepachtet hat. Heinrich Heine hingegen ließ kein gutes Haar an der Stadt und ihren Bewohnern, vor allem aber an den Burschenschaften und den Professoren. Auch Otto von Bismarck war nicht gut auf die Universität zu sprechen, musste er doch insgesamt achtzehn Tage im Karzer verbringen, weil er sich trotz Verbots duelliert hatte.

In Stuttgart blieb uns nur wenig Zeit, mussten uns auf Schloss- und Schillerplatz beschränken. Der Schlossplatz besticht durch die Schönheit der barocken Gartenanlage. Nach Osten hin befindet sich das Neue Schloss, nach Westen hin der spätklassizistische Königsbau. Anders der Schillerplatz, dessen Bauten bis ins Mittelalter zurückreichen: das Alte Schloss, als ehemalige Wasserburg in ein Renaissanceschloss umgewandelt – mit Schlosskirche und Arkadenhof; die Stiftskirche mit ihren beiden ungleichen Türmen als ein Wahrzeichen der Stadt; der Fruchtkasten, in Chroniken als herrschaftliche Kelter erwähnt; der Prinzenbau, einst Wohnsitz der ausländischen Gesandten; die Alte Kanzlei, die früher die Verwaltung des Herzogtums beherbergte; und mitten auf dem Platz das Schillerdenkmal.

Ausgewählte Wanderungen

Im Verlauf meiner zweiten Ehe avancierte das Reisen zum beliebtesten Hobby. Was wir anfangs besonders pflegten, war das Wandern. So durchstreiften wir, nach Zusammenkünften mit meiner Verwandtschaft in Schleswig-Holstein, die Holsteinische Schweiz. Von Bochum aus zog es uns ins Münsterland, ins Bergische Land und ins Sauerland. An Wochenenden, wenn wir uns in dem kleinen Ort im rheinland-pfälzischen Teil des Siegerlandes trafen, erkundeten wir das Siegerland und den Westerwald. Unser Zweitwohnsitz Bad Homburg war Ausgangspunkt für eine Drei-Tage-Tour durch den Taunus. Kurz nach Beginn meines Engagements in Pforzheim, als ich noch nicht im Vorstand der Schmuckfabrik saß, eroberten wir den Schwarzwald. Und schließlich bestiegen wir noch das Brauneck bei Lenggries.

Zu den Höhepunkten bei diesen Unternehmungen zählten die Tour entlang des Großen Plöner Sees mit der größten Binnenwasserfläche Holsteins, die Drei-Tage-Wanderung durch den Taunus bis zum Rhein und die Besteigung des Braunecks mit grandiosen Ausblicken auf das Alpen-Panorama.

Auf dem Teilstück von Plön nach Bosau können sie gleich zwei Sehenswürdigkeiten bewundern: am Startpunkt das schon von weitem sichtbare dreiflügelige Schloss mit den weißen Mauern, dessen letzter hier lebender Herzog wohl den Ehrgeiz hatte, ein kleines Versailles zu errichten; am Ziel die ebenfalls weiße Feldsteinkirche des Wenden-

apostels Vizelin – mit jahrhundertealten Meisterwerken wie dem Triumphkreuz, dem gotischen Flügelaltar, dem Chorgestühl und der Kanzel. Herrlich ist die Sicht auf den See, auf dem sich Schwärme von Möwen tummeln und ständig eine frische Brise weht. Ein ums andere Mal lohnt es sich, eine Verschnaufpause einzulegen, um das holsteinische Binnenmeer zu genießen.

Auch der dreitägige Fußmarsch von Bad Homburg über Schlangenbad bis Eltville hat einiges zu bieten: nahe dem Kleinen Feldberg den Limes – die ehemalige römische Grenze, die auf einem kurzen Abschnitt mit der Nachbildung eines aus Holz errichteten Wachtturms samt Palisaden aufwarten kann; einen Aussichtsturm mit großartigem Rundblick, dessen Betreten seine Frau wegen des offenen Stahlgerüsts scheut; den rings von Wäldern umgebenen Kurort Schlangenbad, wo sie nach der längsten der drei Etappen Glück haben, noch ein Hotelzimmer zu finden und nichts mehr essen, sondern nur etwas trinken, um dann todmüde in die Betten zu fallen; schließlich den grandiosen Blick auf den drunten im Tal liegenden Rhein mit Eltville, der ältesten Stadt im Rheingau mit ihren berühmten Sektkellereien und Staatsweingütern – beides von den Weinbergen aus gleichermaßen schön anzusehen.

Die Besteigung des über tausendfünfhundert Meter hohen Brauneck ist eine besondere Herausforderung. Sie dauert knapp drei Stunden. Einschließlich des Abstiegs sind sie ganze fünf Stunden unterwegs. Neunhundert Meter Steigung müssen bewältigt werden. Während des Aufstiegs passieren sie auf halbem Weg die Reiseralm, durchqueren den sich anschließenden Bergwald, erblicken durch Fichten- und Tannenzweige ab und zu den Gipfel, bis er endlich in voller Größe zu sehen ist, lassen einige Almhütten am Wegesrand liegen, erklimmen noch einen Sattel unterhalb der Seilbahnstation und erreichen mit letzter Kraft das Gipfelkreuz. Der Blick von hier oben auf die Alpenkette ist grandios. Auf der Aussichtsterrasse der Brauneck-Hütte gönnen sie den Füßen eine längere Ruhepause, nehmen dabei eine deftige Brotzeit zu sich und können von der Aussicht gar nicht genug bekommen. Erst nach gut einer Stunde treten sie den Rückweg an, wobei das ständige Bergabgehen kaum weniger beschwerlich ist als der Aufstieg.

Oberbayern mit Königsschlössern

Irgendwie fanden wir schon früh Gefallen an Bayern, wollten unbedingt weitere Attraktionen besuchen, die längst über Deutschlands Grenzen hinaus berühmt waren. Dazu gehören Orte wie Oberammergau mit seinen Herrgottschnitzern, den Lüftlmalereien an den Hausfassaden und dem weltbekannten Passionsspiel; Mittenwald, das gleichfalls mit Lüftlmalereien geschmückte Geigenbauerdorf; aber auch religiöse Stätten wie die mächtige Anlage der Benediktinerabtei Ettal und die prächtig ausgestattete, im Rokokostil errichtete Wieskirche.

Begeistert sind sie von den Königsschlössern, die eng mit König Ludwig II. verbunden sind. Auf Schloss Hohenschwangau, in neugotischem Stil erbaut, verbrachte er einen Teil seiner Kindheit. Die Anlage wirkt romantisch, was eine Besichtigung der Räume bestätigt.

Das in Sichtweite errichtete Schloss Neuschwanstein hingegen, das ihn mit seinen Türmen und Zinnen wohl an die thüringische Wartburg erinnern sollte, war ein Hirngespinst, das seinen Träumereien freien Lauf ließ. Auch im Innern zeigt sich deutlich, wie weit der König von der Realität entfernt war. Vor allem der einer byzantini-

schen Kirche gleichende Thronsaal sowie der Sängersaal, mit dem er sein Andenken an die Wartburg auf besondere Weise bewahren wollte, zeugen von seiner lebhaften Phantasie, die mit der Gegenwart schon damals nicht im Einklang stand.

Nichts anderes gilt für das Rokokoschlösschen Linderhof, dessen Verspieltheit in Gestalt von Kaskaden, Blauer Grotte und Maurischem Kiosk Gemeinsamkeiten zwischen dem Märchenkönig und dem von ihm verehrten Sonnenkönig Ludwig XIV. aufzeigt.

Voll und ganz versetzte er sich in die Welt seines Idols beim Bau von Schloss Herrenchiemsee, dem Versailles als Vorbild diente. Der großartigste Raum in diesem gewaltigen Komplex, in dem er gerade mal zehn Nächte verbrachte, ist die fast hundert Meter lange Spiegelgalerie. Wie widersprüchlich der Monarch war, der die technische Entwicklung der Gegenwart verteufelte, zeigt sich darin, dass er sich eben diese Technik zu Nutze machte. Typische Beispiele sind der in Herrenchiemsee vorhandene Speiseaufzug und die in Schloss Linderhofs Blauer Grotte erzeugte Wasserbewegung und wechselfarbige Beleuchtung.

Weitere Wanderungen

Die Leidenschaft, privat zu reisen, blieb trotz der vielen beruflich bedingten Fahrten, nahm bisweilen sogar zu. Wir wanderten zwar nicht mehr so viel wie in den ersten Jahren, wollten dennoch nicht ganz auf die Bewegung in freier Natur verzichten. Manche Ziele lagen seit unserem Umzug nach Coburg fast vor der Haustür: der Staffelberg, auf den von Romansthal aus ein steiler Weg hinaufführt – mit einem vierhundert Jahre alten Kirchlein für die Besinnung, einer Gaststätte für die Stärkung und einer Aussicht für die Entspannung; die Fränkische Schweiz mit ihren steil aufragenden Felsformationen, der Wallfahrtsbasilika in Gößweinstein und der Teufelshöhle bei Pottenstein. Andere Wandertouren führten uns zum einen in den Harz, wo wir im wildromantischen Okertal von Schulenberg aus den Okerstausee besuchten, am Romkerhaller Wasserfall Halt machten und die Kästeklippe bestiegen; zum anderen auf die Schwäbische Alb mit einem Rundgang um die Geislinger Steige.

Ein Erlebnis der besonderen Art ist die Wanderung durch die Höllentalklamm nahe Garmisch-Partenkirchen. Von Hammersbach aus geht es am gleichnamigen Flüsschen entlang durch schattigen Bergwald, dann in Serpentinen ansteigend zur Hütte über der Schlucht, wo eine Mark pro Person für den Eintritt fällig wird. Die Felswände ragen jetzt links und rechts bis zu hundert Meter in die Höhe, lassen kaum Tageslicht durch die enge Spalte eindringen. Über Stege, Brücken und durch Tunnels geht es stetig bergauf, von tosenden Wassermassen begleitet. Mehr als siebzig Meter über der Talsohle führt ein fast dreißig Meter langer Eisensteg über die Klamm, ehe kurz darauf das Ende des Höllentals erreicht ist. Ab hier beginnt der Abstieg durch die grandiose Schlucht – zwar auf demselben Weg, aber immer leicht bergab. Nach zweieinhalb Stunden haben sie insgesamt sieben Kilometer zurückgelegt und dabei eine Steigung von vierhundert Metern überwunden.

Hagen und Wuppertal

Bei unseren Stippvisiten im Ruhrgebiet nahmen wir die Gelegenheit wahr, benachbarte Attraktionen zu besuchen, für die wir uns bislang nicht die Zeit genommen hatten.

In Hagen, dem Tor zum Sauerland, lockte das Westfälische Freilichtmuseum, das auf einer Länge von zweieinhalb Kilometern die Entwicklung von Handwerk und Technik dokumentiert – in original aufgebauten Werkstätten, deren Geräte und Maschinen vorgeführt werden können. Für Technikbegeisterte ist diese Werkstattmeile ein wahres Eldorado.

In Wuppertal, der Metropole des Bergischen Landes, unternehmen sie eine Fahrt mit der weltweit einzigartigen Schwebebahn. Quasi an Schienen hängend und von bogenförmigen Stahlgerüsten getragen, gleitet sie sicher über die Wupper, überquert dabei Straßen und Gassen, Häuser und Höfe. Das Ganze spielt sich auf einer mehr als dreizehn Kilometer langen Strecke ab, wobei neunzehn baulich sehr unterschiedliche Stationen bedient werden, von denen die im Jugendstil errichtete Werther Brücke der mit Abstand schönste Haltepunkt ist. Von hier oben erleben sie die Stadt aus einer ganz anderen Perspektive.

Siegerland und Westerwald

Von unserem Domizil im rheinland-pfälzischen Teil des Siegerlandes aus unternahmen wir nicht nur Wanderungen, sondern auch Autotouren. Beliebte Ziele waren im nordrhein-westfälischen Teil des Siegerlandes die Stadt Siegen und die ehemalige Bergmannssiedlung Freudenberg, im Westerwald vor allem das Städtchen Hachenburg.

Sehenswert sind in Siegen die beiden Schlösser und zwei Kirchen. Vom Unteren Schloss – einer dreiflügeligen Barockanlage, zu der auch der Dicke Turm mit Glockenspiel gehört und die als Residenz der protestantischen Linie der Fürsten von Nassau-Siegen diente, führt der Weg hinauf zum Oberen Schloss, das auf eine mittelalterliche Höhenburg zurückgeht und Sitz der katholischen Grafen des Hauses Nassau-Oranien war. Bei den beiden Kirchen handelt es sich um die Martinikirche, ältester Sakralbau der Stadt, und die auf einem sechseckigen Grundriss erbaute Nikolaikirche, einziges romanisches Hallenhexagon nördlich der Alpen.

Romantik pur verspüren sie in Freudenberg und in Hachenburg. Die "Alter Flecken" genannte Innenstadt Freudenbergs wurde komplett in Fachwerkbauweise errichtet, wobei sich die Häuser hinsichtlich der Blickrichtung, der Fachwerkanordnung und der Farbgebung gleichen. Ein Anblick, den sie so schnell nicht vergessen werden. Kein Wunder. Denn einen vergleichbaren historischen Stadtkern sucht man vergeblich.

Hachenburg hingegen, ein staatlich anerkannter Erholungsort, begeistert sie zwar nicht weniger, zeigt aber ein ganz anderes Gesicht, wirkt wegen seiner Mehrfarbigkeit viel bunter. Den Marktplatz umgeben prachtvolle Bauten wie das Barockschloss, die evangelische Stadtkirche und die katholische Pfarrkirche. Die Straßen ringsum zieren zahlreiche Fachwerk-Giebelhäuser, deren Fassaden sich aber mehr oder weniger voneinander unterscheiden. Sie können sich gar nicht sattsehen an all den alten und vortrefflich restaurierten Gebäuden, schlendern die Gassen mehrmals rauf und runter. Am Ende kehren sie gar in der Gaststube eines der historischen Häuser ein.

Aachen und Xanten

In Aachen nahm ich von Berufs wegen an einem Kongress teil, lernte bei dieser Gelegenheit den nicht weit davon entfernten Kurpark mit dem Casino und den Carolus-Thermen kennen.

Höhepunkt ist die Besichtigung des Doms, dem ersten UNESCO-Weltkulturerbe auf deutschem Boden, in dem jahrhundertelang die deutschen Könige gekrönt wurden. Das Gotteshaus besteht aus mehreren Teilbauten, von denen das Oktogon das bedeutendste architektonische Zeugnis der karolingischen Renaissance darstellt. Karl der Große veranlasste den Bau Ende des achten Jahrhunderts. Zu den Ausstattungsstücken, die ihn besonders beeindrucken, zählen der Karlsthron, der Barbarossaleuchter und der Karlsschrein.

Xanten besuchten meine Frau und ich von Bochum aus. Ziel war der Archäologische Park, der allerdings erst im Aufbau begriffen war. Das heißt, es gab nur wenige rekonstruierte römische Bauten zu sehen, so zum Beispiel das Amphitheater und einen Teil der Stadtmauer. Zwischen den beiden stand ein römischer Baukran. Der Wiederaufbau der zerstörten römischen Grenzstadt Colonia Ulpia Traiana dürfte sich wohl noch Jahrzehnte hinziehen.

Entlang von Rhein und Mosel

Unsere Rhein-Mosel-Tour starteten wir in Köln. Hier besuchten wir den Dom und das Römisch-Germanische Museum. Die in letzterem aufbewahrten Stücke erreichen eine derartige Dimension, dass an dieser Stelle nur die beiden bedeutendsten Werke aus römischer Zeit genannt werden sollen: das Dionysos-Mosaik und das aus dem 1. Jahrhundert stammende, fünfzehn Meter hohe Pfeilergrab des Lucius Poblicius.

Eine Vielzahl von sehenswerten Kunstschätzen beherbergt der Dom, das größte deutsche Gotteshaus und eine der schönsten gotischen Kathedralen der Welt: das Chorgestühl mit über hundert Sitzen, den Hochaltar, die siebzehn Meter hohen Glasfenster, das Gerokreuz aus dem 10. Jahrhundert und den Schrein der Heiligen Drei Könige. Der imposante Bau – aus einem fünfschiffigen Langhaus und einem dreischiffigen Querhaus bestehend, mit den beiden fast hundertsechzig Meter hohen Türmen – wirkt innen wie außen gleichermaßen gigantisch, macht den staunenden Betrachter, auch wenn er kein gläubiger Katholik ist, einfach nur sprachlos.

Bei Königswinter, zu Füßen des Naturparks Siebengebirge, warfen wir aus der Ferne einen Blick auf die Ruine Drachenfels und den Petersberg, dessen Luxusherberge der Bundesregierung als Gästehaus für die weltpolitischen Größen diente. Von einem Aufstieg oder einer Fahrt mit der Zahnradbahn auf den Drachenfels nahmen wir aus Zeitgründen Abstand.

In Remagen werden sie an das Ende des Zweiten Weltkriegs erinnert, als die Brücke über den Rhein von amerikanischen Truppen überschritten wurde. Obwohl die deutsche Wehrmacht mehrere Sprengladungen angebracht hatte, flog sie nicht in die Luft. Erst die Überlastung durch Truppenbewegungen mit schwerem Kriegsgerät führte zu ihrem Einsturz. Heute zeugen nur noch die rußgeschwärzten Brückentürme von diesem Ereignis.

Ein kleiner Umweg führte uns zum Laacher See, dem schönsten und größten aller Eifel-Maare. Dort statteten wir der unmittelbar am Kratersee gelegenen Benediktinerabtei Maria Laach einen Besuch ab. Die Abteikirche gilt als Meisterwerk romanischer Architektur und dominiert mit ihren sechs Türmen, dem Doppelchor und zwei Querschiffen die eigenwillige Landschaft.

In Koblenz verließen wir den längsten Fluss des Landes, folgten am Deutschen Eck, dem Mahnmal der deutschen Einheit, auf dessen monumentalem Denkmalsockel einst das Reiterstandbild Kaiser Wilhelms I. thronte, dem Lauf der Mosel – mit einem Blick zurück auf die über dem Rhein aufragende Feste Ehrenbreitstein.

Nächster Halt war Cochem mit der schon von fern grüßenden Reichsburg, wo wir in einem Gasthof einkehrten. Der Wein entsprach allerdings nicht unserem Geschmack. Wir hatten uns zu sehr an den trockenen Frankenwein gewöhnt. Dafür wurde die Strecke durchs Moseltal mit den rebenbewachsenen Hängen und den zahllosen Schleifen ab hier besonders reizvoll.

In Traben-Trarbach werden Erinnerungen in ihm geweckt, als er mit seinem jüngeren Bruder nach reichlichem Weingenuss bei Dunkelheit die Ruine Grevenburg bestieg, ohne sich einer Absturzgefahr bewusst zu sein. Zum Glück ging die riskante Aktion glimpflich aus. Dafür bereitete ihnen das Auffinden der Unterkunft umso mehr Probleme. Erst gegen Mitternacht fanden sie ihr Ziel.

Den Abschluss bildete Trier, die älteste Stadt im deutschen Sprachraum: auf der einen Seite mit der Porta Nigra, der größten noch erhaltenen römischen Torburg nördlich der Alpen; auf der anderen Seite mit dem Geburtshaus von Karl Marx, dem Begründer des modernen Sozialismus. Größer können Kontraste gar nicht sein. Sehenswert fanden wir außerdem die Steipe mit ihren offenen Spitzbogenarkaden im Erdgeschoss – einst als Fest- und Empfangsgebäude der Bürgerschaft erbaut; den Dom mit zahlreichen, zum Teil als Seitenaltäre genutzten Grabmälern ehemaliger Erzbischöfe und einem gotischen Kreuzgang aus dem 13. Jahrhundert; sowie die bereits im 2. Jahrhundert errichtete, über die Mosel führende Römerbrücke.

Abschied von der Nordsee

Nach Juist, Spiekeroog und dem für Fahrzeuge zugelassenen Norderney, die ich während meiner ersten Ehe besucht hatte, war jetzt die dritte autofreie Insel Wangerooge an der Reihe. Die Überfahrt in das gleichlautende Nordseeheilbad erfolgte von Harlesiel aus. Zu den wenigen Sehenswürdigkeiten zählen der Westturm, das Wahrzeichen der Insel, sowie Alter und Neuer Leuchtturm. Immerhin konnten wir mit dem Fernglas von dieser Insel aus Kreuzfahrtschiffe, Tanker, Frachter und Containerschiffe beobachten. Das war es aber auch schon. Denn aus dem geplanten zweiwöchigen Urlaub wurde nichts. Dauerregen vertrieb uns von dem Eiland, sorgte nach drei Tagen für das endgültige Aus. Bezahlen mussten wir allerdings den komplett gebuchten Aufenthalt, was uns von weiteren Nordseebesuchen vorerst abhielt.

Von Lübeck bis Kiel

In Verbindung mit den Besuchen bei der Verwandtschaft in Schleswig-Holstein unternahmen wir einige Touren durch Norddeutschland. Auf der Route entlang der Ostseeküste von Lübeck bis Kiel interessierten wir uns vor allem für die Stadt des Marzipans, legten aber auch in Travemünde, Grömitz, Heiligenhafen und Laboe einen Stopp ein. Gelohnt hat sich außer der Hansestadt nur die letzte Station.

In Lübeck bestaunen sie die zahlreichen Bauwerke, die von der einstigen Macht der Kaufleute zeugen: das Holstentor als das Wahrzeichen schlechthin; die Salzspeicher, ein Ensemble hoher Backsteingiebelhäuser; das aus Südfassade, Laubenbau, Langem Haus und Kriegsstubenbau bestehende Rathaus; die gotische Backsteinkirche St. Marien; das ehemals der Familie von Thomas Mann gehörende Buddenbrook-Haus; das Schabbelhaus, in dessen historischer Gaststätte sie einkehren; das Haus der Schiffergesellschaft; sowie das Hei-

ligen-Geist-Hospital, im Mittelalter zur Versorgung bedürftiger Mitbürger gegründet. Alles in allem erleben sie eine bezaubernde Altstadt, in der sie sich gern länger aufgehalten hätten.

In Travemünde warfen wir einen Blick auf die Viermastbark "Passat", stellten uns vor, wie abenteuerlich es sein musste, auf einem Segelschiff über die Weltmeere zu fahren. Weniger anregend fanden wir den Anblick des hässlichen Hotelturms, der das maritime Umfeld nicht nur störte, sondern regelrecht verschandelte.

In Grömitz spazierten wir nur kurz über Promenade und Seebrücke, ehe wir vor dem Gedränge an Land und im Wasser flüchteten. Von der Armada besetzter Strandkörbe zusätzlich abgeschreckt, machten wir stattdessen einen Abstecher zum einstigen Benediktinerkloster Cismar, wo gerade das Klosterfest stattfand. Der Ausflug hatte sich wenigstens gelohnt.

In Heiligenhafen wurden wir erneut mit den Touristenmassen konfrontiert, hatten Glück, dass wir im Alten Salzspeicher einen Tisch ergattern konnten, um den Tag bei einem Abendessen ausklingen zu lassen. Die Nacht verbrachten wir in einem Hotel, vor dem betrunkene Passanten für reichlich Lärm sorgten, so dass an Schlaf kaum zu denken war.

Am nächsten Tag können sie gar nicht schnell genug von diesem Rummelplatz wegkommen, ersparen sich den Besuch weiterer Seebäder wie Hohwacht und erreichen gegen Mittag Laboe in der Nähe von Kiel, wo sie nach beschwerlichem Aufstieg auf der Plattform des riesigen Marine-Ehrenmals Höhenangst und in dem zu Füßen liegenden

U-Boot Platzangst bekommen. Missen möchten sie dieses Erlebnis dennoch nicht.

Hansestadt Bremen

Bei einer Tagesfahrt nach Bremen besuchten wir zunächst den Marktplatz. Hier geben das Rathaus im Stil der Weserrenaissance – mit den Bremer Stadtmusikanten und dem fast zehn Meter hohen Roland, der frühromanische bis spätgotische Dom St. Petri und das aus den sechziger Jahren des 20. Jahrhunderts stammende Haus der Bürgerschaft ein kontrastreiches Bild ab. Ähnliches gilt für die Bremer Gassen, die zum Bummeln einluden: die Böttcherstraße und das Schnoor-Viertel. Erstere, durch die sich ein nicht enden wollender Besucherstrom wälzte, verkörpert eine Mischung aus Mittelalter, Jugendstil und Expressionismus; letzteres, in dem es wesentlich gemütlicher zuging, versprüht mit seinen Innenhöfen und Brunnen, den urigen Lokalen und ausgefallenen Läden seinen eigenen Charme.

Lüneburger Heide

Die Fahrt durch die Lüneburger Heide lohnte zumindest in Celle und in Lüneburg einen Halt, wobei die beiden Standorte nicht unterschiedlicher sein können.

In Celle beeindruckt sie das geschlossene Stadtbild, das komplett unter Denkmalschutz steht. Die aus Fachwerkbauten bestehenden Häuserzeilen – nicht vergleichbar mit denen in Freudenberg – verbrei-

ten ein Flair, das in frühere Jahrhunderte zurück versetzt. Die Etagen wirken wie aufeinander gestülpt. Je näher sie dem Giebel kommen, desto weiter ragen sie über das darunter liegende Stockwerk hinaus. Bei vielen Häusern gehört die typische Auslucht dazu, eine besondere Art von Erker. Das vielfarbige Gebälk tut ein Übriges, verleiht den Fassaden einen fast märchenhaften Glanz.

In Lüneburg waren es, im Gegensatz zu Celle, einzelne Bauten, die sofort ins Auge stachen: der Alte Kran am Ilmenauhafen, bestehend aus einem kreisrunden Unterbau und einem drehbaren Aufsatz mit langem Kranhals; das Glocken- oder Zeughaus mit vierzig Metern Länge, drei Stockwerken und hohem Satteldach, das Jahrhunderte lang als Arsenal und Kornspeicher diente; sowie die fünfschiffige gotische Hallenkirche St. Johannis mit dem hundertacht Meter hohen Turm.

Hannover

In Hannover, wo ich mich bereits mehrmals auf dem Messegelände aufgehalten hatte, galt unser Interesse zwei Stätten: dem Kestner-Museum und dem Großen Garten von Herrenhausen.

In der Sonderausstellung reizen sie Schätze aus dem Grab Tutanchamuns, die bei ihrem Besuch im Ägyptischen Museum in Kairo nicht zu sehen waren, so zum Beispiel die berühmte Goldmaske, die goldene Schlange, der goldene Statuenschrein, der Thronsessel, das Brettspiel und das Boot. Geradezu unglaublich erscheint ihnen der

Reichtum an Grabbeigaben aus einer Zeit, die über dreitausend Jahre zurückliegt.

Der nach holländischem Vorbild rechtwinklig angelegte, von einem Wassergraben umgebene, mit Heckentheater, Wasserspielen, Steinvasen und Skulpturen ausgestattete Park – der einzige noch unverfälscht erhaltene herrschaftliche Barockgarten Deutschlands – zog vor allem meine Frau an, die sich für jede Art von Gartenbaukunst begeistern, von Gärten und Parkanlagen generell nicht genug bekommen kann. Doch auch ich, der von Botanik nicht viel versteht, muss zugeben, von der großartigen Anlage fasziniert gewesen zu sein.

Goslar

Die Stadt am Rande des Harzes lockte uns an drei Plätze, von denen jeder auf seine Weise anziehend ist: die Kaiserpfalz, der Marktplatz und die Gassen entlang der Abzucht.

Das mächtige romanische Bauwerk mit dem Reichs- und Kaisersaal – der größte Profanbau seiner Zeit, in dem etliche Herrscher Hof hielten und glanzvolle Reichstage veranstalteten – ist zweifellos die imposanteste Stätte Goslars, deren Abbruch, im Gegensatz zum Dom, verhindert werden konnte. Das Gebäudeensemble der Kaiserpfalz beeindruckte schon die Menschen im 11. Jahrhundert. Nicht von ungefähr nannte der Chronist Lampert von Hersfeld das Bauwerk den "berühmtesten Wohnsitz des Reiches".

Rund um den Marktplatz hingegen wirken die Bauten weniger kolossal; so das zweigeschossige gotische Rathaus mit Freitreppe und Marienkapelle; das Gildehaus Kaiserworth mit dem Dukatenmännlein; das Brusttuch, ein Fachwerkbau mit spätgotischem steinernen Untergeschoss und Renaissanceschnitzereien; sowie die Marktkirche mit Glasmalereien aus dem 13. Jahrhundert.

Geradezu dörflichen Charakter besitzen die Gassen entlang der Abzucht, wie die Gose hier genannt wird – gesäumt von historischen Fachwerkhäusern. Hier scheint die Zeit tatsächlich stehengeblieben zu sein.

Entlang der Weser

Die Tour entlang der Weser ist eng mit historischen Figuren verbunden: dem Wanderarzt Doktor Eisenbart in Hannoversch Münden, dem Lügenbaron Freiherr von Münchhausen in Bodenwerder und dem Rattenfänger von Hameln.

Die Weser beginnt am Zusammenfluss von Werra und Fulda in Münden – mit der aus dem 14. Jahrhundert stammenden steinernen Werrabrücke. Ins Auge fiel uns die an Celle erinnernde Fachwerkpracht, die allerdings nur in der Langen Straße zu finden ist, und das im Stil der Weserrenaissance erbaute Rathaus. Doch derart überwältigt wie einst Alexander von Humboldt waren wir von dieser Stadt nicht.

Anders Bad Karlshafen. Der an der Einmündung der Diemel in die Weser streng symmetrisch angelegte Ort wurde ursprünglich von

Hugenotten besiedelt und verdankt seinen Aufstieg zum Badeort der später entdeckten Solequelle. Mit der Schiffbarmachung der Diemel und dem Bau eines zusätzlichen Kanals bis Kassel sollte der Zoll in Münden umgangen werden. Von diesem Projekt wurde lediglich der Hafen verwirklicht, der heute den Mittelpunkt des Kurortes bildet. Doch nicht nur diese städtebauliche Rarität lässt sie staunen, sondern auch das strahlende Weiß der zwar barocken, aber irgendwie klassizistisch anmutenden Häuserfronten.

Von der imposanten Abtei Corvey bei Höxter, die ihre frühere Bedeutung längst verloren hat, blieb uns das eindrucksvolle Westwerk aus dem 9. Jahrhundert in Erinnerung, das die Zerstörungen des Dreißigjährigen Krieges überstanden hat. Ihre Blütezeit lag im 12. Jahrhundert. Siebenhundert Jahre später wirkte hier Hoffmann von Fallersleben, der Dichter des Deutschlandliedes, als Bibliothekar.

In Bodenwerder amüsierten wir uns über den originellen Brunnen, der vor Münchhausens Geburtshaus, dem heutigen Rathaus, sprudelt. Der Lügenbaron sitzt auf einem nur aus der vorderen Hälfte bestehenden Pferd, das aus einem Bottich trinkt, während sein Reiter beobachtet, wie das Wasser hinten wieder austritt.

Hameln kann getrost als die Stadt der Weserrenaissance bezeichnet werden, was sich an einer Vielzahl von Häusern zeigt: dem Stiftsherrenhaus, dem Leisthaus, dem Rattenfängerhaus, dem Dempter-Haus und dem Hochzeitshaus. Leisthaus, Rattenfängerhaus und Dempter-Haus verfügen sogar über eine Besonderheit, wie sie nur noch selten anzutreffen ist: die sogenannte Utlucht, die, im Gegensatz zum Erker oder der Auslucht, über ein Parterre verfügt, also zweistöckig angelegt wurde. Von den Bauwerken der Weserrenaissance sind sie insgesamt zutiefst beeindruckt.

Auf der Weiterfahrt grüßte uns schon von weitem das auf dem Wittekindsberg thronende, fast neunzig Meter hohe Kaiser-Wilhelm-Denkmal – in Anlehnung an die Westfälische Pforte auch unter dem Begriff "Porta Westfalica" geläufig. Inmitten einer nach allen Seiten hin offenen Kuppelhalle steht das sieben Meter hohe Standbild Kaiser Wilhelms I. Auf einen Besuch verzichteten wir, obwohl die Aussicht auf das Weserbergland und die Norddeutsche Tiefebene von dort oben großartig sein muss.

Endstation ist Minden mit dem Wasserstraßenkreuz. Hier bestaunen sie die über die Weser führende Kanalbrücke und die Schachtschleuse, ein technisches Monument, das mit einem Höhenunterschied von dreizehn Metern die Weser mit dem Mittellandkanal verbindet. Bei beiden Bauwerken warten sie allerdings vergeblich auf eine Demonstration, ist doch weit und breit kein Binnenschiff in Sicht.

Altes Land

Bei einem Ausflug mit Berufskollegen standen ein Rundgang durch die Altstadt von Stade und eine Rundfahrt durchs Alte Land auf dem Programm.

Die alte Hansestadt und einstige Schwedenfestung besitzt zahlreiche Fachwerkhäuser mit prächtigen Giebeln, die sich im Viertelkreis um einen Wassergraben herum aneinander schmiegen und von der Schwinge bis zum alten Hafen reichen – vom Schwedenspeicher und einem Kran aus dem 14. Jahrhundert flankiert.

Vom neuen Hafen aus unternehmen sie mit einer gecharterten Barkasse eine Bootsfahrt, gleiten ein Stück über das ruhige Wasser der Schwinge bis zur Mündung in die Elbe und fahren den gewaltigen Strom abwärts bis Krautsand. Dabei begegnen sie manchem schwimmenden Ungetüm, das zum Hamburger Hafen oder in die Nordsee unterwegs ist. An Bord vergnügen sie sich mit Brotzeit und Bier von einem Holzfass, das er anzapfen muss. Am Ziel steigen sie auf einen Planwagen um und lassen sich mit Pferd und Wagen über die Elbdeichung durchs Kehdinger Land kutschieren. Am Hafen Barnkrug nehmen sie den Bus zurück zum Hotel.

Am Abend treffen sie sich in einem Restaurant, speisen vorzüglich und plaudern über Gott und die Welt – nur nicht über die Arbeit. Dann zieht er noch mit ein paar Wackeren durch die Altstadt, wo sie in einer urigen Kneipe hängenbleiben und den ereignisreichen Tag bei einigen Pils ausklingen lassen.

Schwäbisch Hall und Ulm

Meine berufliche Tätigkeit im Land der Schwaben führte uns nach Schwäbisch Hall und Ulm. In der Stadt der Salzsieder, die vom Kocher zum Markt stetig bergan steigt, ragen drei Gebäude heraus: das Rathaus, ein an ein Palais erinnernder Barockbau; die Pfarrkirche St. Michael mit der bis zu siebzig Meter breiten Freitreppe, auf der alljährlich

Theaterfestspiele bei Scheinwerferlicht stattfinden; und das Große Büchsenhaus, auch Neubau genannt, das im 16. Jahrhundert als Waffenarsenal und Kornspeicher Verwendung fand und das Stadtbild durch seine Lage und Größe dominiert.

Das bekannteste Bauwerk von Ulm ist unstrittig das Münster mit dem höchsten Kirchturm der Welt, dessen Besteigung sie sich nicht entgehen lassen. Der Blick von oben auf Stadt und Donau ist einmalig. Im Innern des Gotteshauses ragt das prachtvolle Chorgestühl heraus. Doch auch andere Gebäude sind sehenswert: das gotische Rathaus mit seinen Fresken und der astronomischen Uhr; das Schwörhaus, von dessen Balkon der Oberbürgermeister jedes Jahr am Schwörmontag öffentlich Rechenschaft ablegt; sowie im Fischer- und Gerberviertel, dem schönsten noch erhaltenen mittelalterlichen Stadtviertel, das Zunfthaus der Schiffsleute und das Schiefe Haus, das als das schiefste der Welt gilt.

München

Bedingt durch meine regelmäßigen beruflichen Aufenthalte in München hatten wir immer wieder Gelegenheit, die heimliche Hauptstadt und zugleich das größte Dorf Deutschlands zu erkunden. Was bedeutende Kulturdenkmäler betrifft, hat die Stadt einiges vorzuweisen: am Marienplatz Altes und Neues Rathaus, letzteres nach flandrischen Vorbildern errichtet – mit einem Glocken- und Figurenspiel; am Königsplatz klassizistische Bauten wie Propyläen, Glyptothek und Antikensammlungen; nahe

Odeonsplatz die Residenz und im Westen Münchens Schloss Nymphenburg, in dem wir unter anderem die Schönheitsgalerie Ludwigs I. mit diversen Frauenbildnissen betrachteten, die aber nur selten unserem Idealbild entsprachen; Theatiner- und Frauenkirche, das berühmteste Münchner Gotteshaus – eine dreischiffige spätgotische Hallenkirche mit zwei fast hundert Meter hohen Türmen samt ihren welschen Hauben, in deren Innerem die vielen Kapellen und das Prunkgrab für Kaiser Ludwig den Bayern auffallen.

Einen Besuch wert waren uns auch einige Museen: die Alte Pinakothek mit der bedeutendsten deutschen Sammlung europäischer Malerei; das Deutsche Museum, größtes technisch-naturwissenschaftliches Museum der Welt mit rund sechzehntausend ausgestellten Objekten, die auf einem etwa sechzehn Kilometer langen Rundgang bestaunt werden können; und die Filmstudios in Geiselgasteig, in denen neben verschiedenen Kulissen auch das aus dem Film "Das Boot" bekannte U-Boot zu sehen ist.

Das Bummeln und die Einkehr kommen ebenfalls nicht zu kurz. Sie spazieren durch den Hofgarten; kämpfen sich durch die belebte Fußgängerzone bis zum Karlsplatz; schlendern über den Viktualienmarkt mit den für ihren direkten Humor bekannten Marktfrauen, wo nicht nur bayerische Spezialitäten die Besucher anlocken; und ziehen durch das Vergnügungsviertel in Schwabing.

Speisen und Getränke probieren sie in verschiedenen Lokalen und Biergärten: so in der gemütlichen Hundskugel, der ältesten Münchner Gaststätte, und im stark frequentierten Hofbräuhaus, wo sie sich in der Schwemme die eine oder andere Maß gönnen. Die einheimischen

Stammgäste benutzen dort ihre eigenen Krüge, die an einem speziellen Platz aufbewahrt werden. Nicht fehlen darf natürlich der Besuch des Englischen Gartens, obwohl die Münchner den nahe Schloss Nymphenburg gelegenen Hirschgarten bevorzugen.

Schließlich erinnern sie sich an vergangene Zeiten, als sie das Oktoberfest besucht hatten und in ihrem angetrunkenen Zustand mit je einem Maßkrug in der Hand durch die Stadt geirrt waren, um die richtige Station mit der zu ihrem Quartier nahe Starnberger und Ammersee fahrenden S-Bahn-Linie zu finden. Seitdem haben sie sich nie wieder auf der Theresienwiese blicken lassen.

Romantische Straße

Eine weitere Tour unternahmen wir auf der Romantischen Straße von Augsburg bis Würzburg. In der Fuggerstadt gefiel uns das im Stil der italienischen Renaissance gebaute Rathaus mit dem Perlachturm, der prächtige Rokoko-Festsaal im Schaezler-Palais und der um gotische Elemente ergänzte romanische Dom, dessen fünf Farbfenster aus dem 12. Jahrhundert zu den ältesten figürlichen Glasmalereien Deutschlands zählen. Beeindruckt waren wir von der im 16. Jahrhundert entstandenen Fuggerei, einer für damalige Verhältnisse eher ungewöhnlichen Sozialsiedlung, deren Wohnungen Ende des 20. Jahrhunderts immer noch für ein paar Mark im Jahr von Bedürftigen gemietet werden konnten. Auf keinen Fall verzichten wollten wir auf einen Bummel über die Maximilianstraße, Augsburgs Prachtstraße.

Am Abend tafeln sie bei einem üppigen Ritteressen nach altschwäbischer Art in der Welser-Kuche, wo wie in alten Zeiten die Suppe geschlürft, das Fleisch mit dem Messer aufgespießt und auf diese Weise verzehrt wird. Vorweg gibt es Honigmet aus dem Trinkhorn. Nach jedem Gang muss ein Rest für die Armen zurückgelassen werden, andernfalls der oder die Betroffene an den Pranger gestellt wird. Selten haben sie bei einem Essen so viel Spaß gehabt.

Einen weiteren Höhepunkt erlebten wir in Nördlingen, dem Rundling im Ries, der nach einem Meteoriteneinschlag vor etwa fünfzehn Millionen Jahren entstanden ist – mit vollständig erhaltener Stadtmauer, zwölf Türmen, fünf Toren und einem rundum begehbaren Wehrgang. An die Mauer wurden Kleinbürgerhäuser, die sogenannten Kasarmen angebaut, die in Kriegszeiten für die Soldaten geräumt werden mussten und von denen einige erhalten geblieben sind.

Interessant ist die St.-Georgs-Kirche, eine spätgotische Hallenkirche mit dem fast neunzig Meter hohen Turm "Daniel", von dem aus der Turmwächter jede halbe Stunde zwischen zweiundzwanzig und vierundzwanzig Uhr "So, G'sell so!" ruft. Eine Besteigung des Turms lassen sie sich nicht entgehen. Und in der Tat: die kreisförmig angelegte Stadt ist aus dieser Höhe hervorragend zu erkennen.

Nächste Station war Dinkelsbühl mit der Stadtpfarrkirche Münster St. Georg, einer dreischiffigen Hallenkirche, und dem aus zwei Gebäuden bestehenden Weinmarkt-Ensemble – dem Alten Rathaus und dem Deutschen Haus, einem bedeutenden Fachwerkbau der deutschen Spätrenaissance. Bekannt ist die Stadt wegen der Kinderzeche, die an ein Ereignis im Dreißigjährigen Krieg erinnern soll, als Kinder den Schweden entgegen zogen, um das Plündern und Niederbrennen der Stadt zu verhindern.

An diesen Krieg wird auch in Rothenburg ob der Tauber erinnert – nämlich mit dem Meistertrunk. Der damalige Altbürgermeister rettete die Stadt vor der Vernichtung, indem er einen mit drei ein Viertel Liter Wein gefüllten Humpen auf einen Zug leerte. Sehenswert ist das altfränkische Stadtbild in seiner Gesamtheit, weltbekannt sind Fotomotive wie Plönlein mit Siebersturm oder Rödertor mit Alter Schmiede. Besonders hervorzuheben sind das aus zwei Teilen bestehende Rathaus – teils im gotischen, teils im Renaissancestil errichtet – sowie die St.-Jakobs-Kirche mit den beiden ungleichen gotischen Turmhelmen und dem Heilig-Blut-Altar von Tilman Riemenschneider, der die aus Holz geschnitzte Abendmahlszene zeigt. Nur der Touristenrummel nervt, entpuppt sich zunehmend als Störfaktor.

Am Ende unserer Tour erreichten wir die Frankenwein-Metropole Würzburg, die etliche Sehenswürdigkeiten zu bieten hat: die Residenz mit Hofkirche und Hofgarten, nach Plänen von Balthasar Neumann erbaut – ein Hauptwerk des süddeutschen Barock, mit Deckenfresken von Tiepolo im berühmten Treppenhaus; den Dom St. Kilian, dessen modernes Inneres allerdings sehr kalt wirkt; die Marienkapelle, eine spätgotische Hallenkirche mit dem Grab Balthasar Neumanns; das Haus zum Falken – mit der schönsten Rokokostuckfassade der Stadt; das Weinhaus zum Stachel, Würzburgs ältester Gasthof; das Rathaus Grafeneckart, einziger noch erhaltener romanischer Profanbau der Stadt; die Alte Mainbrücke aus dem 15. bis 16. Jahrhundert – mit barocken Heiligenstandbildern geschmückt; den Alten Kranen mit den zwei ausladenden Armen; die Festung Marienberg – Würzburgs Wahrzeichen mit dem Mainfränkischen Museum; sowie das Käppele, eine Wallfahrtskirche als letztes Bauwerk von Balthasar Neumann.

Sie wollen auf keinen Fall versäumen, einen Frankenwein zu trinken, und kehren im Gewölbekeller des Juliusspitals ein, in dessen Krankenhaus die Patienten auch heute noch täglich einen Schoppen Wein als Medizin erhalten. Später sind sie noch mehrmals in dieser Stadt zu Gast, nehmen sogar an einem Weinfest teil, das die Stadt in eine riesige Weinstube verwandelt. Den Höhepunkt aber bildet die Besichtigung des Staatlichen Hofkellers in der Residenz, einem der größten und schönsten Weinkeller weltweit – mit den besten, in riesigen Holzfässern lagernden Tropfen. Mit Vorkostigung während der Führung und abschließender Weinprobe mit Brotzeit bei Kerzenschein und klassischer Musik bleibt dieser Abend für sie ein unvergessliches Erlebnis.

Nürnberg

Auch in Nürnberg machten wir hin und wieder Station. Die Stadt, deren Lebkuchen und Rostbratwürste so begehrt sind wie in Lübeck das Marzipan, hat einige Sehenswürdigkeiten zu bieten: den Hauptmarkt mit dem einer gotischen Kirchturmspitze ähnelnden Schönen Brunnen, das Heilig-Geist-Spital über einem Seitenarm der Pegnitz, die Kaiserburg mit Palas, doppelgeschossiger Burgkapelle und

Sinwellturm und das Albrecht-Dürer-Haus – allesamt beliebte Fotomotive. Außerdem lohnt die Besichtigung dreier Gotteshäuser: der Frauenkirche, der ältesten Hallenkirche Frankens, die vor allem durch das Männleinlaufen und den Auftritt des Christkindls bekannt ist; der St.-Sebaldus-Kirche mit dem Grab des Heiligen von Peter Vischer sowie Kunstwerken von Adam Krafft und Veit Stoß; und der St.-Lorenz-Kirche mit dem Engelsgruß von Veit Stoß und weiteren Werken von Adam Krafft.

Drei weitere Sehenswürdigkeiten wollten wir auf keinen Fall versäumen: den Handwerkerhof, den Johannisfriedhof und das Reichsparteitagsgelände.

Ersterer präsentiert das mittelalterliche Nürnberg und demonstriert alte Handwerkstechniken in historisch eingerichteten Werkstätten – für Nostalgiker, aber auch für Tüftler ein beliebtes Fleckchen.

Die Einmaligkeit des Gottesackers mit den Ruhestätten berühmter Nürnberger ist hingegen kaum zu beschreiben. Nicht Grabsteine, sondern gewöhnlich nur auf Sarkophagen zu findende Grabplatten mit kunstvollen Epitaphien beherrschen den siebenhundert Jahre alten Friedhof. Bis heute können sich Bürger hier bestatten lassen – unter den alten Grabplatten, an denen nichts verändert werden darf. Nur ein bescheidener Namensvermerk neben dem Grab ist erlaubt. Damit soll das Erscheinungsbild des Freilichtmausoleums erhalten bleiben.

Auch eine dunkle Seite der Vergangenheit hat die Stadt der Reichsparteitage zu bieten, spiegelt sie doch den Größenwahn der Nationalsozialisten wider. Zeugen dieser Epoche sind die zwei Kilometer lange und sechzig Meter breite Große Straße für Aufmärsche von Wehrmacht, SA und SS; die Reste der Tribünenanlage "Zeppelinfeld", deren Nazisymbole von den Amerikanern entfernt wurden;

und die in Hufeisenform errichtete, unvollendete Kongresshalle mit einer Länge von vierhundertfünfzig Metern und zwei Meter siebzig Mauerstärke. Hier befindet sich das Dokumentationszentrum Reichsparteitagsgelände, das sie nach einem Rundgang mit einem beklemmenden Gefühl verlassen.

Auch eingekehrt sind wir, ließen uns lokale Spezialitäten schmecken: im Bratwursthäusle, das die kleinen Nürnberger Rostbratwürste auf einem Zinnteller serviert; in der Mauthalle und im Handwerkerhof, wo uns das echte Schäufele mit Klößen mundete.

Ein unangenehmes Ereignis widerfährt ihnen auf dem Christkindlesmarkt, wo die Besuchermassen förmlich hindurch geschoben werden und nur mit Mühe an die Stände heran kommen – ein ideales Pflaster für Taschendiebe, die sich im Gedränge sichtlich wohl fühlen. Eines der Opfer ist seine Frau, deren Handtasche aufgeschlitzt und statt der fast leeren Geldbörse die Brieftasche entwendet wird, in der sich Ausweis, Führerschein und Scheckkarte befinden. Das gute Stück wird nie gefunden, der Inhalt bleibt verschollen. Das Bankkonto muss gesperrt werden, die Ersatzbeschaffung der Dokumente ist ein mühsames Unterfangen.

Bamberg und Bayreuth

In Bamberg halten sie sich ebenfalls von Zeit zu Zeit auf. In der zum Weltkulturerbe erhobenen Stadt werfen sie einen Blick in den oberhalb der Altstadt gelegenen Dom St. Peter und Georg – einer zwischen später Romanik und früher Gotik angesiedelten Basilika mit dem berühmten Bamberger Reiter, Tilman Riemenschneiders Kaisergrab und dem einzigen Papstgrab in Deutschland; ferner in die Alte Hofhaltung mit dem von spätgotischen Fachwerkbauten samt Laubengängen umgebenen Innenhof; und schließlich in den Rosengarten der Neuen Residenz.

Auch dem weltlichen Zentrum statteten wir einen Besuch ab: dem inmitten der Regnitz errichteten Alten Rathaus und den Fischerhäuschen von Klein-Venedig. Ein Spaziergang führte uns noch hinauf zur ehemaligen Benediktinerabtei Michaelsberg mit dem barocken Klostergarten und den Aussichtsterrassen. Und natürlich ließen wir uns eine Einkehr im Rauchbierparadies "Schlenkerla" nicht entgehen.

Zu den Höhepunkten zählt später ein Besuch des Fischerstechens, bei dem sich zwei Mitglieder der Fischerzunft auf ihren Booten gegenüber stehen und mit ihren Stangen so lange bekämpfen, bis einer von beiden getroffen vom Boot ins Wasser fällt. Dieses Schauspiel wiederholt sich mit mehreren Paaren, wobei die Sieger weitere Ausscheidungswettkämpfe austragen, bis der Gesamtsieger feststeht. Besonders romantisch wird das Volksfest nach Einbruch der Dunkelheit, wenn die Boote beleuchtet über die Regnitz gleiten und durchs flache Wasser watende Männer und Frauen mit Fackeln in den Händen in Richtung Klein-Venedig ziehen. Die Gassen ringsum sind natürlich restlos verstopft, ein Durchkommen kaum mehr möglich.

Weil sie mit der Bahn gekommen sind, um ein wenig Alkohol trinken zu können, müssen sie sich beeilen, um rechtzeitig den letzten Zug zu erreichen. Was sie aber nicht ahnen können, ist, dass ihnen die Bundesbahn einen Strich durch die Rechnung macht. Bis in die

Nacht hinein stehen sie mit etwa hundert anderen Fahrgästen auf dem Bahnsteig, warten vergeblich auf den fahrplanmäßigen Regionalexpress. Sie müssen sogar hilflos mit ansehen, wie die Anzeige auf der Tafel und die Lampen auf dem Bahnsteig gelöscht werden. Erst ein Ersatzzug bringt sie in den frühen Morgenstunden ans Ziel. Gegen zwei Uhr dreißig haben sie es endlich geschafft – in der Gewissheit, vorerst auf Bahnfahrten zu verzichten.

Auch Bayreuth hat einiges zu bieten: die Maximilianstraße mit Bürgerhäusern aus dem 16. bis 17. Jahrhundert; Altes und Neues Schloss – letzteres ein langgestreckter dreigeschossiger Trakt mit angrenzendem Hofgarten; und das markgräfliche Opernhaus, dessen prunkvolle Barockausstattung wir nicht zu Gesicht bekamen. Vom Richard-Wagner-Festspielhaus auf dem Grünen Hügel hatten wir mehr erwartet, waren aber ohnehin keine Liebhaber Wagnerscher Musik, schon gar nicht des Festspielrummels mit der aufgetakelten Prominenz. Interessanter fanden wir die Eremitage – auch hier aus Altem und Neuem Schloss bestehend, letzteres im Halbrund angelegt, in dessen Mitte sich der achteckige Sonnentempel befindet. Erst Jahre später besuchten wir das Haus Wahnfried, in dessen Garten sich Wagners Grab befindet, und die Stadtkirche mit der Fürstengruft, während das Opernhaus erneut geschlossen war – diesmal wegen Restaurierungsarbeiten.

Busfahrt nach Westberlin

Kurz vor dem Mauerfall nahmen wir mit einigen Wanderern des Thüringer-Wald-Vereins an einer Busfahrt nach Westberlin teil. Meine Frau kannte die geteilte Stadt noch nicht, ich selbst nutzte die Gelegenheit, einige Lücken zu schließen, die mir nach den Besuchen mit der Abendkursgruppe und den Führungskräften des Geräteherstellers geblieben waren. So fuhren wir zum Wannsee und von dort weiter nach Spandau, wo wir einen Blick auf die Zitadelle warfen, einen Rundgang durch die Altstadt machten und in einem typischen Alt-Spandauer Lokal landeten. Auch Schloss Charlottenburg stand auf dem Programm, das einzige noch bestehende monumentale Hohenzollernschloss in Berlin – mit dem Reiterstandbild des Großen Kurfürsten von Andreas Schlüter davor. Es folgten neuere Bauten wie die Philharmonie und das Internationale Congress Centrum. Interessant waren die Besuche des Käthe-Kollwitz- und des Zille-Museums, ein Zug durch das Kneipen-Viertel am Savignyplatz sowie ein Bummel durch das Kaufhaus des Westens. Zu diesem Zeitpunkt konnten wir noch nicht ahnen, dass sich drei Monate später die Schlagbäume öffnen würden, der Eiserne Vorhang endgültig der Vergangenheit angehörte.

Hansestadt Hamburg

Nach der Wende wollten wir mehr und mehr den Osten Deutschlands bereisen, hatten dennoch ein paar Ziele in den alten Bundesländern im Visier – so zum Beispiel Hamburg, wo zunächst der Besuch eines in Reinbek wohnenden Namensvetters anstand, den ich in meinem Stamm-Hotel nahe München kennengelernt hatte. Das Treffen fand gleich am Abend des Ankunftstages in einem rustikalen Restaurant statt. Am folgenden Morgen ging es dann mit der S-Bahn in die Elbmetropole.

Gestartet wurde der Rundgang auf dem Rathausmarkt mit dem imposanten Rathaus. Von den Alsterarkaden aus, wo wir mittags einkehrten und meine Frau Labskaus probierte, bot sich ein besonders schöner Blick auf die im Stil der nordwestdeutschen Renaissance gestaltete Fassade. Dazwischen stand Bummeln auf dem Programm, schlenderten wir erst durch die Möncheberg- und die Spitalerstraße, dann über Hamburgs Prachtboulevard, den Jungfernstieg an der Binnenalster.

Zu einer Hafenstadt gehören natürlich Sehenswürdigkeiten, die mit der Schifffahrt zu tun haben. So suchen sie gleich nach dem Mittagessen das Chilehaus auf, das als Geschäfts- und Kontorhaus errichtet wurde und einem Schiffsbug ähnelt. Sie sehen sich in der Speicherstadt im Hamburger Freihafen um, deren Häuser sechs bis acht Stockwerke in die Höhe ragen und über mehr als dreihunderttausend Quadratmeter Lagerfläche verfügen. Sie bewundern die historischen Häuser am Nikolaifleet, darunter Fachwerkbauten aus dem 17. bis 18. Jahrhundert, und erreichen schließlich die St.-Pauli-Landungsbrücken mit dem markanten Uhrturm und dem Eingangspavillon zum alten Elbtunnel, den sie bei einem Besuch der Verwandtschaft in Schleswig-Holstein schon einmal benutzt haben. Dort mussten sie damals mit dem Fahrstuhl abwärts fahren, die unter der

Elbe verlaufende, über vierhundert Meter lange Röhre durchqueren, und schließlich wieder den aufwärts führenden Fahrstuhl nehmen. Von den Landungsbrücken aus können sie einen Teil des Hafens mit seinen Kränen und Docks gut überblicken, das lebhafte Treiben auf dem Wasser verfolgen und einfach dabei sein, wenn die großen Pötte ein- und auslaufen.

Auf dem Rückweg zum Rathausmarkt besichtigten wir noch die Kirche St. Michaelis, deren "Michel" genannter Turm das Wahrzeichen Hamburgs und ihr in Weiß und Gold gehaltenes Inneres ein echtes Schmuckstück ist. Interessant sind auch die in der Nähe befindlichen Krameramtswohnungen aus dem 17. Jahrhundert – in Ziegelfachwerk für die Witwen ehemaliger Mitglieder des Krameramts errichtet.

Kassel und Fulda

Auf der Rückfahrt nutzten wir die Gelegenheit, in Kassel durch den Bergpark Wilhelmshöhe zu streifen und den Fuldaer Dom zu besichtigen.

Die Wilhelmshöhe beeindruckt in ihrer Gesamtheit: dem Oktogon mit dem Herkules, den Kaskaden mit den herabstürzenden Wassermassen, der im gotischen Stil gehaltenen Löwenburg und dem nach dem Bergpark benannten Schloss. Beim Blick auf die zu Füßen liegende Stadt muss er unweigerlich an jenen Tag zurückdenken, als er auf seiner zweiten Tour nach Leipzig einen Parkplatz im Kasseler Zentrum aufgesucht und beim Aussteigen aus dem Wagen unbemerkt seine Brieftasche verloren hat. Zum Glück wurde sie von einem jungen Pärchen gefunden, das auf seine Rückkehr wartete und ihn anhand des Ausweises erkannte. Die Ehrlichkeit der beiden war ihm natürlich einen angemessenen Finderlohn wert.

Auch an Fulda hatte ich keine guten Erinnerungen – war ich doch beim Verlassen der Autobahn, nicht weit von der Stadt entfernt, auf den bereits erwähnten Nachtblinden aufgefahren und musste nach Coburg abgeschleppt werden. Das war übrigens mein letzter Unfall. Durch die Bischofsstadt waren wir schon des Öfteren gefahren, ohne den Dom St. Salvator und Bonifatius näher zu betrachten. Das holten wir nun nach. Das Anfang des 18. Jahrhunderts von Johann Dientzenhofer erbaute Gotteshaus ist eine dreischiffige Basilika mit Doppelturmfassade, besitzt eine eindrucksvolle Stuckausstattung und beherbergt in der Krypta das Grabmal des heiligen Bonifatius. Ein besonderes Merkmal der Ostfassade sind die zwei seitlich angeordneten Kapellen mit den Kuppeldächern.

Lahntal

Freude haben sie an einer Fahrt durch das liebliche Lahntal. Über den gepflegten Kurort Bad Ems geht es zunächst nach Limburg. Neben den romantischen Gassen, die extrem schmal sind und deren gegenüber liegende Giebel sich nach oben hin derart nahe kommen, dass der Himmel kaum noch zu erkennen ist, kommt dem Dom besondere Bedeutung zu. Die spätromanische Kirche mit ihren sieben Türmen wurde von den französischen Kathedralen der Frühgotik spürbar beeinflusst. Beachtenswert sind die aus dem 13. Jahrhundert stammenden Fresken. Was an dem Bauwerk besonders auffällt, ist seine unverwechselbare farbige Außenansicht.

Ganz anders präsentiert sich der Dom St. Maria in Wetzlar. Vier Bau- und Stilepochen prägen ihn: die spätkarolingische, salische, romanische und gotische. Am gotischen Glockenturm ist die später aufgesetzte Wächterwohnung gut zu erkennen. Typisch für den Ort sind die vielen Marktplätze wie Butter-, Fisch-, Korn- und Eisenmarkt.

Endstation ist die Bergstadt Marburg. Die aus dem Lahntal emporwachsende Altstadt und das die Bergspitze krönende Landgrafenschloss geben zusammen ein schönes Bild ab. Allgegenwärtig ist die Universität, die, wie man annehmen könnte, die ganze Stadt für sich einnimmt. Ein Wermutstropfen trübt allerdings die angenehme Begegnung mit diesem städtebaulichen Idyll. Im nahe gelegenen Örtchen Cölbe war er geblitzt worden, hatte die Geschwindigkeit ein wenig überschritten. Der ein paar hundert Meter weiter wartende Polizeibeamte war wenigstens zu Scherzen aufgelegt, empfing ihn mit den Worten "Mit fünf Mark sind Sie dabei". Mit der bekannten Fernsehlotterie hatte die Spende allerdings nichts zu tun.

Schwarzwald

Eine andere Tour führte uns durch den Schwarzwald. Ausgangspunkt war das mir vertraute Bad Liebenzell. Über den kleinen Kurort Bad Herrenalb fuhren wir in das große Heilbad Baden-Baden. Dort bewunderten wir die aus glanzvolleren Zeiten stammende Kurbad-Architektur – das Kurhaus mit dem laut Marlene Dietrich schönsten Casino der Welt sowie die Trinkhalle mit dem neunzig Meter langen Säulengang samt Fresken mit Schwarzwaldsagen. Des Weiteren interessierten wir uns für das im Stil der Pariser Oper erbaute Theater, die besondere Eleganz ausstrahlenden Geschäfte in den Kolonnaden, das klassizistische Rathaus und das Neue Schloss – ein Renaissancebau aus dem 15. Jahrhundert. Unangenehm waren die Abgase – Resultat des nicht enden wollenden Autoverkehrs, der sich durch das Tal der Oos quälte und einen Dunstschleier über dem mondänen Bad ausbreitete.

Nächste Station ist Freudenstadt. Die imposante Stadtanlage beeindruckt vor allem durch die gewaltigen Ausmaße des quadratisch angelegten Marktplatzes von rund zweihundertzwanzig Metern Seitenlänge. Zudem sorgen die auf Rundbögen ruhenden Arkaden im Erdgeschoss der um den Platz herum angeordneten Häuser für ein ungestörtes Einkaufsvergnügen bei jeder Witterung. Doch es gibt noch etwas anderes, das sie als sehr angenehm empfinden: hier können sie wieder frei atmen, ihre Lungen mit reichlich Frischluft versorgen – die Bestätigung dafür, dass sie sich tatsächlich in einem Höhenluftkurort befinden.

Bei der Fahrt durch Schramberg erinnerte ich mich daran, wie ich mich auf eine Stellenanzeige bei einer ortsansässigen Uhrenfabrik beworben, später aber das lukrativere Angebot des Geräteherstellers im rheinland-pfälzischen Teil des Siegerlandes angenommen hatte. Die Begegnung mit der im finstersten Schwarzwald gelegenen Stadt, die sich über fünf Täler erstreckt, ließ keinen Zweifel in mir aufkommen, mich damals richtig entschieden zu haben.

Der Rest der Rundfahrt verlief über Rottweil, dessen Bürgerhäuser mit den doppelstöckigen Erkern oberhalb des Erdgeschosses das Stadtbild prägen; Oberndorf am Neckar, das aus Unterer und Oberer Stadt besteht; Calw, Geburtsort des Schriftstellers Hermann Hesse, mit seiner von Fachwerkhäusern geprägten Altstadt und der auf der Nagoldbrücke errichteten Nikolauskapelle; sowie die alte Klostersiedlung Hirsau mit ihren malerischen Ruinen. Von hier war es nur noch ein Katzensprung ins beschauliche Bad Liebenzell.

Regensburg, Straubing, Passau und Bayerischer Wald

Irgendwann reizten uns wieder einmal Ziele in Bayern. Den Anfang machten wir in Regensburg. Wir zogen durch die geschichtsträchtige Altstadt: besichtigten das Alte Rathaus, in dessen Reichssaal hundertdreiundvierzig Jahre lang der Immerwährende Reichstag zusammentrat, und wandelten durch den Dom St. Peter, eine dreischiffige Pfeilerbasilika und Hauptwerk der Gotik in Bayern. Danach kehrten wir in der "Dampfnudel" und später in der Historischen Wurstküche ein, von der aus wir einen Blick auf die im 12. Jahrhundert errichtete Steinerne Brücke werfen konnten – mit dreihundert Meter Länge und sechzehn Bögen eines der größten und zugleich ältesten Brückenbauwerke in Deutschland. Auf der Rückfahrt blieb uns noch Zeit, die zehn Kilometer östlich von Regensburg über der Donau thronende Walhalla zu besuchen – einen zum Andenken an die bedeutendsten deutschen Geister errichteten Prachtbau im Stil eines griechischen Tempels.

In Straubing staunen sie über den riesigen Straßenmarkt, der sich aus dem Theresien- und dem Ludwigsplatz zusammensetzt und sie ein wenig an Sparta erinnert, wo Einheimische und Touristen gleichermaßen über eine Art Exerzierplatz flanierten. Auch hier spazieren Bürger und Besucher auf und ab, gehen vom Ludwigstor zum Stadtturm und – an der Dreifaltigkeitssäule vorbei – bis zur Jesuitenkirche und von dort wieder zurück. Für eine Stadt hierzulande ist dieser Anblick durchaus gewöhnungsbedürftig.

In Passau – der barocken Dreiflüssestadt an Donau, Inn und Ilz interessierten wir uns vor allem für den Dom St. Stephan, dessen Kirchenorgel mit fast achtzehntausend Pfeifen die größte der Welt ist. Sonst fallen im Inneren noch Stuckaturen und Fresken auf. Zu den schönsten Plätzen der Altstadt gehören der Residenz- und der Rathausplatz. Beide bestechen durch ihre alten Patrizierhäuser. Natürlich ließen wir uns einen Bummel durch die recht steil verlaufenden, mittelalterlich anmutenden Treppengassen nicht entgehen, durchstreiften neben anderen die unter etlichen Bögen hindurchführende Höllgasse. Abschließend machten wir noch einen Abstecher zur oberhalb des linken Donauufers gelegenen Veste Oberhaus.

Im Bayerischen Wald wollen sie ein paar Tage ausspannen. Über Zwiesel mit seinen Glashütten, den Luftkurort Bodenmais und Baye-

risch Eisenstein, das über einen Grenzübergang in die damals noch existierende Tschechoslowakei verfügt, erreichen sie den im 11. Jahrhundert gegründeten Marktflecken Lam mit der sehenswerten barocken Pfarrkirche St. Ulrich und den schönen alten Waldbauernhöfen. Von hier aus unternehmen sie einige Ausflüge, deren Höhepunkt die Besteigung des fast dreizehnhundert Meter hohen Großen Osser bildet.

Thüringen

Die neuen Bundesländer rückten mehr und mehr in den Fokus. Per Rad besuchten wir in der Nähe von Coburg liegende Ziele: die Kureinrichtungen in Bad Colberg, in denen sich die SED-Bonzen die Klinke in die Hand gaben; Ummerstadt, das aus alten Fachwerkhäusern bestehende Dorf mit Stadtrecht; die als fränkische Leuchte bezeichnete Veste Heldburg – das Pendant zur Veste Coburg, die als fränkische Krone bekannt ist; und das ehemalige Dorf Billmuthausen, das die Staatsmacht dem Erdboden gleichmachen und seine Bewohner gegen ihren Willen umsiedeln ließ – übriggeblieben ist nur der Friedhof.

Ein Erlebnis der besonderen Art ist die sommerliche Rundfahrt durch den Thüringer Wald mit einer historischen Eisenbahn – mit alten, von einer Dampflokomotive gezogenen Waggons, in deren geöffnete Fenster ab und zu die Rauchschwaden eindringen. Startpunkt ist der Bahnhof in Sonneberg. Dessen Spielzeugmuseum und Sternwarte besichtigen sie erst Jahre später. Auch in Lauscha mit seiner Glasindustrie, wo der Zug das erste Mal hält, bekommen sie noch hinreichend Gelegenheit, sich mit den Erzeugnissen der Glasmacher vertraut zu machen. Danach geht die Fahrt über Probstzella mit dem ehemaligen Grenzbahnhof auf DDR-Seite bis Saalfeld, wo die nächste Pause eingelegt wird. Doch erst in Arnstadt bleibt ihnen genügend Zeit, sich ein wenig umzusehen, durch die erstaunlich gut erhaltene Altstadt der ältesten urkundlich erwähnten Stadt Thüringens und deren gepflegte Parkanlagen zu spazieren. Weiter geht es am hoch gelegenen Oberhof vorbei, dessen weithin sichtbares Hotel "Panorama" zwei gegenüber gestellten Sprungschanzen gleicht, über Suhl – während des Dreißigjährigen Krieges die Waffenschmiede Europas – und Schleusingen mit dem imposanten Schloss Bertholdsburg bis Themar, in dessen Nähe sich das Kloster Veßra befindet – ein ehemaliges Prämonstratenserkloster mit einer romanischen Kirchenruine, die heute ein Museum ist und das sie schon bald besuchen werden. Von Themar verläuft die abschließende Etappe über Hildburghausen mit seinem prächtigen Rathaus aus dem 16. Jahrhundert bis Eisfeld, wo die letzte Pause ansteht, sie über den alten Friedhof bummeln und die Stille genießen, ehe sich in Sonneberg der Kreis schließt, die Fahrt mit dem Nostalgiezug zu Ende ist.

Auch Fahrten durch Thüringen mit dem eigenen Wagen standen auf dem Programm. Erstes Ziel war Schmalkalden – mit dem auf einer Anhöhe errichteten Schloss Wilhelmsburg. Bei dem Anwesen handelt es sich um eines der bedeutendsten Bauwerke der Renaissance in Thüringen. Ein besonderes Schmuckstück ist der schön restaurierte, heute denkmalgeschützte Altstadtkern mit seinen romantischen Gassen.

Ein Höhepunkt ist die Wartburg in Eisenach, die sie zu Fuß erklimmen. Die im 11. Jahrhundert erbaute, in vierhundertzehn

Meter Höhe gelegene Burg ist eine der eindrucksvollsten in Deutschland. Die gesamte Anlage wurde um zwei Höfe herum gruppiert. Sehenswert sind der Rittersaal, die Elisabeth-Kemenate mit ihren Kreuzgewölben, der Sängersaal, das Lutherzimmer, in dem der Reformator das Neue Testament aus dem griechischen Urtext ins Deutsche übersetzte, sowie der Bergfried als das Wahrzeichen der Stadt. Bayerns König Ludwig II. inspirierten die Burg und deren Säle beim Bau seines Märchenschlosses Neuschwanstein.

Gotha interessierte uns eigentlich nur wegen der Beziehung zu Coburg – gehörte es doch einst zum Herzogtum Sachsen-Coburg und Gotha. Hervorzuheben sind das mitten auf dem Hauptmarkt stehende Rathaus im Renaissancestil und das gewaltige Schloss Friedenstein, das erste große Barockschloss in Deutschland. Sonst hinterließ die Stadt einen eher trostlosen Eindruck, wirkten viele Häuserfassaden noch reichlich heruntergekommen.

Erfurt war hingegen ein lohnendes Ziel. Geradezu gigantisch wirkt der Domplatz, mit vier Hektar der wohl größte Platz hierzulande. Der Dom und die St.-Severi-Kirche, beide über eine breite Freitreppe erreichbar, bilden ein weithin sichtbares Ensemble. Beim Dom fällt außen die besondere Unterkonstruktion des gotischen Chores ins Auge – die sogenannten Kavaten, die einst als Ladengeschäfte dienten, also schon früh Glaube und Kommerz verbanden. Innen sind die romanische Bronzeleuchterfigur des heiligen Wolfram und die dreizehn gotischen Bildfenster beachtenswert. Die St.-Severi-Kirche, das seltene Beispiel einer fünfschiffigen frühgotischen Hallenkirche, glänzt mit dem Sarkophag des heiligen Severus, dem fünfzehn

Meter hohen gotischen Taufstein und dem barocken Orgelprospekt.

Ein Kuriosum stellt zweifellos die Krämerbrücke in der Altstadt dar. Die einzige vollständig bebaute und bewohnte Brücke nördlich der Alpen ist hundertfünfundzwanzig Meter lang und neunzehn Meter breit. Sie gilt als das älteste weltliche Bauwerk Erfurts und besitzt bis heute zweiunddreißig Fachwerkhäuser aus dem 17. bis 19. Jahrhundert. Beim Bummel über die Brücke sind sie über die Vielfalt der kleinen Läden überrascht, die einiges an Kunsthandwerk zu bieten haben.

Weimar hielt mit Erfurt nicht mit, erinnerte uns bei der Betrachtung der Bausubstanz eher an Gotha. Einzig das Deutsche Nationaltheater, in dem nach dem Ersten Weltkrieg die Verfassunggebende Versammlung tagte – mit dem Goethe-Schiller-Denkmal davor, sowie das Goethehaus, in dem der Dichter fünfzig Jahre bis zu seinem Tod lebte und dessen Privaträume nebst Sammlungen original erhalten sind, fielen sichtbar aus dem Rahmen. Was die Vergangenheit angeht, erlangte die Stadt als Namensgeber der Weimarer Republik, dem ersten demokratischen Staat auf deutschem Boden, traurige Berühmtheit – hatte dieser doch nicht lange Bestand und musste dem unseligen Dritten Reich weichen. Der Rest der Geschichte ist bekannt.

Ilmenau ist zwar ein nettes Städtchen, interessierte uns in erster Linie aber nur, weil der Vater meiner Frau an der Technischen Hochschule studiert hatte. Am Campus haben wir uns jedoch nicht umgesehen, begnügten uns stattdessen mit einem Bummel durch die ansprechende Fußgängerzone, wo wir abschließend in einem Straßencafé einkehrten.

Eine interessante Wanderung führt sie auf den in der Nähe von Römhild emporragenden Großen Gleichberg. Auf dem Gipfel des rund sechshundertachtzig Meter hohen Berges sind nur noch Reste einer früher militärisch genutzten Anlage der ehemaligen DDR zu sehen – wie sie erfahren, ein Horchposten der auf Abhöraktionen spezialisierten Staatssicherheit.

Östlicher Harz

Bei einer Tour durch den östlichen Harz besuchten wir als erstes Quedlinburg. Wie in Gotha und Weimar konnten wir auch hier unsere Enttäuschung nicht verbergen – waren doch der berühmte Schlossberg und die Stiftskirche St. Servatius in einem miserablen Zustand. Im Inneren der dreischiffigen hochromanischen Flachdecken-Basilika fällt nur das Grab Heinrichs I. und seiner Gemahlin Mathilde auf. Besser sah es da schon am Marktplatz aus. Das Renaissance-Rathaus mit Roland sowie Häuser aus dem 17. und 18. Jahrhundert lieferten ein weit erfreulicheres Bild.

Ähnlich wie Quedlinburg erging es auch Halberstadt. Vor allem die langgestreckte dreischiffige und kreuzförmig angelegte gotische Basilika war in jeder Hinsicht renovierungsbedürftig. Bei vielen Gotteshäusern wurde dem Besucher sehr schnell klar, dass die DDR-Führung an deren Erhalt nicht sonderlich interessiert gewesen war – von den fehlenden Mitteln einmal abgesehen.

Wenigstens kam in Werningerode Freude auf. Das mit seinen Erkern und Türmen markante Rathaus sowie die meisten Fachwerkhäuser rund um den Marktplatz erstrahlten bereits in neuem Glanz.

Von Heidelberg durch Odenwald und Spessart

Auf Reisen wollten wir nach wie vor nicht verzichten, auch wenn ich beruflich wieder häufiger unterwegs war. Was das Inland betraf, lagen einige Ziele noch in den alten Bundesländern, die meisten aber in Ostdeutschland. Eine der Touren führte von Heidelberg durch Odenwald und Spessart.

Die Universitätsstadt am Neckar können sie nur im Schnellgang durchstreifen, weil sie den Wagen wegen des Touristenrummels am anderen Flussufer nahe der Theodor-Heuss-Brücke abstellen müssen, wo sie eigentlich gar nicht parken dürfen. Also werfen sie nur kurz einen Blick auf die Sehenswürdigkeiten: Barockbauten wie das Haus zum Riesen, das Kurpfälzische Museum, die Alte Universität, in der sich der weltberühmte Karzer befindet, und die Ehemalige Hofapotheke; das im Renaissancestil errichtete Haus zum Ritter St. Georg sowie die spätgotische Heiliggeistkirche. Von dort ist auch das über der Stadt thronende Schloss, das größtenteils nur als Ruine erhalten ist, am besten zu sehen.

Über Neckargemünd und Eberbach gelangten wir nach Michelstadt. Dessen Marktplatz ist ein Schmuckstück aus dem Mittelalter. Das Rathaus mit der ebenerdigen Halle, dem aufgesetzten Fachwerk und dem steil in die Höhe ragenden Dach gilt als eines der originellsten in Deutschland.

In Amorbach beeindruckte uns die Kirche der ehemaligen Benediktinerabtei mit ihrer prachtvollen Ausstattung – den Stuckarbeiten von Wessobrunner Künstlern, den farbenfrohen Deckengemälden, dem Hochaltar mit seinen sechs Marmorsäulen, der Kanzel, dem schmiedeeisernen Chorgitter im frühen Rokokostil und vor allem der größten Barockorgel der Welt mit der Uhr in der Mitte.

Äußerst sehenswert ist auch Miltenberg mit seinem schönen Fachwerk rund um den Marktplatz. Besonders hervorzuheben sind das "Schnatterloch", durch das ein Weg zur Mildenburg hinaufführt – ein beliebtes Fotomotiv, und, abseits vom Markt, an der Abzweigung der Riesengasse von der Hauptstraße das Gasthaus "Riesen", eine der ältesten Herbergen Deutschlands. Als unangenehm empfinden sie den am Main entlang führenden Stadtverkehr. Umso reizvoller ist die anschließende Weiterfahrt am immer romantischer werdenden Fluss entlang in Richtung Maindreieck – durch zahllose wie an einer Perlenschnur aufgereihte Ortschaften mit Blick auf die umliegenden Wälder und Weinberge.

Bodensee

Eine weitere abwechslungsreiche Fahrt führte uns am Bodensee entlang. Startpunkt war das an der Schweizer Grenze gelegene Konstanz.

In Konstanz betrachten sie das am See gelegene Kaufhaus, das Ende des 14. Jahrhunderts als Korn- und Lagerhaus erbaut worden ist und während des Konstanzer Reformkonzils der einzigen Papstwahl auf deutschem Boden gedient hat. Außerdem werfen sie einen Blick in das Liebfrauenmünster, eine im 11. Jahrhundert errichtete dreischiffige Säulenbasilika – mit wunderbar geschnitzten Portaltüren. Den Rest des Tages bummeln sie durch die Altstadt und kehren in der Weinstube "Zum Küfers Fritz" ein. Beim Verweilen am Hafen erinnert er sich an eine frühere Begebenheit, als er mit seinen Eltern am Bodensee Urlaub gemacht und beim Seenachtsfest das halbstündige Feuerwerk von einem Schiff der Weißen Flotte aus verfolgt hat.

Mit der Autofähre setzten wir nach Meersburg über, das mir längst vertraut war, fuhren von dort weiter über den Kurort Überlingen mit seiner zum Teil erhalten gebliebenen Stadtmauer samt Toren und Türmen aus dem 15. Jahrhundert bis nach Unteruhldingen mit den beiden rekonstruierten Pfahlbaudörfern aus der Jungsteinzeit und der Bronzezeit. Nach dem Stand neuester Forschung hat es keine in den See hinaus gebauten Pfahlbauten gegeben, sondern lediglich Landsiedlungen am damals trocken liegenden Ufer. Die Häuser indes entsprechen der Realität, zeigen die in dieser Zeit üblichen Geräte für Jagd, Fischerei, Ackerbau und Viehzucht.

Weiter ging es über Friedrichshafen, der Stadt des Zeppelins, wo wir Jahre später die Personenfähre ins schweizerische Romanshorn benutzten, bis nach Lindau.

In der historischen Stadt, die ringsum vom Wasser des Bodensees umgeben ist und komplett unter Denkmalschutz steht, ziehen sie durch die Maximilianstraße – gesäumt von zahlreichen Patrizierhäusern mit Laubengängen im Stil der Gotik und Renaissance, mit hier und da stillen Winkeln in den Seitengassen; kommen am Alten Rathaus vorbei, das mit der Ratslaube vor dem ersten Obergeschoss, zu der eine überdachte Treppe hinaufführt, der Fassadenbemalung und dem reich verzierten Staffelgiebel zu den markantesten Gebäuden Lindaus zählt; statten der dreischiffigen Basilika St. Stephan noch einen Besuch ab; und landen schließlich am Hafen mit dem bayerischen Löwen und dem Leuchtturm vor der Einfahrt. Von hier aus bietet sich ein phantastischer Blick auf den Bodensee und die österreichischen Berge.

Tegernsee

Die kleine Rundfahrt um den Tegernsee war ein reines Landschaftserlebnis, lockte mit dem in der Sonne glitzernden Blau des Wassers, dem satten Grün der ringsum bewaldeten Berge und den wie bunte Farbtupfer wirkenden Heilbädern. Vom Luftkurort Gmund fuhren wir nach Tegernsee, wo wir eine Bootsfahrt nach Rottach-Egern und wieder zurück unternahmen, im Gewölbe des "Bräustüberl" einkehrten und in einem Café mit Seeblick den Tag bei Kaffee und Kuchen ausklingen ließen, ehe wir die Rückfahrt über Rottach-Egern mit seinem spitzen Kirchturm und Bad Wiessee mit der gepflegten Seepromenade antraten.

Dachau

Von München aus besuchen sie Dachau, bummeln aber nicht nur durch den altbayerischen Stadtkern, sondern wagen einen Gang durch das ehemalige Konzentrationslager. Mauern mit Stacheldraht, Wachtürme, Fundamente von Baracken und eines dieser Gebäude als Demonstrationsobjekt erinnern an die Qualen, die zahllose Menschen hier erleiden mussten. Juden und Sinti, politisch Andersdenkende und Kriegsgefangene wurden hierhin deportiert, waren den SS-Schergen hilflos ausgeliefert. Siebzigtausend Häftlinge vegetierten in dem für neuntausend Insassen ausgelegten Komplex vor sich hin – jeweils dreihundertfünfzig in einem Raum zusammengepfercht. Die unglaubliche Enge, die dürftige Verpflegung und die miserable medizinische Versorgung bildeten den idealen Nährboden für Seuchen. Kranke wurden einfach ihrem Schicksal überlassen, verendeten am Ende wie Tiere. Hundertfünfzig Internierte fielen allein dem Typhus täglich zum Opfer. Rund dreiundvierzigtausend kamen insgesamt ums Leben. Von derartigen Zahlen geschockt und von den Gräueltaten der Nazis angewidert, kehren sie dem einstigen Todeslager den Rücken.

Naumburg, Magdeburg und Schwerin

Erneut wenden sie sich dem Osten Deutschlands zu, haben noch zahlreiche Ziele im Visier, die sie unbedingt kennenlernen wollten. Eines davon ist Naumburg. Die Stadt an der Saale glänzt einerseits mit dem Marktplatz – umsäumt von Renaissancebauten wie dem Rathaus und dem Schlösschen sowie der spätgotischen Stadtkirche St. Wenzel. Andererseits verfügt sie mit dem Dom St. Peter und Paul - ausgestattet mit den berühmten zwölf Stifterfiguren des mysteriösen

Naumburger Meisters, darunter Ekkehard und Uta – über ein großartiges sakrales Bauwerk.

Als nächstes suchten wir Magdeburg auf, wo nur der Dom unser Interesse weckte. Die über der Elbe thronende erste gotische Kathedrale in Deutschland, nach französischem Vorbild errichtet, beherrscht noch immer die Silhouette der Stadt. Besonders sehenswert sind die Skulpturen der klugen und der törichten Jungfrauen an der Paradiespforte im Norden. Sonst hat die Stadt wenig zu bieten, fiel sie nach den Zerstörungen des Zweiten Weltkriegs doch weitgehend der sozialistischen Stadtplanung zum Opfer.

In Schwerin beeindruckt sie sowohl der Dom, ein Hauptwerk der norddeutschen Backsteingotik – mit dem gotischen Kreuzaltar aus dem 15. Jahrhundert, als auch das am Schweriner See gelegene Schloss, das nach dem Vorbild des Loire-Schlosses Chambord im Stil der Neorenaissance erbaut wurde. Die Stadt hinterlässt insgesamt einen gemütlichen Eindruck, gepaart mit der typisch norddeutschen Gelassenheit.

Mecklenburgische Seenplatte

Auf einer Tour zur Mecklenburgischen Seenplatte wollten wir zunächst Fehrbellin besuchen, wurden aber umgeleitet, was im Zuge des Aufbaus Ost nicht selten der Fall war. Erst nach mehreren Versuchen fanden wir den Ort, aber nicht das Denkmal – das an die Schlacht erinnern sollte, als Kurfürst Friedrich Wilhelm von Brandenburg Ende des 17. Jahrhunderts das bedeutend stärkere Heer der Schweden besiegt hatte.

Neuruppin, die nächste Station, gilt als die einzige Stadtanlage dieser Art in Deutschland. Verursacht durch einen verheerenden Brand Ende des 18. Jahrhunderts entstand auf dem Reißbrett eine neue Stadt. Der Ort wurde im klassizistischen Stil wiederaufgebaut – mit Straßen wie mit dem Lineal gezogen, mit weiträumigen, von schönen Giebelhäusern umgebenen Plätzen, mit gepflegten, die mittelalterlichen Wälle und Reste der Stadtmauer einbindenden Parkanlagen. Kurios ist, dass nicht das Rathaus, sondern die Schule den Mittelpunkt der Stadt bildet, in der berühmt gewordene Leute wie der Architekt Karl Friedrich Schinkel und der Dichter Theodor Fontane geboren wurden.

In Rheinsberg zog uns das am Grienericksee gelegene und von Knobelsdorff geschaffene Schloss an. Hier spielt Kurt Tucholskys "Bilderbuch für Verliebte". Sehenswert ist der von zwei Rundtürmen flankierte Barockbau als Ganzes. Im Innern sind der Spiegelsaal und im Park das Portal, das als Vorbild für Sanssouci diente, besonders hervorzuheben.

Über Mirow erreichen sie schließlich Röbel an der Müritz, wo sie einkehren. Im 13. Jahrhundert erhielt der Ort Stadtrecht und durfte Markt abhalten. Die schmalen Gassen sind noch immer kopfsteingepflastert. Nirgendwo ist Hektik zu spüren. Die Müritz, die quasi vor der Haustür liegt, ist mit rund hundertsechzehn Quadratkilometern der mit Abstand größte See Deutschlands nach dem Bodensee, bietet sich für jede Art von Wassersport an und ist vor allem für Naturfreunde und Ruhesuchende ein wahres Paradies.

Berlin und Potsdam

Jedes Mal, wenn wir von Rügen aus die Fähre nach Bornholm nahmen, wo wir ein Ferienhaus gemietet hatten – früher mussten wir die Vogelfluglinie über Fehmarn benutzen – machten wir Zwischenstation bei der Tochter und ihrer Familie in Berlin-Kreuzberg, dem schöneren und gepflegteren Teil des alten Stadtviertels, der von Hausbesetzern und anderen Chaoten verschont blieb. Dort erlebten wir die typische Berliner Kneipenkultur – die urigen Lokale ebenso wie die verräucherten Kaschemmen, außerdem kleine Geschäfte, von denen jedes mit irgendwelchen Besonderheiten im Angebot aufwartete.

Als sie das erste Mal dort aufkreuzen, wird ihnen eine Rundfahrt über Landwehrkanal und Spree ans Herz gelegt – eine gute Idee, um das im Wandel befindliche Berlin vom Wasser aus entdecken zu können. Leider sind sie etwas spät dran, müssen hilflos mit ansehen, wie die Kasse schließt und das Ausflugsboot im Begriff ist abzulegen. Was sie nicht ahnen können, ist, dass sich eine größere Reisegruppe an Bord befindet und das Reedereipersonal wohl glaubt, dass sie dazugehören. Also dürfen sie noch schnell über die Absperrung und auf das Boot springen. So kommen sie doch noch zu ihrer Rundfahrt, die sich in der Tat lohnt, aber keinen Pfennig kostet.

In der Folgezeit stand noch einiges für uns Unbekanntes auf dem Programm – vor allem im Osten Berlins. Doch zunächst hatten wir das Reichstagsgebäude im Visier, das uns zwar schon geläufig, nun aber mit einer Glaskuppel über dem Plenarsaal versehen war, die wir unbedingt besteigen wollten. Zum Glück hielt sich der Andrang der Besucher in Grenzen. Ganz oben angekommen, genossen wir die Aussicht auf die allmählich wieder zusammenwachsende Metropole. Auch das Brandenburger Tor war uns nicht fremd – nur, dass wir jetzt hindurchgehen konnten, was uns bisher verwehrt geblieben war. Dann endlich konnten wir das uns Unbekannte in Angriff nehmen. Wir ließen uns "Unter den Linden" im Strom der Passanten dahintreiben, bummelten durch das romantische Nikolai-Viertel mit Blick auf das "Rote Rathaus" und bestaunten auf dem Gendarmenmarkt das großartige barocke Ensemble mit Französischem und Deutschem Dom sowie dem Schauspielhaus.

Von Berlin aus nahmen wir die Gelegenheit wahr, Potsdam kennenzulernen. Zuerst sahen wir uns im Schloss Cecilienhof um – einem im englischen Landhausstil erbauten Fachwerkbau, der als Tagungsort der Potsdamer Konferenz in die Geschichte einging. Danach schlenderten wir durch den von Peter Joseph Lenné angelegten Park von Sanssouci mit dem langgestreckten, über die Weinbergterrassen erreichbaren Schloss von Knobelsdorff – letzte Ruhestätte Friedrichs des Großen in einer außerhalb gelegenen Gruft. Erst Jahre später zogen wir durch die Altstadt, besichtigten die wuchtige Nikolaikirche – ein Hauptwerk des deutschen Klassizismus, spazierten durch die Fußgängerzone in der Brandenburger Straße und erfreuten uns an den rund hundertfünfzig Backsteingiebelhäusern im Holländischen Viertel.

Insel Rügen und Hansestadt Stralsund

Auch auf Rügen legten wir vor der Fährüberfahrt nach Bornholm einen Zwischenstopp ein, um die Insel näher kennenzulernen. Angesichts des gut ausgebauten Nahverkehrsnetzes nahmen wir von Bergen aus lieber den Bus, anstatt im Stau der Urlaubermassen steckenzubleiben. Die noch nicht dem Abriss zum Opfer gefallenen herrlichen Alleen erfreuen zwar das Herz eines jeden Autofahrers, der in gemütlichem Tempo die Schönheit der Insel genießen möchte, zeichnen sich aber gerade in der Hochsaison durch nahezu endlos kriechende Autokolonnen aus. Die eine unserer Entdeckungstouren führte zunächst in den südlichen Teil der Insel.

Sie sehen sich Putbus an – die Weiße Stadt, wie sie genannt wird. Das ehemalige Residenzstädtchen glänzt mit seiner großartigen Architektur: dem Circus, einem riesigen Platzrondell, das von einem klassizistischen Gebäudeensemble umgeben ist; dem Markt mit dem ebenfalls klassizistischen Theater; und dem im englischen Stil angelegten Schlosspark. Von dort fahren sie mit dem "Rasenden Roland", einer Schmalspureisenbahn, bis Binz.

Das mondäne Seebad Binz verfügt über eine dreihundertsiebzig Meter lange Seebrücke, eine sich über drei Kilometer hinziehende Strandpromenade, das schlossartige Kurhaus und eine reizvolle Bäderarchitektur. Allerdings erwartet den Urlaubsgast im Sommer ein gewaltiger Touristenrummel.

Die anderen Seebäder – ebenfalls von der Bäderarchitektur geprägt – klapperten wir zu Fuß ab: das zwischen Ostsee und Selliner See gelegene Sellin mit Rügens längster Seebrücke samt dem markanten Brückenhaus, wo wir einkehrten; das kleine und eher beschauliche Baabe mit seinen reetgedeckten Häusern; und Göhren mit dem Kap Nordperd, das den Nordstrand vom Südstrand trennt, wobei der Nordstrand mit Kurpromenade und zweihundertsiebzig Meter langer Seebrücke der eigentliche Badestrand ist.

Empfehlenswert ist ein Besuch von Prora. Der sogenannte Koloss, das größte Bauwerk Deutschlands, das aus acht sechsgeschossigen und auf einer Länge von viereinhalb Kilometern aneinander gereihten "Kraft durch Freude"-Feriensilos der Nazis besteht, konnte zwanzigtausend Urlauber gleichzeitig aufnehmen. Zum Zeitpunkt ihrer Besichtigung enthält der Komplex nur noch das Dokumentationszentrum Prora mit einem spartanisch eingerichteten KdF-Zweibettzimmer sowie das NVA-Museum, das den Alltag der Nationalen Volksarmee der DDR präsentiert.

Von Göhren aus machten wir einen Abstecher auf die Halbinsel Mönchgut mit dem Seebad Thiessow, wanderten von Gager aus über die Hügellandschaft der "Zickerschen Alpen" und stärkten uns in Middelhagen im ältesten Rügener Landgasthof "Zur Linde". Die andere Tour hatte den nördlichen Teil der Insel zum Ziel – die Halbinseln Jasmund und Wittow.

Größte Attraktion im Naturpark Jasmund und Stubnitz sind zweifellos die berühmten Kreidefelsen, auf die sie vom Königsstuhl hinunterblicken können, die aber erst von der Autofähre aus, wenn sie nach Bornholm unterwegs sind, ihre ganze Schönheit entfalten und in voller Länge richtig imposant wirken. Von der Aussichtsplattform des Königsstuhls aus wagen sie eine Wanderung bis hinunter nach Sassnitz. In ständigem Wechsel müssen sie bergauf und bergab klettern, steinerne Brücken und Holzstege überwinden, Waldpfade benutzen und Lichtungen passieren. Dabei bietet sich immer wieder ein Blick auf die Ostsee. Kurz vor dem Ziel kommen sie noch an den Wissower Klinken vorbei und erreichen schließlich die Hafenstadt, deren Fährhafen seit einiger Zeit in Neu Mukran beheimatet ist.

Interessant war die Überquerung der Schaabe, der schmalen Landverbindung zwischen den beiden Halbinseln – links und rechts von Wald und Wasser umgeben. Durchaus reizvoll ist auf Wittow das Seebad Breege-Juliusruh: Breege mit seinem kleinen Hafen am gleichnamigen Bodden und den Kapitänshäusern aus dem 18. und 19. Jahrhundert; Juliusruh mit dem feinen breiten Sandstrand und dem kleinen Kurpark, der ein wenig verwildert aussah. In Altenkirchen beeindruckt die der Backsteinromanik zuzurechnende Pfarrkirche mit einigen Schätzen im Innern – dem Taufstein, dem Triumphkreuz, dem Kreuzrippengewölbe und dem Altar. Außerhalb der Kirche sind der etwas abseits stehende hölzerne Glockenstuhl und die bis zu zweihundert Jahre alten Grabsteine auf dem Friedhof nicht weniger beachtenswert. In Wiek fällt im Hafen das Gerippe einer nach dem Ersten Weltkrieg gebauten Kreideverladebrücke und in der Pfarrkirche St. Georg die fast lebensgroße Holzplastik des heiligen Georg zu Pferd auf.

Letzte Höhepunkte auf Rügen sind die beiden Leuchttürme am Kap Arkona – wegen der unterschiedlichen Höhe "Pat und Patachon" genannt. Er besteigt den älteren, aber kleineren, dafür unter Denkmalschutz stehenden Turm, und genießt die weite Aussicht über die Insel und das Meer. Auch das kleine, ebenfalls denkmalgeschützte Fischerdorf Vitt, dessen dreizehn rohrgedeckte Fischerkaten samt ihrem Vieh mit unterschiedlichen runenartigen Kennzeichen markiert sind, ist von hier oben gut zu erkennen.

Keine guten Erinnerungen hatten wir an die Halbinsel Ummanz und die Insel Hiddensee. Auf ersterer, deren Dorfkirche in Waase einen prächtigen Antwerpener Schnitzaltar besitzt, mussten wir den größten Teil einer Wanderung bei strömendem Regen zurücklegen, konnten uns nirgendwo unterstellen und kamen trotz Regenschutz völlig durchnässt am Ziel an. Auf letzterer, die wir zwischen Kloster und Vitte zu Fuß erkundeten – unter anderem mit dem Besuch des Grabes von Gerhart Hauptmann auf dem Friedhof von Kloster – begrüßten wir zwar den autofreien Verkehr, fanden die schmale, sich in die Länge ziehende Insel, die uns an Juist erinnerte, aber wenig abwechslungsreich. Zudem störten uns die Schiffsladungen mit bis zu fünftausend Tagesbesuchern, die zu Fuß, mit dem Fahrrad oder der Kremserkutsche über das Eiland herfielen. Dagegen war das etwa gleich große, aber weit weniger frequentierte Juist eine Oase der Ruhe – was wohl auch daran lag, dass die Insel nur bei Flut erreichbar war.

Von Rügen aus unternehmen sie einen Tagesausflug nach Stralsund. Die Hansestadt gefällt ihnen, wenn auch an allen Ecken und Enden noch restauriert wird, die Pracht der roten Backsteinhäuser also nicht überall zur Geltung kommt. Sehenswert ist das Tor nach Rügen aber allemal. Glanzpunkt ist der Alte Markt mit dem Rathaus, das zu den bedeutendsten Profanbauten der Backsteingotik in Deutschland gehört und dessen prunkvolle Schaufassade den Platz beherrscht. Auch die Kirchen wecken ihr Interesse: die Nikolaikirche, ein gotischer Backsteinbau mit zwei Türmen, aber unterschiedlichen Hauben; sowie die Marienkirche mit nur einem Turm, dafür aber mit einem hohen Langhaus. Sonst sind noch die Stadtmauer am Knieperwall mit Wiekhäusern und zwei Toren sowie einige beachtliche Häuser wie das Wulflamhaus erwähnenswert. Die größte Attraktion ist jedoch das Deutsche Meeresmuseum, dessen Besichtigung sie sich nicht entgehen lassen. In fast fünfzig Aquarien können über tausend Meeresbewohner wie Haie, Riesenkraken und -krebse beobachtet werden. Auch Schaustücke sind zu bewundern, so zum Beispiel das riesige Skelett eines vor Rügen gestrandeten Finnwals.

Flensburg, Ratzeburg und Wolfenbüttel

Erneut streiften wir durch die deutschen Lande, fanden noch den einen oder anderen weißen Fleck auf der Landkarte. Im Norden der Republik nahmen wir die Gelegenheit wahr, während einer unserer Rückreisen von Bornholm – zur Abwechslung wieder einmal über Schweden und Dänemark, nicht über Rügen – Flensburg und Ratzeburg zu besuchen, während die Wahl auf Wolfenbüttel im Zusammenhang mit einem Aufenthalt im niedersächsischen Werk des Münchner Nutzfahrzeugherstellers fiel.

In Flensburg beschränkten wir uns auf einen Bummel durch die Fußgängerzone – mit den vielen noch erhaltenen Höfen aus der Blütezeit des Seehandels – und einen Spaziergang entlang des Hafens am Ende der Flensburger Förde. Obwohl ich Nichtschwimmer bin, reizten mich Städte am Wasser schon immer. Wir betrachteten die stattlichen Patrizierhäuser am Holm und in der Großen Straße sowie die im Hafen vor Anker liegenden Ausflugsdampfer, Segel- und Motorboote, die sich auf dem ruhigen Wasser kaum bewegten. Und wir sahen zu den bebauten Hängen hinauf, die mit üppigem Grün bewachsen waren. Bislang war uns Flensburg nur dahingehend ein Begriff, dass sich das Kraftfahrt-Bundesamt mit der berüchtigten Verkehrssünderkartei hier befand, in der ich immerhin seit zwanzig Jahren von Punkten verschont geblieben war.

Auch Ratzeburg liegt am Wasser, Altstadt und Dom auf einer Insel im gleichnamigen See. Sehenswert ist das im 12. bis 13. Jahrhundert errichtete Gotteshaus – ein romanischer Backsteinbau mit dem ältesten Chorgestühl Norddeutschlands. Die Hochburg des Rudersports wurde Ende des 17. Jahrhunderts bis auf das Dom-Viertel von den Dänen zerstört und später nach dem Grundriss Mannheims wiederaufgebaut.

Wolfenbüttel glänzt mit der Herzog-August-Bibliothek, an deren Besichtigung er leider nicht teilnehmen kann, seine Frau dafür umso begeisterter ist. Sehenswert sind außerdem das Lessinghaus, in dem der berühmte Dichter sein Dramatisches Gedicht "Nathan der Weise" verfasst hat; das Schloss als ehemalige Residenz der Welfenherzöge; "Klein Venedig", der Rest eines alten Grachtensystems; die Marienkirche – ein imposanter Sakralbau des Protestantismus; und viele Fachwerkhäuser. Für eine Stadt dieser Größenordnung eher ungewöhnlich sind die großzügig angelegten Plätze – Schlossplatz, Stadtmarkt und Kornmarkt.

Soest und Paderborn

Bei einer weiteren Visite im Ruhrgebiet nahmen wir die Rückfahrt für zwei Abstecher nach Soest und Paderborn zum Anlass. Die alte Hansestadt am Hellweg konnten wir nicht so gemütlich durchstreifen, wie wir uns das vorgenommen hatten. Ein Sportfest für Kinder hatte die gesamte Innenstadt in Beschlag genommen. So mussten wir uns mit allen möglichen Tricks durch die Gassen hangeln. Den Wagen stellten wir an der weitgehend noch erhaltenen Stadtmauer ab, zogen von dort in Richtung Markt, warfen erst einen Blick auf das Rathaus mit den Arkaden und betraten dann den Dom St. Patrokli mit dem mächtigen romanischen Turm, wo wir die unglaubliche Stille hinter den dicken Mauern nach all dem Lärm in der Stadt genossen. Später musterten wir noch die schönen Fachwerkhäuser im Vreithof, ehe wir der dreischiffigen gotischen Hallenkirche St. Maria zur Wiese mit den beiden leider eingerüsteten Türmen einen Besuch abstatteten und über die Helligkeit im Innern staunten.

In Paderborn, wo wir Probleme hatten, einen Parkplatz zu finden, interessierten wir uns vor allem für den Dom und das im Stil der Weserrenaissance erbaute Rathaus. Im Dom sahen wir uns die vielen Grabmäler der Paderborner Bischöfe, in dessen großer Krypta die Reliquien des heiligen Liborius und die Bischofsgruft an. Uns war bekannt, dass dieser Ort zu den katholischsten in Deutschland zählte, im Ruhrgebiet die Steigerungsform "Schwarz, Münster, Paderborn" kursierte. Nach dem anschließenden Bummel durch die Fußgängerzone landeten wir am Rathaus mit der aus drei Giebeln bestehenden prächtigen Hauptfassade und kehrten gleich daneben ein, um uns vor der Rückfahrt nach Coburg ein wenig zu stärken.

Speyer und Worms

In Verbindung mit einem Besuch bei meinem Fachbuchverlag in der Nähe von Stuttgart machten wir einen Abstecher nach Speyer und Worms.

In Speyer, wo sie am Abend in einem urigen Gasthof und anschließend in einer Weinstube einkehren, bevor sie übernachten, flanieren sie zur Mittagszeit über die Maximilianstraße – beginnend am Stadttor Altpörtel. Vorbei an der Alten Münze und am Rathaus erreichen sie das Ende der Straße mit dem Kaiserdom, dem Wahrzeichen der Stadt. Der unverwechselbare Bau mit seinen sechs Türmen, die eindrucksvollste hochromanische Kathedrale Deutschlands, besticht im Innern vor allem durch die Kaisergruft, in der unter anderen Konrad II. sowie Heinrich III., IV. und V. ruhen. Zu Zeiten der Wei-

hung war der Dom sogar das größte Gotteshaus des christlichen Abendlandes.

Anders der Dom zu Worms. Der verfügt zwar ebenfalls über sechs Türme, von denen vier allerdings rund sind. Aber angesichts der fast rußfarbenen Steine erinnerte er uns eher an den restaurierungsbedürftigen Dom von Halberstadt. Auch im Innern hinterließ er einen ziemlich düsteren Eindruck. Es mutete schon seltsam an. Selbst die umliegenden Straßen und Gassen luden nicht unbedingt zum Verweilen ein, wirkten teilweise gesichtslos, was wohl als Resultat der nach Kriegsende begangenen Bausünden zu werten ist.

Merseburg und Halle an der Saale

Bei einer unserer Fahrten nach Halle machten wir in Merseburg eine Pause, um den Dom zu besichtigen. Die wertvolle Innenausstattung reicht vom barocken Hochaltar über die Renaissancekanzel, das spätgotische Chorgestühl, den romanischen Taufstein und die Fülle an Grabmälern – darunter die Bronzegrabplatte für Rudolf von Schwaben – bis hin zur imposanten Orgel, einer der größten der Welt. Außerhalb der Kathedrale ist der großartige Kreuzgang erwähnenswert. An einem der Portale befindet sich die Büste Kaiser Heinrichs II. mit einem Modell des Doms in der Hand.

In Halle an der Saale, wo sein älterer Bruder den überwiegenden Teil seines Lebens verbracht hat, lassen sie sich wesentlich mehr Zeit. Sie finden zwar wenig Gefallen an dem von der chemischen Industrie in Mitleidenschaft gezogenen Stadtbild, das eher in tristem Grau versinkt, erfreuen sich aber um so mehr an den Sehenswürdigkeiten, die unterschiedlicher nicht sein können: der spätgotischen Marktkirche, deren zwei verschiedenartige Turmpaare von romanischen Vorgängerkirchen stammen; dem gegenüber liegenden Roten Turm, von dessen roter Farbe nichts mehr zu sehen ist; dem Dom ohne Turm mit den auffälligen Renaissancegiebeln; der Moritzburg, einer spätgotischen Vierflügelanlage mit großzügigem Innenhof; der malerisch über der Saale thronenden Burg Giebichenstein; den Franckeschen Stiftungen, einer Bildungsstätte mit beeindruckender Bibliothek, was die Bestände angeht; dem Halloren- und Salinemuseum, das Geschichte und Technik der Salzgewinnung dokumentiert; und schließlich der ~~*Schokoladenfabrik mit den beliebten Hallorenkugeln, deren Ferti*~~ *gungsprozess von einer verglasten Empore aus verfolgt werden kann.*

Wörlitzer Park und Lutherstadt Wittenberg

In Wörlitz besuchten wir den berühmten, im englischen Stil angelegten und über hundertzehn Hektar großen Park, der insbesondere meine Frau magisch anzog und dessen gleichnamigen See wir zu Fuß umrundeten. Von den gepflegten Anlagen mit klassizistischen und neugotischen Bauten, Brücken, Grotten und Statuen waren wir beeindruckt. Zum Abschluss kehrten wir im Ort in einem gemütlichen Lokal ein.

In der Lutherstadt Wittenberg interessiert sie in erster Linie die Schlosskirche, um deren trutzigen Turm ein aus Mosaiken bestehendes Band verläuft – mit dem von Martin Luther geprägten Satz "Ein feste Burg ist unser Gott, ein gute Wehr und Waffen". Das Gotteshaus war durch die fünfundneunzig Thesen gegen den Ablasshandel bekannt geworden, die der Reformator an die hölzerne Tür des Nordportals geschlagen hatte. Mitte des 19. Jahrhunderts trat an die Stelle der abgebrannten Holz- eine Bronzetür mit der lateinischen Übersetzung der Thesen. Das Grab Martin Luthers befindet sich unter der Kanzel, das von Philipp Melanchthon gegenüber.

Berliner Museen und Brandenburg an der Havel

In Berlin hatten wir den größten Teil der einst geteilten Stadt inzwischen kennengelernt. Jetzt standen einige bedeutende Museen auf dem Programm. Den Anfang machten wir mit dem Pergamonmuseum. Mittelpunkt der Antikensammlung ist zweifellos der Pergamonaltar aus dem 2. Jahrhundert vor Christus. Im Deutschen Historischen Museum besuchten wir die Ausstellung über das Heilige Römische Reich Deutscher Nation. Im Museum für Verkehr und Technik bestaunten wir alte Kutschen, Automobile, Lokomotiven, Flugzeuge und Schiffe. Auch eine Schau über das Leben der Skythen, einem der geheimnisvollsten Völker, die es je gegeben hat, ließen wir uns nicht entgehen. Was das leibliche Wohl betraf, verbrachten wir einen besonders schönen Abend in Berlins ältester Gaststätte "Zur letzten Instanz". Ich genoss Eisbein mit Sauerkraut und Erbspüree, das mir in der Nacht allerdings noch schwer im Magen lag.

Von Berlin machen sie einen Tagesausflug nach Brandenburg an der Havel, das vom Blau des Wassers, dem Grün der Bäume und dem Rot der Backsteingotik geprägt ist. Außer den sehenswerten Kirchen und den Tortürmen der alten Stadtbefestigung lädt eben diese bunte Mischung aus Blau, Grün und Rot zu einem Bummel ein – diese gelungene Kombination aus historisch gewachsener Stadt, intakter Landschaft und einem Netz von romantischen Wasserläufen, was vor allem seine Tochter und den Schwiegersohn dazu animiert, von hier aus zu einer Bootstour aufzubrechen.

Insel Usedom

Zweimal verbanden wir unseren Berlin-Besuch mit einem Kurzurlaub auf der Insel Usedom, wo wir uns in einer Ferienwohnanlage in Bansin einquartierten.

Bei unserer ersten Tour nutzten wir den Nachmittag des ersten Tages für einen Spaziergang, wählten zunächst den Weg am Wasser entlang und stapften mühsam durch den feinkörnigen Sand. Dann flanierten wir über die Strandpromenade, wo wir uns die im Stil der Bäderarchitektur gebauten Villen ansahen, die häufig in weiträumigen Grünanlagen vor sich hin träumten. Nach knapp einer Stunde erreichten wir den Nachbarort Heringsdorf. Hier schlenderten wir über die mehr als fünfhundert Meter lange Seebrücke, schüttelten beim Anblick des Kulturhauses, das die Handschrift der Stalin-Ära trägt, ungläubig den Kopf und kehrten im urigen Brauhaus ein, wo wir mehrere Biersorten in 0,1-Liter-Gläsern probieren konnten. Danach zogen wir bis Ahlbeck weiter, gingen auch dort über die Seebrücke, die mitsamt ihrem hölzernen Pavillon als das Wahrzeichen der Insel schlechthin gilt, und hatten am Ende keine andere Wahl, als den rund sechs Kilometer langen Rückweg mit einem Taxi anzutreten, weil weder die Bäderbahn noch der Bus fuhren.

Am nächsten Tag machen sie sich auf den Weg nach Peenemünde und besichtigen das Historisch-Technische Informationszentrum auf dem Gelände des ehemaligen Kraftwerks. Die im Schalthausanbau untergebrachte Ausstellung zeigt unter anderem die berüchtigte Versuchsanstalt des Dritten Reiches, in der die Nazis ihre Vernichtungswaffen entwickelten. Zu den Kuriositäten gehört ein Schachspiel, dessen Figuren aus verschiedenen Raketentypen bestehen. Auf dem Freigelände befinden sich neben allen möglichen Flugobjekten originalgetreue Modelle der V1- und V2-Raketen.

Die Rückfahrt über Karlshagen führte uns zunächst in die Nähe von Wolgast, wo wir von einem Aussichtspunkt aus die als "Blaues Wunder" bezeichnete Hebebrücke über den Peenestrom betrachteten. Das mit blauer Farbe versehene Ungetüm stellt eine technische Besonderheit dar. Kurz danach befuhren wir die wunderschöne, fast zwei Kilometer lange, nach Krummin führende Lindenallee, die einem Tunnel glich, dessen Gewölbe vom Grün der Blätter überwuchert wurde. Am Ziel angekommen, schauten wir zunächst in die ehemalige Klosterkirche, ehe wir die Jahrhunderte alten gusseisernen Grabkreuze auf dem Friedhof bestaunten, die langsam vor sich hin rosteten. Später sahen wir uns noch in Zinnowitz um, das ebenfalls über eine Seebrücke und Villen im Stil der Bäderarchitektur verfügt und ließen uns schließlich in einem beliebten Caféhaus nieder. Letzte Station war Koserow, wo wir die kleinen rohrgedeckten Salzhütten unter die Lupe nahmen. Hier lagerte früher das weiße Gold, mit dem die Heringe konserviert wurden.

Am letzten Tag unternahmen wir eine Fahrt in die Kleinstadt Usedom, unterbrachen die Tour zunächst in Benz mit der gut erhaltenen Holländermühle und warfen einen Blick in die dortige Kirche mit dem herrlichen Sternengewölbe. Weiter ging es zum Wasserschloss Mellenthin, in dessen gemütlichen Innenräumen wir eine Kaffeepause einlegten, ehe wir anschließend noch einen Rundgang durch den angrenzenden Park machten. Über den vom Peenestrom und Achterwasser umgebenen Lieper Winkel mit seinen einsam gelegenen Dörfern gelangten wir nach Usedom. Dort bummelten wir ein wenig durch die verträumt wirkenden Gassen und besuchten danach die für den Ort zu groß geratene Marienkirche, in deren Innerem die vier riesigen, im Winter beheizten Öfen auffielen.

Auf dem Rückweg wagen sie noch einen Abstecher nach Karnin mit den Resten einer Eisenbahn-Hubbrücke, die gegen Ende des Zweiten Weltkriegs von der deutschen Wehrmacht in die Luft gesprengt worden war. Die Gleisanlagen wurden später von den Sowjets demontiert. Nur der alte Bahnhof hat die Zeit heil überstanden und wurde vor dem Verfall bewahrt. Das stählerne Ungetüm aber wirkt auf sie wie ein Mahnmal.

Bei unserer zweiten Tour schlossen wir ein paar Lücken, indem wir zunächst Wolgast erkundeten, das teils auf der Insel, teils auf dem Festland liegt. Sehenswert sind in der St.-Petri-Kirche ein seltener slawischer Bildstein und in der Gruft der Kirche die Särge von sieben Angehörigen der Herzogsfamilie von Pommern-Wolgast. Außerdem fällt noch das Historische Rathaus mit seinem markanten Giebel auf. Im Hafen ankert das nicht mehr in Betrieb befindliche Eisenbahndampffährschiff "Stralsund".

In Koserow, das an der schmalsten Stelle der Landenge zwischen Ostsee und Achterwasser liegt, kannten wir bereits die Salzhütten. Nur die Feldsteinkirche fehlte uns noch. Das holten wir nun nach, wobei wir das Glück hatten, sie im Rahmen eines Orgelkonzerts zu erleben.

Ein besonderes Erlebnis ist ihre Wanderung von Bansin nach Swinemünde, dem heute polnischen Swinoujście. Anfangs benutzen sie die Promenade, später einen gut befestigten Weg bis zur Landesgrenze, um danach den Rest auf der Promenade des polnischen Seebads zurückzulegen. Am Ende haben sie – völlig untrainiert – rund achtzehn Kilometer auf dem Buckel, wobei sie den letzten Teil der Strecke eher auf dem Zahnfleisch gehen, sich nur mit Mühe zur Endstelle der Bäderbahn schleppen, die sie zurück nach Bansin bringt.

Zwickau

Nach einem Besuch in Halle nahmen wir die Gelegenheit wahr, in Zwickau einen Zwischenstopp einzulegen.

Die Wiege des Trabbi, wo wir eine heruntergekommene Industriestadt erwartet hatten, überraschte uns mit einem ansprechenden Ortsbild. Ob es sich um alte Gebäude wie Rathaus, Dünnebierhaus, Gewandhaus, Kräutergewölbe und Schiffchen oder um Gotteshäuser wie die Katharinenkirche und den Dom St. Marien handelte – alles hinterließ einen gepflegten Eindruck, weckte Erinnerungen an die wirtschaftliche und kulturelle Blütezeit der Stadt. Dazu passte auch die Einkehr im gemütlichen Brauhaus, wo wir am liebsten länger geblieben wären.

Busfahrt nach Dresden

Ein großartiges Erlebnis war eine dreitägige Busfahrt mit unserem Konzertverein nach Dresden. Was war doch aus der Stadt geworden, deren Flammeninferno ich als Kind erleben musste und bis heute nicht vergessen konnte. Wie Phönix aus der Asche war das Elbflorenz auferstanden, zeigte sich wie einst in seiner ganzen Schönheit.

Erster Höhepunkt ist die wieder aufgebaute Frauenkirche – zum Teil aus den Originalsteinen errichtet, die, noch halbwegs brauchbar, unter den Trümmern gefunden wurden. Das aus architektonischer Sicht eigenwillige Gotteshaus, weithin sichtbares Wahrzeichen Dresdens, ist kein übliches Kirchenschiff mit einem oder mehreren Türmen. Stattdessen ist es selbst ein Turm, der schon von der Konstruktion her ein wahres Meisterwerk darstellt. Und auch das Innere verbreitet den früheren Glanz. Für sie ist es ein großer Moment, auf einer der zahlreichen Emporen einem Orgelkonzert lauschen, die erstaunliche

Akustik in sich aufnehmen zu können und dabei die Blicke durch den gewaltigen Rundbau bis hinauf in die krönende Kuppel schweifen zu lassen.

Einen Tag später können sie allerdings einen Vergleich anstellen, geraten durch Zufall in einen Gottesdienst in der Hofkirche, an dessen Ende der Organist eine Viertelstunde lang auf der einzigen Silbermann-Orgel Dresdens spielt. Die Klangfülle dieses Instruments ist einmalig, übertrifft bei weitem die der Orgel in der Frauenkirche – von der noch besseren Akustik einmal abgesehen.

Auch die Museen sind eine Klasse für sich. Das seit kurzem im Schloss untergebrachte Grüne Gewölbe wartet mit geradezu unglaublichen Schätzen der sächsischen Kurfürsten und Könige auf, verfügt über einmalige Sammlungen aus Gold, Silber und Edelsteinen, aus Elfenbein, Ebenholz und Bernstein, aus Glas, Messing und Bronze und umfasst Raritäten, darunter manches exotische, hier und da sogar seltsame Stück. Die Gemäldegalerie Alte Meister im Zwinger steht dem in nichts nach, zeigt Hauptwerke der europäischen Malerei, darunter Raffaels "Sixtinische Madonna".

Eine Reihe anderer Sehenswürdigkeiten begeisterte uns ebenfalls: die Anlage des barocken Zwingers in ihrer Gesamtheit; die Semperoper, deren beeindruckendes Inneres wir besichtigten; der Fürstenzug, ein gut hundert Meter langes Wandbild mit den Portraits der sächsischen Herrscher – zugleich das größte Porzellanbild der Welt; die Kreuzkirche, ältester Sakralbau der Stadt und Stammsitz des berühmten Dresdner Kreuzchors; das Neue Rathaus mit seinem hundert Meter hohen Turm; und die Brühlsche

Terrasse – als privater Lustgarten auf den alten Festungswällen angelegt. Von der Augustusbrücke genossen wir den unvergesslichen Blick auf die Stadtsilhouette, in entgegengesetzter Richtung auf den Goldenen Reiter – das Denkmal mit August dem Starken hoch zu Ross.

Leider blieb uns während des Stadtrundgangs der Anblick des Kulturpalastes nicht erspart, mussten wir diese ausgesprochen hässliche Kröte schlucken, die das sonst so schöne Innenstadtensemble verschandelt. Dafür waren die Lokale und Kneipen umso schöner. Man fiel förmlich von einem Keller in den anderen, wurde mit leckeren Gerichten und ordentlich gezapftem Pils verwöhnt.

Am letzten Tag steht noch ein Ausflug ins Elbtal auf dem Programm. Sie überqueren unterwegs eine gleichfalls als "Blaues Wunder" bezeichnete Brücke im Gegensatz zu Wolgast aber keine Hebebrücke, sondern eine mächtige Stahl-Hängekonstruktion. Schließlich erreichen sie Schloss Pillnitz, die ehemalige Sommerresidenz der sächsischen Könige. Die Anlage besteht aus drei großen Gebäuden: dem Wasser-, dem Berg- und dem Neuen Palais. Im weitläufigen Park sind die Prunkgondel und die Kamelie sehenswert. Sie vertreten sich ein wenig die Füße, werfen einen Blick auf die sanft dahinfließende Elbe und das liebliche Tal, das wegen eines unsinnigen Brückenbaus wohl bald seinen Status als Weltkulturerbe verlieren wird.

Auf Hin- und Rückfahrt gab es zwei Zwischenfälle, die etwas Zeit kosteten. Zunächst streifte unser Bus mit dem Heckteil ein entgegen kommendes Auto, das beim Abbiegen die Länge des Busses unterschätzt hatte und eine der beiden Rückleuchten beschädigte. Dann wurde ein Reiseteilnehmer vermisst, der offenbar die Orientierung verloren hatte und an anderer Stelle auf den Bus wartete, wo er letztlich aber aufgelesen wurde.

Münster

Die Hochzeit einer meiner Nichten in der Nähe von Rheine nahmen wir zum Anlass, auf der Rückfahrt in Münster einen Zwischenstopp einzulegen. Zunächst landeten wir auf dem Prinzipalmarkt mit seinen schönen Häusern. Ins Auge stechen vor allem die Bogengänge und die hohen Giebel. Unsere besondere Aufmerksamkeit galt dem Rathaus und der Kirche St. Lamberti. Im Rathaus, einem Profanbau der Hochgotik, besichtigten wir die Ratskammer. 1648 wurde hier über den Westfälischen Frieden verhandelt, der das Ende des Dreißigjährigen Krieges einläutete. Kostbarstes Inventar ist die geschnitzte Inneneinrichtung. Das Auffälligste an der Kirche St. Lamberti, einer spätgotischen Hallenkirche, sind die drei am Westturm hängenden eisernen Käfige, in denen 1536 die Leichen von drei Wiedertäufern zur Schau gestellt wurden. Vom Prinzipalmarkt zogen wir weiter zum Domplatz, der vom Dom St. Paulus dominiert wird.

Die Ausstattung des Doms bildet den Höhepunkt ihres Besuchs in Münster. Bedeutendster Schatz sind die überlebensgroßen steinernen Apostelfiguren in der "Paradies" genannten Vorhalle. Außerdem noch sehenswert sind das Taufbecken aus dem 14. Jahrhundert, das dreieinhalb Meter hohe Triumphkreuz aus Eichenholz, die Astronomische Uhr mit Glockenspiel und die künstlerisch aufwendig gestalteten Epitaphien, die Darstellungen der Verstorbenen sowie christliche Elemente zeigen.

Weimar und Erfurt

Zwanzig Jahre waren seit unserem ersten und zugleich letzten Besuch der beiden thüringischen Städte vergangen. Nun war es an der Zeit, dass wir uns nach den umfangreichen Restaurierungsmaßnahmen ein neues Bild verschafften. Und in der Tat: vor allem Weimar war kaum wiederzuerkennen. Zum einen in positiver Hinsicht, weil die Altstadt ihren historischen Glanz wiedererlangt hatte. Zum anderen mit der eher negativen Begleiterscheinung, dass wir den Weg zu unserem Hotel nur mit Hilfe eines Ehepaars fanden, das mit den lokalen Gegebenheiten vertraut war. Zahllose Straßensperren verwandelten die Stadt in einen Irrgarten.

Auf dem Marktplatz – umgeben vom neugotischen Rathaus mit repräsentativem Balkon und Glockenturm sowie Bürgerhäusern mit Renaissancefassade – fand der jährlich veranstaltete Töpfermarkt statt, der vor allem meine Frau interessierte. Anschließend machten wir einen Rundgang durch die Altstadt. Während das Deutsche Nationaltheater mit Goethe-Schiller-Denkmal und das Goethe-Haus unserer Erinnerung entsprachen, war das heruntergekommene dreiflügelige Schloss fein herausgeputzt worden. Auch die Fassade der Herzogin-Anna-Amalia-Bibliothek zeigte sich nach der Sanierung von ihrer besten Seite. Auf eine Besichtigung der Innenräume verzichteten wir allerdings, nachdem der Brand unter den einmaligen Buchbeständen großen Schaden angerichtet hatte. Die Herderkirche, in der Johann Gottfried Herder als Hofprediger tätig gewesen war, und die Jakobskirche, in der Johann Wolfgang von Goethe Christiane Vulpius geheiratet hatte, waren leider geschlossen.

Als lohnenswerter Besuch erweist sich das Schiller-Haus. Hier lebte und arbeitete Friedrich von Schiller die letzten drei Jahre bis zu seinem Tod. Im Erdgeschoss befinden sich Hausflur, Küche und Dienerzimmer. Etliche Ausstellungsstücke gewähren Einblicke in den Alltag der Schillers. Im Obergeschoss liegen die Wohn- und Schlafräume der Familie. Hier gibt es unter anderem Geschirr aus dem Nachlass, im Kinderzimmer sogar Zeichnungen von seinen Töchtern zu sehen. In der Mansarde sind Schillers persönliche Räume untergebracht. Das Gesellschaftszimmer enthält diverse Objekte aus seiner Hinterlassenschaft. Die Einrichtung des Arbeitszimmers hingegen blieb weitgehend original erhalten. Hier vollendete der Dichter seinen "Wilhelm Tell" und hier schloss er auch für immer die Augen.

Abschließend begaben wir uns noch auf den Historischen Friedhof und in den Park an der Ilm. Vom Haupteingang des Friedhofs führt eine Lindenallee zur Fürstengruft hinauf. Wir gingen in das Gebäude, das ausschließlich als Grabstätte des großherzoglichen Hauses von Sachsen-Weimar-Eisenach diente – mit Ausnahme von Johann Wolfgang von Goethe und Friedrich von Schiller, die nach dem Willen von Großherzog Carl August auch im Tod mit ihm vereint sein sollten. Bei den nebeneinander aufgebahrten Eichensärgen der beiden Dichter handelt es sich allerdings bei dem von Schiller nur um einen leeren Sarg. Seine sterblichen Überreste wurden nie gefunden.

Im Park an der Ilm suchten wir Goethes Gartenhaus auf, das wir nur von außen inspizierten. Es diente ihm auch nach dem Umzug in das Haus am Frauenplan hin und wieder als Wohn- und Arbeitsstätte. Hier schrieb er unter anderem an den Dramen "Egmont" und "Torquato Tasso". Und hier war er auch an der Gestaltung des Gartens maßgeblich beteiligt.

Nach einer geruhsamen Nacht im Hotel fuhren wir am nächsten Morgen nach Erfurt. Die thüringische Landeshauptstadt war schon zu DDR-Zeiten ein besonderes Aushängeschild. Insofern musste nach der Wende nicht so viel Geld in die Sanierung gesteckt werden wie anderswo. Auch was die Verkehrsführung angeht, war die Fahrt durch die Stadt ein Vergnügen – ganz im Gegensatz zu dem sonst so beschaulichen Weimar.

Bei unserer letzten, leider nur kurzen Visite hatten wir uns auf die Besichtigung des Doms und der St.-Severi-Kirche sowie einen Bummel über die Krämerbrücke beschränkt. Nun standen eine ganze Reihe von Sehenswürdigkeiten auf dem Programm, die wir uns nicht entgehen lassen wollten. Wir starteten im Andreasviertel, einem traditionellen Handwerkerquartier, in dessen Gassen mit den kleinen mittelalterlichen Häuschen wir uns in eine andere Zeit versetzt fühlten.

Weiter ging es zum Augustinerkloster. Die mittelalterliche Klosteranlage stammt aus dem 13. Jahrhundert. Hier lebte Martin Luther zwischen 1505 und 1512 als Mönch. Am Ende des Zweiten Weltkriegs spielte sich im Keller der Klosterbibliothek eine Tragödie ab. Zahlreiche Erfurter – überwiegend Frauen und Kinder – suchten in dem als öffentlicher Luftschutzraum ausgewiesenen Keller Zuflucht, als ein britischer Bombenangriff diesen Teil des Klostergeländes fast vollständig zerstörte und nahezu dreihundert Menschen mit in den Tod riss. Schon bald nach Kriegsende wurde mit dem Wiederaufbau der zerstörten und beschädigten Gebäude begonnen. Heute beherbergt die Klosteranlage ein Museum. Sehenswert sind die Lutherzelle, die sich in klösterlicher Schlichtheit zeigt; der Kapitelsaal mit seinem Kreuzrippengewölbe, der dem Konvent als Versammlungsraum diente; die Fenster der Augustinerkirche, die zu den ältesten Farbglasfenstern Erfurts zählen; der Kreuzgang und der Renaissancehof.

Vom Augustinerkloster führt ihr Weg über die Michaelisstraße mit den traditionsreichen alten Bürgerhäusern – im Volksmund "Steinerne Chronik Erfurts" genannt – zur Allerheiligenkirche mit schiffsbugähnlicher Form auf trapezförmigem Grundriss. Als erste römisch-katholische Kirche in Mitteldeutschland verfügt sie über ein Kolumbarium. Darin befinden sich fünfzehn hohe, aus Kalkstein und Glas gefertigte Stelen mit jeweils zweiundvierzig Urnenfächern. Eine Glaswand trennt die Begräbnisstätte, die nur für Angehörige per Chipkarte zugänglich ist, vom übrigen Kirchenraum.

Zurück in der Michaelisstraße, kehrten wir im Haus zum Naumburgischen Keller ein und hatten danach jede Menge Spaß beim Auftritt von zwei auf der Walz befindlichen zünftigen Gesellen, die bei den Passanten mit lustigen Sprüchen um einen Obolus baten.

Nächstes Ziel war der Fischmarkt mit dem neogotischen Rathaus und dem Römer, einem bewaffneten römischen Krieger mit der Erfurter Stadtfahne in der Hand. Mit der Figur sollte der geistlichen Obrigkeit demonstriert werden, dass die Bürger zur Verteidigung ihrer reichsstädtischen Freiheiten bereit waren.

Vom Fischmarkt zogen wir weiter zum Anger – einst Handelsplatz für den Färberwaid, ein natürliches Blaufärbemittel. Heute befinden sich hier Fußgängerzone und Einkaufszentrum. In einem der historischen Gebäude, dem Dacherödenschen Haus – mit dem schönsten Renaissanceportal Erfurts – trafen sich um 1800 neben anderen Goethe, Schiller und Wilhelm von Humboldt, der später die Tochter des Hauses ehelichte.

Den Schlusspunkt bildete die Zitadelle Petersberg, eine barocke Festungsanlage. Sie zählt zu den größten Stadtfestungen in Deutschland. In den einzelnen Gebäuden befinden sich heute staatliche Ämter, Wohnungen und kulturelle Einrichtungen. Die Festung umfasst etwa zwölf Hektar und besteht aus acht Bastionen. Das Innere der Zitadelle erreicht man über die Petersbrücke mit Peterstor. Von den einzelnen Bastionen bietet sich ein weiter Blick über die Stadt.

Spreewald

Unsere Spreewaldtour starteten wir in Torgau. Nachdem wir den Wagen am Elbufer – gegenüber von Schloss Hartenfels – geparkt hatten, fiel uns sofort das Denkmal der Begegnung auf.

Es soll an das hiesige Zusammentreffen sowjetischer und amerikanischer Soldaten am 25. April 1945 erinnern. Mit diesem Tag standen nicht nur der Zweite Weltkrieg und damit die Hitler-Diktatur kurz vor dem Ende. Von diesem Tag an war auch das Deutsche Reich Geschichte – vorerst militärisch gespalten in einen Ost- und einen Westteil, ehe vier Jahre später die politische Teilung in zwei deutsche Staaten Realität wurde. Die Gebiete jenseits der Oder-Neiße-Linie waren schon zuvor verloren. Die Trennung, bei der ganze Familien auseinandergerissen wurden, sollte insgesamt vierundvierzig Jahre Bestand haben. Für ihn sind die Erinnerungen besonders bitter, musste seine Familie doch gleich zweimal – aus Schlesien und der DDR – die Flucht ergreifen und jedes Mal von vorn anfangen.

Die Vergangenheit ist die eine Seite dieser Stadt, die Gegenwart die andere. Und die hat einiges zu bieten. Mit dem reizvollen Anblick des bereits erwähnten Schlosses Hartenfels wollten wir uns nicht allein begnügen. Also begaben wir uns zum Eingang und betraten den Innenhof des ältesten Renaissanceschlosses in Deutschland, das ab Mitte des 15. Jahrhunderts errichtet worden war. Drei bauliche Besonderheiten fielen uns sofort ins Auge: der einzigartige Wendelstein – eine freitragende steinerne Wendeltreppe, der schöne Erker und die Schlosskapelle – Deutschlands erster protestantischer Sakralbau. Außerhalb der Schlossanlagen entdeckten wir noch einen im Burggraben umher trottenden Braunbären.

Auf dem Weg in die Altstadt schlenderten wir durch die schmalen Gassen mit den vielen denkmalgeschützten Häusern – neben anderen das Haus von Martin Luthers Ehefrau Katharina von Bora. Der Marktplatz – als Mittelpunkt der Stadt – glänzt zum einen mit dem langgestreckten Renaissancerathaus aus dem 16. Jahrhundert, zum anderen mit historischen Bürgerhäusern aus derselben Zeit – mit schönen Renaissancegiebeln und Sitznischen. Beherrschender Bau des Stadtpanoramas ist die spätgotische Stadtkirche St. Marien aus dem 12. bis 16. Jahrhundert.

Nächste Station unserer Spreewaldtour war Luckau. Hier ist die alte Stadtmauer mit zwei Wiekhäusern und dem Roten Turm komplett erhalten. Sehenswert sind auch die am Markt stehenden barocken Bürgerhäuser mit Volutengiebeln und Stuckdekorationen. Das Prunkstück der Stadt ist jedoch die für die Ortsgröße etwas überdimensional wirkende Kirche, in der kurz zuvor eine Hochzeit stattgefunden hatte.

In der Hallenkirche St. Nikolai – einem schönen Beispiel der Backsteingotik mit zwei wuchtigen, weithin sichtbaren Türmen – ragen Ausstattungsstücke wie die vergoldete Sandsteinkanzel und der prächtige Orgelprospekt heraus. Auch Epitaphien und Grabmäler sind sehenswert. Höchst selten anzutreffen sind die in den Seitenschiffen eingebauten Holzemporen mit Logen für einzelne Familien, zu denen eine barocke Doppelwendeltreppe hinaufführt. Insgesamt be-

trachtet ist dieser mächtige Kirchenbau innen wie außen beeindruckend.

Auf unserer Weiterfahrt zum Endpunkt Lübbenau legten wir in Lübben einen kurzen Halt ein. Wie in Lübbenau sind die vielen kleinen Häfen erwähnenswert, die Ausgangspunkt für Kahnfahrten in den Spreewald sind. Darüber hinaus warfen wir einen Blick in die Paul-Gerhardt-Kirche, in der der evangelische Liederdichter Paul Gerhardt als Pfarrer gewirkt hatte. Sehenswert sind der Altar, die Kanzel und das Taufbecken, die allesamt aus Kalkstein gefertigt wurden. Die Kirche besitzt außerdem eine Sammlung von Liederbüchern aus aller Welt, die Lieder von Paul Gerhardt enthalten.

In Lübbenau, der heimlichen Hauptstadt des Spreewaldes, bezogen wir unser Hotel, in dem wir abends vorzüglich speisten. Etwas abseits entdeckten wir mit dem Brauhaus Babben eine urige Bierstube, in deren kleinem Biergarten oder begehbarem Holzfass wir nach dem Abendessen einen Absacker tranken. Auch ein kurzer Rundgang durch den gemütlichen Ort, der Ende September nicht so überlaufen war, gehörte zum Abendprogramm.

Ein unvergessliches Erlebnis ist für ihn eine Paddeltour durch den Spreewald mit Frau, Tochter, Schwiegersohn und Enkel. Als Wasserfahrzeuge dienen zwei Canadier – ein Zweier und ein Dreier. Eine Karte soll ihnen die Orientierung erleichtern. Die Strecke verläuft von der Spree über besagte Fließe bis zum Spreewalddorf Leipe, das sie umfahren, um schließlich nach Lübbenau zurückzukehren. Sie genießen die Urnatur des UNESCO-Biosphärenreservats mit dem aus zahllosen befahrbaren Fließen bestehenden Wasserlabyrinth. Zwischen den lichten Wäldern verstecken sich malerische Dörfer, in denen die sorbischen Bewohner ihre Traditionen nach wie vor pflegen. Hin und wieder begegnen sie einem Kahn mit Touristen, den ein Steuermann stakt. Einmal müssen sie eine Schleuse überwinden, deren Bedienung dem Enkel kein Problem bereitet. Ein anderes Mal müssen sie sogar umkehren, weil sie in eine Sackgasse geraten sind. Und zwischendurch legen sie ein von der Tochter arrangiertes Picknick ein. Alles in allem leisten alle eine kräftezehrende Arbeit – bis auf ihn, der sich als Nichtschwimmer in der Mitte des Dreier-Canadiers krampfhaft festhält. Ein entgegenkommender Berliner, der mit einer Gruppe auf dem Wasser unterwegs ist, spottet gar, was der in der Mitte Sitzende wohl bezahlt hat, um nicht paddeln zu müssen. Allgemeines Gelächter setzt ein. Am Ende kommen sie erschöpft, aber heil wieder am Ausgangspunkt an. Trotz seines mulmigen Gefühls muss er gestehen, dieses Erlebnis im Nachhinein nicht missen zu wollen.

Auch eine kleine Wanderung unternahmen wir. Ziel war das unter Denkmalschutz stehende Spreewalddorf Lehde. Am Lübbenauer Schloss vorbei führte uns der Weg in das märchenhafte Dorf. Wasserwege ersetzen Straßen. Brücken verbinden Inseln. Post, Müllabfuhr, Polizei und Feuerwehr sind mit dem Kahn unterwegs, der in Lehde wichtigstes Verkehrsmittel ist. Mehrere Blockbauten aus dem 18. und 19. Jahrhundert sind noch erhalten. Von besonderer Bedeutung ist das Spreewaldmuseum.

Es besteht aus drei historischen Spreewaldgehöften: Hof Lehde – ein sogenannter Haufenhof aus Lehde, bei dem das Wohnhaus gemeinsam mit Stallungen und diversen Wirtschaftsgebäuden eine Ein-

heit bildet; Hof Burg – mit Doppelstubenhaus, Stallgaleriebau, Mägde- und Futterkammer sowie typischem Kahnschuppen aus der Gegend um Burg; und Hof Randgebiet – ein großes Wohnhaus, ein kleines Auszugshaus und eine Stallanlage aus dem Spreerandgebiet. Ein anderes Gebäude zeigt die Geschichte der Spreewaldgurken und deren Erzeugung. Weitere Themen beschäftigen sich mit Handwerksgeräten, Korbflechterei, Rohrdachdeckerei, Töpfereierzeugnissen, Blaudruck, Porzellan, Volkskunst, Spreewaldfischerei sowie Heilpflanzen- und Kräutergarten. Schließlich gehört auch eine Ausstellung von historischen Trachten dazu, wobei die Trachten der Sorben beziehungsweise Wenden in der Lausitz von Kirchspiel zu Kirchspiel verschiedenartig sind.

Ein weiterer Ausflug führte uns nach Burg und Vetschau. Den Aufstieg auf den Bismarckturm in Burg hätte ich mir sparen können, weil die Aussicht wegen der hohen Bäume des rundherum dichten Waldes versperrt war.

Interessant ist hingegen der Besuch der aus dem 17. Jahrhundert stammenden deutsch-wendischen Doppelkirche in Vetschau. Neben einem gemeinsamen Turm und nur einer Sakristei besitzt sie zwei nebeneinander errichtete Kirchenschiffe. Im Jahr 1932 fand allerdings der letzte wendische Gottesdienst statt. Seit 1995 wird die wendische Kirche für kulturelle Veranstaltungen genutzt. Sehenswerte Ausstellungsstücke in der deutschen Kirche sind ein spätgotischer Taufstein und die sogenannte Fürstenloge. In der wendischen Kirche ist der Kanzelaltar beachtenswert.

Der letzte Tagesausflug brachte uns nach Cottbus und Neuzelle. In Neuzelle interessierte uns das ehemalige Zisterzienserkloster aus dem 13. Jahrhundert. Von den Klostergebäuden konnten wir nur die Stiftskirche St. Marien besichtigen, deren barocke Ausstattung uns beeindruckt hat. Alles andere auf dem Gelände – außer dem barocken Klostergarten – war wegen Sanierungsarbeiten gesperrt.

Cottbus hat uns überrascht. Mit derartigen Sehenswürdigkeiten hatten wir nicht gerechnet. Vor allem fanden wir viele schöne Gebäude: die einstige Malzdarre, ein für die Region typisches Fachwerkhaus; die im sächsischen Barock erbauten Häuser am Altmarkt; die Gerberhäuser, Fachwerkbauten einer früheren Lohgerbersiedlung; sowie das Staatstheater, ein prächtiger Jugendstilbau. Außerdem beeindruckten uns die Oberkirche, ein spätgotischer Backsteinbau mit schönem Renaissancealtar, und der Spremberger Turm, das Wahrzeichen der Stadt.

Doch auch moderne Architektur ist zu bewundern. Das ehemalige Dieselkraftwerk gilt als Industriekathedrale aus der Blütezeit des Expressionismus. Einst eines der schönsten Elektrizitätswerke im Land, beherbergt es heute das Kunstmuseum. Leider ist das Haus geschlossen, so dass sie den im Innern so häufig zitierten Kontrast zwischen Altem und Neuem nicht nachempfinden können.

Dafür besticht der Bau des Informations-, Kommunikations- und Medienzentrums, kurz IKMZ genannt, umso mehr. Er wird auch das Castel del Monte des 21. Jahrhunderts genannt. Auf einem künstlichen Hügel errichtet, erinnert das Gebäude an die in Apulien stehende Trutzburg Kaiser Friedrichs II. – nur dass die Fassade hier aus Glas und nicht aus Stein besteht. Betritt man die Eingangshalle, fällt als erstes die in extremen Farben gestaltete Wendeltreppe auf, die alle sieben Geschosse miteinander verbindet.

Abschließend begaben wir uns zwar zum Branitzer Park – dem Landschaftspark des Fürsten Hermann von Pückler-Muskau, verzichteten beim Anblick des riesigen Geländes jedoch aus Zeitgründen auf eine Begehung.

Wir nahmen Abschied vom Spreewald, der uns in guter Erinnerung bleiben sollte. Die Heimfahrt traten wir aber nicht sofort an, sondern blieben noch eine Nacht in Meißen. Von unserem Hotel war es nicht weit zum Marktplatz. Die Bebauung rundum ist sehenswert: das spätgotische Rathaus mit den auffallenden Blendgiebeln ebenso wie die ansehnlichen Bürgerhäuser aus der Zeit der Renaissance und Neorenaissance.

Schräg gegenüber vom Rathaus steht die Frauenkirche aus dem 15. Jahrhundert. Im Innern befindet sich ein geschnitzter gotischer Altar, im Turm das erste Porzellanglockenspiel der Welt mit siebenunddreißig Glocken aus Meißner Porzellan. Andächtig lauschen sie dem Geläut und staunen über die sauberen Töne der gespielten Melodie. Täglich sind sechs verschiedene Choräle zu hören, die zu sechs unterschiedlichen Zeiten erklingen.

Nahe der Frauenkirche entdeckten wir das Tuchmachertor mit schönem Renaissanceportal und die historische Weinschänke "Vincenz Richter". In entgegengesetzter Richtung zogen wir über die Frauenstufen hinauf zum Afraberg mit der berühmten ehemaligen Fürstenschule St. Afra. Sie diente der Vorbereitung auf die Universität. Einer der bedeutendsten Schüler war der Dichter Gotthold Ephraim Lessing, der Schöpfer des "Nathan der Weise".

Höhepunkte sind die Albrechtsburg und der Dom auf dem Burgberg. Die Burganlage gilt als einer der schönsten Profanbauten der Spätgotik und wurde bis Mitte des 19. Jahrhunderts als Produktionsstätte der berühmten sächsischen Porzellanmanufaktur genutzt. Auf eine Besichtigung der Innenräume verzichten sie. Stattdessen besuchen sie den Dom. Größter Schatz sind die Stifterfiguren von Meistern der Naumburger Werkstatt. Außerdem sind der Lettner mit Altar und mehrere Kapellen sehenswert. Die Johanneskapelle ist nicht ebenerdig angelegt, sondern befindet sich im Obergeschoss des sogenannten Achteckbaus und ist über eine Wendeltreppe erreichbar.

An einem Rundgang durch die Staatliche Porzellanmanufaktur nahmen wir nicht teil. Eingekehrt sind wir am Nachmittag im Burgkeller am Domplatz, wo wir von der Gartenterrasse aus auf Stadt und Elbe blicken konnten, sowie am Abend im Außenbereich eines der Gasthöfe am Marktplatz.

Am nächsten Tag setzten wir unsere Heimreise fort, legten aber in Freiberg und an der Göltzschtalbrücke noch einen kurzen Zwischenstopp ein. In Freiberg besichtigten wir den Dom St. Marien.

Außen fällt vor allem die Goldene Pforte an der Südseite auf. Das spätromanische Rundbogen-Sandsteinportal gilt als das erste vollständige Statuenportal in Deutschland und gehört zu den Hauptwerken deutscher Kunst im 13. Jahrhundert. Innen können sie mehrere Kunstwerke bewundern: eine Seltenheit wie die zwei nebeneinander stehenden Kanzeln, wobei die Tulpenkanzel, die weder von einer Wand noch durch Pfeiler gestützt wird, die historisch bedeutendere ist; der als Grablege für sächsische Fürsten dienende Chor mit kunstvoll gefertigten Grabplatten auf dem Boden und einer Vielzahl von Epitaphien an der Wand; und die Anfang des 18. Jahrhunderts erbaute Silbermannorgel – die älteste und größte noch erhaltene in Sachsen. Auch Kurioses finden sie: erstens eine Kanzeluhr, die dem Pfarrer anzeigt, wie viel Zeit ihm noch für die Predigt bleibt; und zweitens musizierende Engel zwischen Wand und Decke des Chors, deren Instrumente sich als echte Fabrikate der Renaissance oder zumindest als gute Nachbildungen herausgestellt haben.

Abschließend warfen wir noch einen Blick auf den weitläufigen Obermarkt. Er wurde fast achthundert Jahre lang nicht umbenannt. Auch am historischen Erscheinungsbild des Platzes hat sich kaum etwas geändert. Die rundum angeordneten Häuser – teils mit mehrgeschossigen Dachgauben ausgestattet – sind im Uhrzeigersinn von Nummer eins bis vierundzwanzig durchnummeriert.

An der Göltzschtalbrücke angekommen, dürfen sie gerade noch miterleben, wie ein Zug in fast achtzig Meter Höhe das riesige Bauwerk überquert. Bei der Mitte des 19. Jahrhunderts errichteten Eisenbahnbrücke handelt es sich um die größte Ziegelsteinbrücke der Welt. Das aus neunundzwanzig Bögen bestehende Viadukt ist gut fünfhundertsiebzig Meter lang und überspannt auf der Bahnstecke Leipzig – Hof zweigleisig das Tal der Göltzsch. Während des Baus der vier Bogenetagen wurden rund sechsundzwanzig Millionen Ziegel verbraucht. Einunddreißig Arbeiter kamen bei Unfällen ums Leben.

Busfahrt ins Havelland

Eine zweitägige Busfahrt von Berlin aus ins Havelland stand in Verbindung mit dem Besuch der dort stattfindenden Bundesgartenschau. Am ersten Tag ging es zunächst nach Premnitz, ehe Havelberg Tagesendstation war. Übernachtet wurde in Pritzwalk.

Der Park in Premnitz grenzte an ein Wohngebiet. Während meine Frau hier wie auch an den anderen Standorten vor allem die gärtnerische Gestaltung im Visier hatte, die gewiss ein Kompliment verdiente, reizten mich eher andere Dinge. So bestieg ich den nur an diesem Ort aufgestellten Aussichtsturm, von dessen Plattform sich ein schöner Blick auf Park und Havel bot. Sonst gab es in der Kleinstadt nichts Außergewöhnliches zu entdecken.

Anders hingegen Havelberg. Das Gartenschaugelände befand sich um den Dom herum bis hinunter zum Havelufer. Ein interessantes Thema war zum Beispiel die Grabgestaltung, die einen erstaunlichen Ideenreichtum offenbarte. Mit dem Dom St. Marien und der auf einer Havel-Insel gelegenen Altstadt hat die an der Havel kurz vor ihrer Mündung in die Elbe liegende Stadt aber wesentlich mehr zu bieten. In der Altstadt zogen wir durch die verträumten Gassen, bis wir schließlich den Marktplatz mit dem schönen Rathaus erreichten, wo gerade ein kleines Fest stattfand. Dort holten wir uns an einem der Stände etwas zu essen und ließen uns ein frisch gezapftes Bier schmecken.

Eine erstaunliche Fülle an Sehenswürdigkeiten bietet der aus dem 12. bis 14. Jahrhundert stammende Dom St. Marien. Hochaltar, Kanzel und Orgel der dreischiffigen Basilika gehören zur später datierten barocken Ausstattung. Deutlich älter – nämlich aus der Zeit um 1300 – sind die gotischen Glasmalereien, das Chorgestühl, die Triumphkreuzgruppe und die drei Sandsteinleuchter. Ältester Teil des Doms ist jedoch der wuchtige und fensterlose romanische Westbau, der um 1150 entstanden ist.

Am zweiten Tag führte unser Weg über Rathenow nach Brandenburg an der Havel. In Rathenow, der Stadt der Optik, sahen wir uns nur auf dem Gartenschaugelände um. Beeindruckend war dort die eigens für die Ausstellung errichtete Weinbergbrücke, die in zwei schwungvollen Bögen die Havel und ein durch einen Havel-Altarm gespeistes Gewässer überspannt und seitdem als weiteres Wahrzeichen der Stadt gilt. Übrigens ereignete sich auf dem zur Gartenschau gehörenden Weinberg ein tödlicher Unfall, als ein Besucher von einem herabstürzenden Ast erschlagen wurde. Der Standort Rathenow wurde daraufhin für mehrere Tage gesperrt.

Letzte Station war Brandenburg an der Havel, dessen Altstadt wir bereits kannten. Um die an verschiedenen Stellen ausgerichtete Gartenschau besuchen zu können, sahen wir zwangsläufig Teile der Altstadt wieder. Neu für uns waren der Marienberg mit der Friedenswarte, wo unter anderem ein Weinberg angelegt worden war, und die Ruine der Kirche St. Johannis – eines spätgotischen Backsteinbaus aus dem 13. Jahrhundert, in der eine Floristikausstellung gezeigt wurde.

Bayern-Rundfahrt

Bei unserer Tour durch Bayern standen Orte auf dem Programm, die wir noch nicht kannten oder – was Ingolstadt und Eichstätt betrifft – nur flüchtig gestreift hatten. Der Raum München war uns – mit Ismaning als Übernachtungsstandort – ohnehin geläufig.

Erstes Ziel ist Landshut – hauptsächlich bekannt durch die alle vier Jahre stattfindende Fürstenhochzeit. Das historische Zentrum ist der langgestreckte, "Altstadt" genannte Marktplatz mit seinen zahlreichen gotischen Bürgerhäusern. Hervorzuheben sind hier: das durch die Zusammenlegung von drei gotischen Häusern entstandene Rathaus, dessen Prunksaal bei der Landshuter Hochzeit als Festsaal diente – ein Ereignis, das auf Wandgemälden festgehalten wurde; die aus deutschem und italienischem Bau bestehende Stadtresidenz, wobei der italienische Bau als erster Palast im Stil der italienischen Renaissance auf deutschem Boden gilt; und die spätgotische Basilika St. Martin, deren gut hundertunddreißig Meter hoher Turm der höchste Backsteinkirchturm der Welt ist und deren Inneres einen Hochaltar mit Sakramentshaus sowie eine geschnitzte Mutter Gottes besitzt. Als weitere Sehenswürdigkeit ist noch die Burg Trausnitz zu nennen, die auf einem steilen Hügel über der Stadt thront, auf deren Besuch sie aber verzichten.

Den nächsten Stopp legten wir in Burghausen an der Salzach ein. Der Stadtplatz in der Altstadt wirkt – im Gegensatz zu dem "Altstadt" genannten Marktplatz in

Landshut – recht klein. Dennoch strahlt er mit seinen farbenfrohen Giebelhäusern ein besonderes Flair aus.

Dafür ist die Burg umso gigantischer. Mit über einem Kilometer Länge ist sie die längste Burganlage der Welt. Sie liegt auf einem auf drei Seiten steil abfallenden Bergrücken und bietet großartige Ausblicke auf die Stadt und das Umland, auf den Wöhrsee und die Salzach. Die zahlreichen Gebäude gruppieren sich um den inneren Burghof und fünf Vorhöfe. Die meisten Häuser sind bewohnt. Es dauert schon eine Weile, bis sie das gesamte Areal zu Fuß durchstreift haben. Aber der Weg lohnt sich, wenn man die Größenordnung spürbar erleben will.

Nicht weit von Burghausen entfernt besuchten wir Altötting, den ältesten und berühmtesten Wallfahrtsort Bayerns mit dem weitläufigen Kapellplatz. Außer der Stiftskirche, in die wir einen kurzen Blick warfen, interessierte uns vor allem die vielbesuchte Gnadenkapelle.

Sie haben Glück, dass sie sich fast allein in der Kapelle befinden. So können sie zwei auf engstem Raum untergebrachte Ausstattungsstücke im Detail bewundern: das Gnadenbild der Schwarzen Madonna – ein aus Lindenholz geschnitztes und vom Ruß der Kerzen geschwärztes Heiligenbild sowie die in silbernen Urnen aufbewahrten Herzen von einundzwanzig bayerischen Herrschern. Fast erschlagen werden sie von einer Vielzahl rundum an Wänden und Decken angebrachter Votivbilder, die Kranke aus Dankbarkeit für die Heilung ihrer Krankheit gespendet haben und deren nähere Betrachtung sie sich bis zum Verlassen der Kapelle aufbewahrt haben.

Am nächsten Tag fuhren wir mit der S-Bahn von Ismaning nach München. Der Bummel durch die Fußgängerzone war eine einzige Enttäuschung. Vom Karlsplatz bis zum Marienplatz schoben sich die Massen durch Neuhauser und Kaufinger Straße – neben anderen etliche in eine Burka gehüllte Araberinnen, die mit den Millionen ihrer Scheichs wohl auf Einkaufstour waren. Um dem ganzen Rummel wenigstens hin und wieder zu entkommen, flohen wir zwischendurch in die an der Wegstrecke liegenden Kirchen "Bürgersaal", St. Michael und Frauenkirche, wo wir die wahrhaft himmlische Ruhe genießen durften. Später sahen wir uns noch auf dem Königsplatz um, wo wir den Anblick von Propyläen, Glyptothek und Antikensammlungen gegen den unerträglichen Trubel eintauschten. Selbst Hunger und Durst ließen sich nur inmitten der Menschenmenge stillen – im Ratskeller mit endlos langen Wartezeiten und im Hofbräuhaus mit einer Mischung aus lauter Blasmusik und noch lauterer Geräuschkulisse. Ach ja, wie man mit Burka speist, wurde uns ebenfalls vorgeführt. Ein Teil des Stoffes wird in Höhe des Halses angehoben, um das Essen darunter hindurch zu schieben und zum Mund zu führen.

Am Tag darauf wagten wir eine Tour nach Garmisch-Partenkirchen. In Anbetracht des schönen Wetters wollten wir endlich mal auf die Zugspitze fahren. Vom Stau auf der Autobahn kurz vor dem Ziel einmal abgesehen, war am Eibsee die Hölle los. Weder auf dem Parkplatz an der Station der Zugspitzbahn noch talabwärts war ein Stellplatz für unseren Wagen zu finden. Wir wollten schon aufgeben, als wir auf dem Rückweg das Hinweisschild zur Bahnstation Grainau entdeckten. Wir bogen kurzerhand ab und erblickten vor der Station, an der bereits ein Zug wartete, ein einziges parkendes Auto. Wir gesellten uns hinzu und erreichten sogar noch die Bahn in Richtung Zugspitze.

Mit der Bayerischen Zugspitzbahn, einer elektrischen Zahnradbahn, fahren sie zunächst bis zur Station Eibsee, wo sie umsteigen müssen. Kurz darauf geht es weiter über den Haltepunkt Riffelriss, wo der Zugspitz-Tunnel beginnt, bis zum Gipfelbahnhof am Zugspitzplatt. Die Bahn schafft auf der neunzehn Kilometer langen Strecke vom etwa siebenhundertfünfzig Meter hoch gelegenen Grainau bis zum Zugspitzplatt auf einer Höhe von fast zweitausendsechshundert Metern eine Höchstgeschwindigkeit von siebzig Stundenkilometern und überwindet dabei einen Höhenunterschied von tausendachthundertfünfzig Metern. Am Ziel des mit knapp dreitausend Metern höchsten deutschen Berges angekommen, erwartet sie zwar schönes Wetter mit guter Aussicht. Aber die überwiegend karge Landschaft mit dem immer weiter schwindenden Gletscher bietet einen geradezu trostlosen Anblick. Hinzu kommt die ständige Berieselung mit Musik über Lautsprecher. Die Krönung ist ein auf einem Podest zu Werbezwecken ausgestellter BMW. Am Ende überwiegt die Enttäuschung, so dass sie die Rückfahrt mit der Bahn kaum erwarten können.

Nach einer störungsfreien Fahrt zurück ins Hotel und einem gemütlichen Abend im Biergarten zogen wir am nächsten Tag heimwärts, ließen uns aber ein paar Zwischenstopps nicht nehmen. Den Anfang machten wir in Freising – genauer gesagt: es zog uns in den dortigen Dom.

Das im Volksmund "Mariendom" genannte Gotteshaus, eine romanische Backstein-Basilika, glänzt mit einer von den Gebrüdern Asam geschaffenen barocken Innenausstattung und dem Hochaltar mit einem Marien-Motiv von Peter Paul Rubens. In der Krypta befindet sich der Reliquienschrein des heiligen Korbinian. Die hoch über der Stadt thronende Kirche ist schon von weitem zu sehen und über ein eigenes Parkhaus besonders gut zu erreichen. Überrascht sind sie zudem von der im Domviertel herrschenden Stille.

Meine Frau wollte den Halt in Freising mit einem Besuch in Weihenstephan verbinden, um sich auf dem Campus mit zwei Hochschulen sowie weiteren Forschungs- und Bildungseinrichtungen für Land-, Wald- und Forstwirtschaft in den vielfach gerühmten Gärten umzusehen. Doch daraus wurde nichts. Sämtliche Zufahrten waren gesperrt – aus welchen Gründen auch immer.

Nächste Station war Ingolstadt, wo wir schon mal eine Pause eingelegt, aber nichts besichtigt hatten. Das holten wir jetzt nach. Vom Neuen Schloss, mit dessen Fassadenansicht wir uns begnügten, und vorbei an der schlichten Franziskanerkirche gelangten wir zur Gnadenthalkapelle.

Als sie in das zugehörige Kloster der Franziskanerinnen eintreten, ist zunächst niemand zu sehen. Doch kurz darauf erscheint eine der Nonnen und bittet sie herein. Sie erfahren, dass eine der Mitbewohnerinnen schwer erkrankt ist und nun von ihr und den anderen Schwestern betreut werden muss. Sie dürfen die Kapelle natürlich besichtigen, müssen aber auf ihre Begleitung verzichten. Der Zutritt lohnt sich. Der Raum verbreitet eine besondere Atmosphäre. Auch die Ausstattung kann sich sehenlassen, zu deren herausragenden Stücken das Holzrelief "St. Anna selbdritt" von 1513 zählt. Es zeigt die heilige Anna mit ihrer Tochter Maria und dem Jesuskind. Beeindruckend sind auch die Wandmalereien im Chor der kleinen Kirche, die eine der Ordensschwestern nach dem Zweiten Weltkrieg geschaffen hat. Als sie die Kapelle wieder verlassen und sich dem Klosterausgang nähern, vernehmen sie den Gesang der Nonnen – vermutlich Gebetslieder am Bett der schwerkranken Schwester.

Weiter ging es über das Tillyhaus, Sterbeort des bekannten Feldherrn aus dem Dreißigjährigen Krieg, und den Betsaal der Marianischen Studentenkongregation "St. Maria de Victoria" mit seiner prunkvollen Rokoko-Fassade zum Liebfrauenmünster und dem nicht weit davon entfernten Kreuztor.

Die spätgotische dreischiffige Hallenkirche aus dem 15. bis 16. Jahrhundert besitzt im Innern interessante Seitenkapellen der Zünfte und einen Hochaltar aus der Zeit der späten Renaissance mit über neunzig Bildern. Die sogenannte "Bilderflut" sollte sich – ganz im Sinne der Gegenreformation – gegen den lutherischen "Bildersturm" wenden. Außen fallen die beiden über Eck stehenden Türme auf. Sehenswert ist auch das 1385 erbaute Kreuztor der mittelalterlichen Stadtbefestigung. Mit seinen sieben Türmen ist es nicht nur eine der schönsten deutschen Toranlagen des Mittelalters, sondern auch das Wahrzeichen von Ingolstadt.

Weniger beeindruckend fanden wir den Betonbau des Stadttheaters, einen der angeblich gelungensten Theaterneubauten in Deutschland – zugleich Studienobjekt für Theaterspezialisten aus dem In- und Ausland.

Vorletzte Station war Eichstätt – seit etwa 740 Bischofssitz. Den Ort könnte man angesichts der römisch-katholischen Dominanz auch Klein-Vatikan nennen. Weil weder eine Besichtigung des berühmten Doms noch des bekannten Jura-Museums möglich war, entschlossen wir uns, eine Nacht in einem Gästehaus zu verbringen. So begnügten wir uns mit einem kleinen Rundgang durch die Stadt, der am weiträumigen Residenzplatz, einem der schönsten barocken Plätze Deutschlands, endete. Kurioserweise landeten wir ausgerechnet hier – inmitten der Katholiken-Hochburg – in einer evangelischen Kirche, die ein Orgelkonzert veranstaltete. Der Organist, der nur für eine Hand voll Leute spielen musste, überraschte uns mit seinem Eifer. Er griff länger als geplant in die Tasten seiner Orgel und schien gar nicht mehr aufhören zu wollen. Danach fanden wir zum Glück noch zwei Plätze in einem Biergarten, wo wir uns nach einem langen Tag stärken konnten.

Am Tag der Heimreise bietet sich ihnen doch noch die Gelegenheit für einen Besuch im Dom. In der dreischiffigen Hallenkirche fallen vor allem der Pappenheimer Altar und die Statue des heiligen Willibald auf. Das Besondere an diesem Gotteshaus sind jedoch der Kreuzgang – mit zwei Geschossen eine Rarität – und das ebenso seltene Mortuarium – eine zweischiffige Pfeilerhalle, die als Grablege einstiger Domkapitulare diente und deren kostbarstes Kunstwerk das Buntglasfenster von Hans Holbein dem Älteren ist.

Wir verließen Eichstätt, das über die einzige katholische Universität im deutschsprachigen Raum verfügt, und begaben uns zur Willibaldsburg, die etwas außerhalb, hoch über dem Altmühltal, liegt. Durch das Haupttor mit der Statue des heiligen Willibald und die sich anschließende, über sechzig Meter lange Torhalle gelangten wir in den Burghof, der eine großartige Aussicht auf die Stadt und das Umland ermöglicht.

Höhepunkt ist das Jura-Museum. Die hundertfünfzig Millionen Jahre alten Fossilien der weltberühmten Solnhofener Plattenkalke aus dem Oberen Jura sind einfach sehenswert. Eine besondere Attraktion stellt das Original-Skelett des Urvogels Archaeopterix dar. Aber auch die anderen Urvögel und –fische sind beeindruckend. Nicht zuletzt sind in einem Aquarium lebende Fossilien wie Perlboote, Pfeilschwanzkrebse und Knochenhechte zu bewundern. Fasziniert von den außergewöhnlichen Funden verlassen sie das Museum, die Burg und die Stadt und begeben sich in Richtung Heimat.

Letzter Halt auf unserem Heimweg war Ansbach. Eine Besichtigung der Residenz war wegen umfangreicher Bauarbeiten leider nicht möglich. Und vom Rest der Stadt – von einigen schönen alten Häusern mal abgesehen – hatten wir mehr erwartet. Interessant fanden wir das schlichte Rathaus aus dem 17. Jahrhundert. Es sollte die bescheidene Rolle der Bürgerschaft im Vergleich zu den Landesherren demonstrieren. Auffallend ist der Wappenfries über dem Hauptportal. Er zeigt die wichtigsten Perioden der Ansbacher Geschichte. Sehenswert sind außerdem die beiden Kirchen St. Gumbertus und St. Johannis. In ersterer fällt der barocke Kanzelaltar auf. Diese Sonderform des Altars mit der darüber angebrachten Kanzel gibt es nur noch in wenigen Kirchen. In letzterer befindet sich über dem Altar nicht der sonst übliche Altaraufsatz – Altarbild oder Flügelaltar. Hier ist es das Epitaph eines Ansbacher Bürgermeisters. Zudem sind die beiden Türme dieser Kirche ungleich hoch. Nach der Einkehr in einem urigen Altstadt-Gasthof fuhren wir auf unserer letzten Etappe endlich nach Coburg.

Busfahrt an die Mosel

Die Busfahrt mit unserem Konzertverein führte zunächst von Coburg nach Trier, das uns mit strömendem Regen empfing. Zum Glück hatten wir bessere Erinnerungen an die älteste deutsche Stadt.

Neu für sie ist lediglich die Konstantinbasilika. Die Evangelische Kirche war ursprünglich eine römische Palastaula. Sie diente den römischen Kaisern, die im 4. Jahrhundert in der Stadt residierten, als Audienzhalle. Der gigantisch wirkende Innenraum verfügt über zwei Orgeln. Er ist fast siebzig Meter lang, knapp dreißig Meter breit und ebenso viele Meter hoch. Von den Römern sind im Original nur die Apsis, die Westwand, Mauerreste unter dem Fußboden sowie einige Außenwandmalereien erhalten geblieben. Das imposante Bauwerk ist das älteste, heute als Kirche genutzte Gebäude Deutschlands.

Von Trier ging es ins Hotel nach Bernkastel-Kues – mit Blick auf die Mosel. Am nächsten Tag stand Luxemburg auf dem Programm, das wir – wie Trier – bereits früher besucht hatten und an anderer Stelle behandelt wird. Zwischenstopps legten wir in Mettlach und an der Saarschleife ein. In Mettlach besichtigten wir die Ausstellungsräume von Villeroy & Boch, die sich in der ehemaligen Abtei befinden. Im zugehörigen Park steht der Alte Turm, ein achteckiger Zentralbau aus dem 10. Jahrhundert. Er ist der älteste noch erhaltene Sakralbau des Saarlandes. Erbaut wurde er als ottonische Grabkapelle des Heiligen Liutwinus, dem auch die gegenüber liegende Kirche geweiht ist. Das auffallendste Kunstwerk der Innenausstattung ist der Terrakotta-Kreuzweg, dessen Stationen in die Pfeiler des Langhauses integriert wurden. Ob der Künstler die Objekte im Auftrag von Villeroy & Boch geschaffen hat, war nicht in Erfahrung zu bringen.

Faszinierend ist der Blick vom Aussichtspunkt "Cloef" auf die von dichtem Wald umgebene Saarschleife – zweifellos die berühmteste Ansicht der spektakulären Flusswindung, die als Wahrzeichen des Saarlandes gilt. Ins Rampenlicht rückt die Cloef immer dann, wenn Staatsoberhäupter zu Besuch sind. Sie verweilen einige Zeit auf der Aussichtsterrasse, deren zugehörige Hütte bei schlechtem Wetter Schutz bietet, und genießen das einmalige Panorama der sich durch das Tal schlängelnden Saar.

Der dritte und zugleich vorletzte Tag bot am Vormittag einen Rundgang durch den Stadtteil Bernkastel und am Nachmittag eine Schiffstour auf der Mosel nach Traben-Trarbach mit anschließender Busfahrt nach Cochem.

Begeistert sind sie von Bernkastel, das von der Burgruine Landshut überragt wird. Ein wahres Schmuckstück ist der mittelalterliche Marktplatz mit schönen Giebelfachwerkhäusern aus dem 17. Jahrhundert. Einmalig ist das schmalgiebelige Spitzhäuschen von

1416, das wohl meistfotografierte Motiv der malerischen Altstadt. Das auf massivem Erdgeschoss nach drei Seiten überhängende Fachwerk steht geradezu symbolisch für ein an der Mosel typisches Winzerhäuschen. Im Inneren befindet sich heute eine Weinstube. Ebenfalls sehenswert sind das Renaissance-Rathaus mit dem auf einer Basaltsäule ruhenden Erker und dem Pranger sowie der St. Michaelsbrunnen – beide aus dem 17. Jahrhundert stammend.

Die Schiffstour war nichts Außergewöhnliches. Und den Orten Traben-Trarbach und Cochem konnten wir auch nicht viel abgewinnen. Ersterer hinterließ einen eher langweiligen Eindruck, erinnerte mich beim Anblick der Ruine Grevenburg lediglich an das nächtliche Aufstiegsabenteuer mit meinem Bruder. Letzterer hingegen bot mit dem Ansturm der Touristenmassen genau das Gegenteil. Da wir die Reichsburg schon kannten und der Rest im Gewühl der Massen unterging, nahmen wir in einem Lokal an der Moselpromenade Platz und tranken ein Pils.

Apropos Pils: Auf ein Glas Wein verzichteten wir, weil wir bei zwei Weinproben in Bernkastel-Kues bereits die Erfahrung gemacht hatten, dass der Moselwein geschmacklich zwar Fortschritte gemacht hatte, zumindest aber bei mir für leichtes Sodbrennen sorgte. Beim uns vertrauten Frankenwein war dies nicht der Fall.

Am letzten Tag unserer Vier-Tage-Tour ging es heimwärts, wobei wir noch einen Zwischenhalt in Koblenz einlegten. Die Basilika St. Kastor aus dem 12. Jahrhundert konnten wir leider nicht besichtigen, weil gerade ein Gottesdienst stattfand. Am Deutschen Eck, dem Zusammenfluss von Rhein und Mosel, wo wir einst nur den Denkmalsockel zu sehen bekamen, wurden wir dafür mit dem wieder aufgestellten Reiterstandbild von Kaiser Wilhelm I. entschädigt. Und mit der neuen Rheinseilbahn durften wir zur Festung Ehrenbreitstein hinauffahren, die wir aber nicht zu Gesicht bekamen, weil die Gondeln außerhalb des Geländes stoppten. Das störte uns allerdings nicht, weil wir die Festung bereits besucht hatten. Den Schlusspunkt bildete die Einkehr im Gasthof "Die Wacht am Rhein".

Erwähnenswert sind noch zwei kuriose Brunnen. Zum einen der Schängelbrunnen, der an den Koblenzer Schängel, einen Lausbuben, erinnern soll. Die Bronzefigur speit etwa alle drei Minuten einen Wasserstrahl mehrere Meter weit auf vorübergehende Passanten. Zum anderen der in der Altstadt stehende Brunnen mit der Historiensäule. Die über zehn Meter hohe Säule erzählt die zweitausendjährige Koblenzer Geschichte von der Römerzeit bis heute in Form von zehn übereinander angeordneten Skulpturen.

Teil II

Visite in der alten Heimat

Breslau

Das Reisen blieb unser Steckenpferd, gab es doch noch so viel in der weiten Welt zu sehen. Vor der Fernreise nach Ägypten stand jedoch ein anderes Ziel auf meinem Wunschzettel: ein Wiedersehen mit meiner Geburtsstadt Breslau. Die erstmalige Fahrt über die Stadtgrenze, an der heute "Wroclaw" auf dem Ortsschild steht – ein Name, der lange vor der deutschen Besiedlung gebräuchlich war – lässt sich nur schwer beschreiben. Zumindest kam so etwas wie ein Heimatgefühl in mir auf. Und dass wir hier Freunde wiedersahen, die wir in Coburg kennengelernt hatten – polnische Freunde, deren Eltern ebenfalls ihre Heimat verloren hatten und hierhin umgesiedelt wurden – machte den Aufenthalt umso angenehmer.

Unsere Gastgeber holten uns vom Hotel ab – mit dem kleinen Fiat, den sie schon auf der Fahrt nach Deutschland benutzt hatten. Die Begrüßung war herzlich, die anschließende Gastfreundschaft in einer Zwei-Zimmer-Wohnung in der achten Etage eines Hochhauses, unter anderem mit dem polnischen Nationalgericht Bigos, unglaublich – verfügten die jungen Leute doch längst nicht über das Einkommen, das im Westen üblich war. Auch sonst mussten sie mit Einschränkungen leben, die wir nicht kannten. Zum Beispiel wurden sie nur alle paar Stunden mit Wasser versorgt. Das lag allerdings an den alten Leitungen, die beim Wiederaufbau der Stadt im ursprünglichen Zustand übernommen worden waren. Überhaupt war Breslau, zumindest was die Innenstadt betraf, nach alten Plänen zu neuem

Leben erweckt worden. Davon konnten wir uns selbst überzeugen, als wir einmal den Weg vom Hotel bis zum Marktplatz nach einem Stadtplan aus der Vorkriegszeit zurücklegten, den meine Frau von ihrem früheren Chef ausgeliehen hatte. Denselben Weg mussten wir später wieder zurückgehen, weil die neu gegründete Gewerkschaft Solidarnosz zu Streiks aufgerufen hatte, folglich weder Busse und Straßenbahnen noch Taxen verkehrten.

Trotz ihrer Absicht, die Stadt auf eigene Faust zu erkunden, nimmt sich der polnische Freund ein paar Tage frei und überrascht sie mit Plänen, die sie nicht erwartet haben. Zur Oder, die ihm als Kind beinahe zum Verhängnis geworden wäre, hätten sie noch allein gefunden. Und auch die St. Barbara-Kirche, in der er getauft wurde, sowie die Jahrhunderthalle, in der er als Dreikäsehoch aufgetreten war, würden sie selbst aufstöbern, um sie wenigstens von außen betrachten zu können. So aber haben sie die einmalige Gelegenheit, nicht nur die Oder zu sehen, sondern auch einen Blick in beide Bauwerke werfen zu können: in die St. Barbara-Kirche, in der jetzt polnisch-orthodoxe Gottesdienste stattfinden, der anwesende Priester sie aber bereitwillig hineinlässt; und in das weite Rund der Jahrhunderthalle mit der kühnen Stahlbetonkonstruktion und der riesigen Kuppel, unter der sechstausend Zuschauer Platz finden.

Darüber hinaus werden sie mit Sehenswürdigkeiten überrascht, von denen seine Eltern oft geschwärmt haben: der Dom-Insel mit dem gotischen Dom und dem klassizistischen Erzbischofspalais; der Sandinsel mit der gotischen Sandkirche und dem barocken Kloster; der alten Dombrücke zwischen den beiden Inseln; der barocken Universität mit der Aula Leopoldina; der Markthalle; dem Marktplatz mit dem gotischen Rathaus, in dem sich der sehenswerte Rempter und der

Schweidnitzer Keller befinden; dem klassizistischen Opernhaus; und dem ehemaligen Kaufhaus "Petersdorff".

Vor unserer Heimreise kamen wir nicht umhin, persönliche Geschenke anzunehmen – darunter einen großen Holzteller mit handgeschnitzten und schön bemalten Ornamenten. War die Großzügigkeit unserer Gastgeber fast schon zu viel des Guten, fanden wir eine Begebenheit an der Tankstelle, vor der sich eine riesige Schlange gebildet hatte, eher peinlich. Weil wir mit Devisen bezahlen konnten, wurden wir einfach durchgewinkt. Und wir wollten nicht glauben, dass die seit Tagen mit Solidarnosz aufmuckenden Polen tatenlos zusahen, wie wir Kapitalisten beim Tanken bevorzugt wurden. Doch die Proteste blieben aus.

Bei Besuchen in den Folgejahren – insgesamt reisten wir achtmal nach Breslau – lernten wir noch weitere Sehenswürdigkeiten kennen: die neu errichtete Rotunde mit dem riesigen Panorama einer siegreichen Schlacht der Polen gegen die Russen, die Synagoge "Zum Weißen Storch", das Nationalmuseum mit einer Sammlung mittelalterlicher Kunst aus Schlesien und das Spätgen-Palais – einst Residenz Friedrich II. und heute Museum für Geschichte und Völkerkunde. Auch an Veranstaltungen nahmen wir teil: im Opernhaus an der Aufführung eines aus Opernarien und -chören bestehenden Potpourri; in der Aula Leopoldina an einer Feier des Rotary-Clubs; und auf der Oder an einer Dampferfahrt. Zudem kehrten wir in verschiedenen gastronomischen Häusern ein: in einer Teestube, im Schweidnitzer Keller und im benachbarten "Spiz", sowie in den Restaurants "Gustav Wasa", "Splendido", "pod Fredrą" und "Karczma Lwowska".

Von Beginn an nehmen sie das Auto in die schlesische Metropole. So auch bei ihrer fünften Tour. Nie haben sie etwas Unangenehmes erlebt: nicht während der Zeit des Kommunismus; nicht danach, als der Eiserne Vorhang längst gefallen war; auch nicht auf der Baustelle mit dem halbfertigen Haus am Rande von Breslau, mit dem sich die polnischen Freunde einen Traum erfüllten. Ausgerechnet im Jahr ihres Einzugs, als seine Frau und er zu Besuch kommen und im Haus wohnen sollen, passiert das Unfassbare. Der vor dem Haus parkende Wagen, der erst später in die Garage gestellt werden soll, weil sie vorab einen Begrüßungstrunk nehmen, ist urplötzlich verschwunden. Ein Nachbar, der dies beobachtet hat, schreit noch "Euche Auto! Euche Auto!" Aber da hat der Ganove längst das Weite gesucht. Wie er das geschafft hat, bleibt ein Rätsel – zumal die Wagontüren verschlossen waren. Seltsam ist nur, dass die Alarmanlage keinen Ton von sich gegeben hat.

Für seine Frau und ihn ist es ein Schock, für die gastgebenden Freunde eine Katastrophe. Die in Tränen aufgelösten Frauen trinken einen Wodka auf den Schreck. Er verständigt telefonisch sofort die Versicherung in Deutschland und den ADAC, um die Rückreisemodalitäten zu klären. Dann suchen beide Männer die Polizei auf – dank des Freundes sprachlich kein Problem. Anschließend fahren sie kreuz und quer durch die Stadt – in der Hoffnung, das Fahrzeug vielleicht irgendwo zu entdecken. Doch alle Mühen sind vergebens. Zum Glück haben sie ihre Handtaschen nicht im Wagen liegengelassen, besitzen noch sämtliche Papiere. Das Gepäck aber ist weg – auch die Geschenke, die sie speziell zum Einzug mitgebracht haben. So müssen sie ihren Aufenthalt zwangsläufig abbrechen. Genießen könn-

ten sie die verbleibenden Tage nach dem Vorfall ohnehin nicht. Schweren Herzens nehmen sie von den Freunden Abschied, die inzwischen mehr leiden als sie selbst. Wenigstens fahren sie kostenlos mit der Bahn erster Klasse zurück nach Coburg. Er unkt noch, dass sie angesichts einer zweistündigen Wartezeit in Leipzig den Hauptbahnhof mit der neuen dreistöckigen Ladenpassage nie zu Gesicht bekommen hätten, wenn der Wagen nicht geklaut worden wäre. Doch das ist wohl eher Galgenhumor.

Das nächste Mal nahmen wir das Flugzeug, flogen vom neuen Münchner Flughafen aus nach Breslau, um den fünfzigsten Geburtstag der beiden mit deren Verwandten und Freunden zu feiern. Das Fest fand draußen auf dem Land in einer gemütlichen Gaststätte statt – mit deftiger polnischer Küche, schmackhaftem Breslauer Bier und einigen Gläsern Wodka. Natürlich durfte auch das in Polen übliche Tanzvergnügen nicht fehlen, vor dem ich mich diesmal, wie schon in Budapest, nicht drücken konnte.

Beim vorletzten Besuch wählten wir die Bahn, mussten auf Hin- und Rückfahrt jeweils viermal umsteigen, erreichten aber stets die Anschlusszüge, was uns überraschte. Es war überhaupt ein Wunder, dass wir unser Ziel in beiden Richtungen pünktlich erreichten. Der Grund für die Reise war eine Einladung zum Jahreswechsel, die der polnische Freund – von Beruf Professor für Zahnmedizin an der Universität Breslau – bei einem geschäftlich bedingten Aufenthalt in Deutschland persönlich überbracht hatte.

Die Silvesterfeier findet in der Aula einer Schule statt – jedes Jahr unter einem anderen Motto. Diesmal stehen Sprüche auf dem

Programm. Das heißt, die Teilnehmer, Kollegen des nebenbei praktizierenden Zahnarztes, aber auch Freunde und Bekannte mitsamt ihren Partnern, müssen ihre Verkleidung in Anlehnung an einen Spruch wählen. Der oder die Betreffende muss sich auf der Bühne vorstellen, ohne den Spruch preiszugeben. Die anderen müssen denselben erraten. Der originellste Einfall wird prämiert.

Seine Frau ist in die Rolle einer schlecht Gekleideten geschlüpft, wird schnell durchschaut, dass ihr Aufzug "Kleider machen Leute" bedeutet. Er tritt mit einer aus Zetteln zusammengesetzten Kette um den Hals auf, mit polnischen Vokabeln vorn und deutscher Übersetzung hinten. Nach einigen Fehlinterpretationen wird auch er entlarvt, dass damit "Übung macht den Meister" gemeint ist. So ist jeder einmal an der Reihe, geht das lustige Ratespiel bis in den späten Abend hinein. Neu für sie ist, dass die in Deutschland bekannten Sprüche auch in Polen geläufig sind.

Nach der Prämierung des Siegers wird auch bei dieser Feier getanzt, bei den sangesfreudigen Polen überraschenderweise aber kein Lied angestimmt. Um Mitternacht wird schließlich auf das neue Jahr angestoßen. Sie sind beeindruckt, dass viele der Anwesenden die deutsche Sprache beherrschen und dennoch anerkennende Worte finden, wenn jemand wie er nur ein paar polnische Brocken zustande bringt. Und sie staunen nicht minder über die Trinkgewohnheiten bei diesem Fest, bei dem keineswegs Bier, sondern nur Wodka und Wasser getrunken wird – abgesehen vom ausnahmsweise mitternächtlichen Sekt wegen des Jahreswechsels.

Auch bei unserer vorerst letzten Breslau-Reise nahmen wir die Bahn, allerdings mit einem durchgehenden Zug von Berlin aus, wo wir bei der Tochter zu Besuch waren. Wie so oft standen in der schlesischen Metropole verschiedene

Touren durch Niederschlesien auf dem Programm, auf die nachfolgend näher eingegangen wird. Die Rückreise nach Coburg sollte jedoch zum Alptraum werden. Auf die moderne Regionalbahn nach Dresden folgte eine Weiterfahrt nach Hof, die wir besser nicht gewählt hätten. Der mit Neigetechnik ausgestattete Sachsen-Franken-Express war eine Zumutung. Die in den Gängen stehenden Passagiere sorgten für überfüllte Waggons. Die stetigen Steigungen in Verbindung mit den zahlreichen Kurven führten zu Kopfschmerz erzeugendem Motorenlärm. Und die durch den Massenandrang auf den Bahnhöfen verursachte Verspätung machte das Umsteigen samt Gepäck zu einem Vabanquespiel. Nur auf den allerletzten Drücker erreichten wir noch unsere Anschlusszüge nach Lichtenfels und nach Coburg.

Niederschlesien

Wie schon angedeutet, waren wir in Verbindung mit den Breslau-Besuchen des Öfteren in Niederschlesien unterwegs – stets in Begleitung unseres einheimischen Freundes. Mal ging es in Richtung Tiefland zwischen Oder und Neiße, mal in die Umgebung von Breslau, mal in das Vorland der Sudeten, mal ins Riesengebirge und mal ins Glatzer Bergland.

Im Tiefland zwischen Oder und Neiße standen Bunzlau, Liegnitz und Leubus auf dem Programm. In Bunzlau (Bolesławiec), seit dem 14. Jahrhundert als Zentrum der Keramikverarbeitung bekannt, besuchten wir den berühmten Töpfermarkt, der vor allem meine Frau interessierte.

Das Besondere an der Keramik ist die typisch braune Lehmglasur. Damit lernten wir auch gleich den Ring kennen, in dessen Mitte das Renaissance-Rathaus steht und der von etlichen, schön restaurierten Bürgerhäusern mit prunkvollen Renaissance- und Barockportalen umgeben ist.

In Liegnitz (Legnica) entschließen sie sich zunächst für einen Rundgang um den langgestreckten Marktplatz herum. Dabei erinnert er sich an seinen Großvater mütterlicherseits, der in einem der Häuser einen Tabakwarenladen betrieb. Leider lässt sich der Standort nicht mehr lokalisieren. Schön anzusehen sind auf jeden Fall die mitten auf dem Markt stehenden Gebäude: die Pfarrkirche St. Peter und Paul, gegenüber das Alte Rathaus, links dahinter das Theater, rechts – also auf der Rückseite des Theaters – die sogenannten Heringsbuden und am Ende des Platzes das Haus zum Wachtelkorb. Die Basilika zählte einst zu den schönsten Gotteshäusern Schlesiens. Bei den Heringsbuden handelt es sich um acht schmale Renaissancehäuser mit Laubengängen. Die Fassade des Hauses zum Wachtelkorb illustriert einige der berühmten Fabeln des griechischen Dichters Äsop. Nach dem Rundgang kehren sie noch in einem gemütlichen Restaurant ein, wo sie Piroggen mit Pilzen und Sauerkraut verzehren – eine leckere polnische Spezialität.

Hoch über dem rechten Oderufer liegt das Zisterzienserkloster Leubus (Lubiąż). Die gewaltige Anlage machte auf uns zunächst einen heruntergekommenen Eindruck. Umso erstaunter waren wir, als wir den über zwei Stockwerke reichenden Fürstensaal betraten. Die Gemälde – unter anderem das riesige Deckengemälde, die Skulpturen und die Stuckarbeiten waren herrlich anzuschauen. Die

Restaurierung dieses großartigen Raumes war in der Tat gelungen. Allerdings dürfte es noch Jahre dauern, bis der gesamte Komplex wieder in altem Glanz erstrahlt.

In der Umgebung von Breslau lernten wir das Wasserschloss Wohnwitz (Wojnowice) kennen. Das etwas abseits gelegene, von einem Wassergraben umgebene und über eine alte Bogenbrücke erreichbare Backsteingebäude – eine Vierflügelanlage mit einem von Zinnen bekrönten Turm und seitlich angebrachten Staffelgiebeln – besitzt einen schönen Innenhof, in dem wir eine Rast einlegten. Was beim Betreten des rundum angelegten Parks allerdings störte, war die zu dieser Zeit herrschende Mückenplage, die durch das stehende Gewässer noch zusätzlich gefördert wurde.

Bei unserer Fahrt durch das Vorland der Sudeten hatten wir weitere sehenswerte Orte im Visier. Den Anfang machte Schloss Fürstenstein (Książ). Die imposante, auf einem Felsen thronende Anlage – inmitten eines von Schluchten durchzogenen Waldes – besteht aus Gebäuden, die aus mehreren Epochen stammen: der Bergfried aus dem Mittelalter, die anderen Bauten aus der Renaissance- und Barockzeit. Unter den letzten Besitzern war das Schloss Treffpunkt des europäischen Hofadels. Aufmerksamkeit verdienen der terrassenförmig angelegte Garten und das benachbarte Staatliche Hengstgestüt.

In Schweidnitz (Świdnica) ragt die Friedenskirche zur Heiligen Dreifaltigkeit als Bauwerk heraus. Der Fachwerkbau, auf dem Grundriss eines griechischen Kreuzes errichtet, besitzt mehrere Emporen und Logen und verfügt über sage und schreibe dreitausend Sitz-

und weitere viertausend Stehplätze. Mittlerweile zählt er zum UNESCO-Weltkulturerbe. Beachtenswert ist der zur Kirche gehörende Friedhof mit alten deutschen Grabsteinen.

In Kratzkau (Krasków) entdeckten wir ein schönes Rokokoschloss. Ein Österreicher hatte das Gebäude erworben, umfassend restauriert und zu einem Hotel umfunktioniert. Ein besonderes Schmuckstück im Innern ist die Bibliothek mit erstaunlich vielen alten Beständen. Sehenswert ist außerdem der kleine, von keinem Geringeren als Peter Josef Lenné angelegte Park.

Kreisau (Krzyżowa) wurde durch den Kreisauer Kreis bekannt, der im Gutshof der Familie von Moltke tagte, um Pläne für ein zukünftiges demokratisches Deutschland zu schmieden. Nach dem fehlgeschlagenen Hitler-Attentat wurde von Moltke verhaftet, zum Tode verurteilt und hingerichtet. Heute dient der Gutshof als deutsch-polnische Jugendbegegnungsstätte. Im Schloss informiert eine Ausstellung über den Widerstand der Kreisauer gegen den Nationalsozialismus.

In Frankenstein (Ząbkowice Śląskie) fällt ihnen der schiefe Turm der Stadtpfarrkirche St. Anna auf. Entstanden durch Erdsenkungen Ende des 16. Jahrhunderts, sollte er nach einem Brand abgerissen werden. Dies wurde jedoch verhindert. Stattdessen wurde dem in Mitleidenschaft gezogenen Turm ein weiteres Teil übergestülpt. Dadurch wirkt das Bauwerk jetzt noch schiefer.

Heinrichau (Henryków) glänzt mit seiner Klosteranlage, die wir über einen gepflasterten und auf beiden Seiten von

Mauern umgebenen Weg erreichten. Auffallend ist die barockisierte Klosterkirche. Die Klausur, eine dreigeschossige Dreiflügelanlage mit Ecktürmen, liegt rechts von der Kirche und dient heute als Priesterseminar.

Bei einer Tour ins Riesengebirge legten wir als erstes einen Stopp in Hirschberg (Jelenia Góra) ein. Ich musste unweigerlich an die schwere Zeit zurückdenken, als meine Familie auf der Flucht aus Breslau hier Station machte und ein Wiedersehen mit dem Vater feiern durfte. Prunkstück dieser eher beschaulichen Stadt ist der Marktplatz mit dem barocken Rathaus in der Mitte und den Bürgerhäusern des Barock und Rokoko drum herum. Wir nahmen uns nicht nur die Zeit, durch die umlaufenden Laubengänge zu bummeln, sondern kehrten auch in einem Gasthof ein.

Nicht weit von Hirschberg entfernt liegt Krummhübel (Karpacz) mit der berühmten Kirche Wang. Die norwegische Stabholzkirche aus dem 12. Jahrhundert, ein mehrgiebliger Bau, bei dessen Errichtung keine Nägel, sondern hölzerne Zapfenverbindungen verwendet wurden, befindet sich in fast neunhundert Meter Höhe. Friedrich Wilhelm IV. kaufte das mit zahlreichen Holzschnitzereien verzierte Kleinod, als es abgerissen werden sollte, ließ es abtragen und an dieser Stelle wieder aufbauen.

Die Schneekoppe, mit über tausendsechshundert Meter die höchste Erhebung des Riesengebirges, besuchten wir wegen der schlechten Sichtverhältnisse nicht.

Bei der Fahrt ins Glatzer Bergland landen sie zunächst in Glatz (Kłodzko). Die Straßen der Altstadt führen zum Schloss hinauf, das

Friedrich der Große zur Festung ausbauen ließ. Auf einen mit Fackeln geführten Rundgang durch die Befestigungsanlagen wollen sie nicht verzichten, reizt sie doch das unterirdische Gemäuer mit Kasematten und Bastionen, von dem sie letztlich beeindruckt sind. In der Altstadt selbst fallen die vielen kopfsteingepflasterten Gassen auf. Erwähnenswert sind außerdem die aus dem 14. Jahrhundert stammende und über den Mühlengraben führende Brücktorbrücke – eine Miniaturausgabe der Prager Karlsbrücke sowie das im Jugendstil errichtete Rathaus.

In Albendorf (Wambierzyce) besuchten wir die Wallfahrtskirche. Zunächst mussten wir eine breite Treppe und danach drei schmalere Stiegen überwinden, um in einen Kirchenumgang mit zahlreichen Kapellen zu gelangen. Diese erzählen in Bildern und Skulpturen das Leben Jesu. In der ovalen Gnadenkapelle befindet sich ein sehenswerter barocker Hochaltar mit der gotischen Figur der Albendorfer Madonna aus dem 13. Jahrhundert. Gegenüber der Kirche, den Kalvarienberg hinauf, laden Kapellen die Pilger zum Gebet ein.

Im Heuscheuer Gebirge (Góry Stołowe) unternehmen sie eine Wanderung. Der Weg führt sie durch ein atemberaubendes Felsenlabyrinth. Über steile Pfade und Stufen geht es ständig bergan, bis sie endlich eine Aussichtsplattform in rund siebenhundert Meter Höhe erreichen. Der Blick von hier oben entschädigt sie für die Mühen, die sie fast eine Stunde lang auf sich genommen haben. Sie genießen das Panorama eine Weile, ehe sie den nicht unbedingt leichteren Rückweg antreten.

Den Endpunkt unserer Tour bildeten die Kurorte Bad Altheide (Polanica Zdrój), Bad Reinerz (Duszniki Zdrój) und Bad Kudowa (Kudowa Zdrój). Bad Altheide empfängt seine Gäste in einem großen Kurpark mit Trinkhalle, Konzertmuschel und Palmenhaus. Zahlreiche Villen stammen noch aus der Gründerzeit. Bad Reinerz hingegen wartet mit dem jährlich stattfindenden Chopin-Festival auf. Das Denkmal für den berühmten Pianisten und Komponisten steht im Kurpark. Auf dem schräg abfallenden Ring sind noch Bürgerhäuser aus der Renaissance- und Barockzeit zu finden.

In Bad Kudowa erleben sie den herrlichen Kurpark mit Trink- und Wandelhalle, dem Sanatorium Polonia sowie dem Barockschlösschen. Hier statten sie den Eltern ihres Freundes einen Besuch ab, erleben eine nicht für möglich gehaltene Gastfreundschaft. Und das trotz allen Leids, das diese in Lemberg durch Deutsche und Russen gleichermaßen erfahren mussten – während des Russlandfeldzuges durch die deutsche Wehrmacht und nach Kriegsende durch die Rote Armee, die sie aus ihrer Heimat vertrieb.

Von Bad Kudowa aus machen sie noch einen Abstecher zur sogenannten Schädelkapelle – einem Kirchlein, das an Decke und Wänden mit Schädeln und Gebeinen von im Siebenjährigen Krieg gefallenen Soldaten ausgestattet ist. Den Anblick der zahllosen Totenköpfe werden sie so bald nicht vergessen, führen sie ihnen das Grauen nicht nur dieses Krieges so recht vor Augen.

Erzgebirge

Meine Geburtsstadt Breslau hatte ich schon vor zehn Jahren wiedergesehen. Nun konnte ich endlich auch die Stätte meiner Kindheit besuchen, was mir zu DDR-Zeiten verwehrt geblieben war. Über Marienberg selbst habe ich bereits an anderer Stelle berichtet. Hier soll nun auf das zum Erzgebirge gehörende Umfeld näher eingegangen werden.

Auf der Fahrt nach Marienberg wählten wir den Weg über das westliche Erzgebirge. Erste Station war Schneeberg, dessen Marktplatz mitsamt seiner Bebauung ein einmaliges Ensemble im Barock- und Rokokostil bildet. Einen Bummel durch die Anfang des 18. Jahrhunderts entstandene Altstadt ließen wir uns natürlich nicht entgehen. Bekannt ist die Stadt durch den Bergstreittag. Dieser geht auf den verhinderten Lohnabzug der Schneeberger Bergleute im 15. Jahrhundert zurück. Zum Gedenken wird alljährlich eine Bergparade abgehalten, bei der zahlreiche Vereine mit Bergmusikern und Trachtenträgern durch die Altstadt ziehen. Dieses Ereignis konnten wir leider nicht miterleben.

In Schwarzenberg, dessen Altstadt auf einem Felsmassiv entstanden und im Laufe der Zeit auf den sieben Hügeln der Umgebung erweitert worden war, müssen Einheimische und Touristen hundertsiebzig Meter Höhenunterschied überwinden, wenn sie die ganze Stadt bewältigen wollen. Auch wir konnten ein Lied davon singen, wie strapaziös dieses Vorhaben ist. Herausragende Bauwerke sind die St.-Georgen-Kirche und das Schloss. Der Ort sorgte nach dem Ende des Zweiten Weltkriegs übrigens für ein Kuriosum: weil die Alliierten die Besetzung des gesamten Landkreises vergessen hatten, blieb dieser für die Dauer von sechs Wochen eine Art freie Republik.

Die letzte Pause vor Marienberg gönnten wir uns im Kurort Oberwiesenthal. In der mit über neunhundert Metern höchstgelegenen Stadt Deutschlands bestaunten wir die farbenprächtige, Anfang des 18. Jahrhunderts am Markt aufgestellte Postmeilensäule. Danach fuhren wir mit der Kabinenbahn auf den Fichtelberg – mit mehr als zwölfhundert Meter der zweithöchste Berg des Erzgebirges. Oben angekommen, wurden wir mit einem weiten Blick auf das Mittelgebirge und die inzwischen eigenständige Tschechische Republik belohnt.

Von Marienberg aus unternehmen sie einige Ausflüge. Ein Tagesausflug führt sie nach Annaberg-Buchholz. Sehenswert ist hier die St.-Annen-Kirche, eine spätgotische Hallenkirche. Die Rückseite des Bergaltars schildert auf vier Bildtafeln die Arbeitsmethoden des mittelalterlichen Silberbergbaus. Ein außergewöhnliches Erlebnis ist der Besuch eines solchen, sage und schreibe fünfhundert Jahre alten Bergwerks, wo sie unter Tage einen zweihundertsechzig Meter langen Weg zurücklegen müssen. Er ist zwar mit dem Bergbau vertraut, hat sich bereits tief unter der Erde in einem Stollen aufgehalten – bei einer Zeche, die noch in Betrieb war. Aber die ohnehin schon schwierigen Arbeitsbedingungen müssen in dieser Grube geradezu erbärmlich gewesen sein. Am Ende sind sie heilfroh, als sie wieder das Tageslicht erblicken.

Da sie schon mal mit der Technik früherer Zeiten in Berührung gekommen sind, nehmen sie die Gelegenheit wahr, bei dem in der

Nähe befindlichen Frohnauer Hammer vorbeizuschauen. Das ungewöhnliche Museum demonstriert schonungslos, unter welchen Voraussetzungen die Leute nicht nur im Bergbau, sondern auch in der Eisen- und Stahlindustrie schuften mussten. Das Fauchen der mächtigen Blasebälge, das Drehen der Wasserräder, das Dröhnen der schweren Eisenhämmer wäre heute, vom Stand der technischen Entwicklung einmal abgesehen, ohne Lärmschutzmaßnahmen völlig undenkbar, würde keinem gewerblichen Mitarbeiter mehr zugemutet werden.

Auf dem Rückweg machten wir noch in Wolkenstein halt. Zuerst blieben wir unten im Zschopautal, wo am Bahnhof das Zughotel sein festes Quartier bezogen hat – mit drei Speisewagen, drei Schlafwagen und einem Konferenzwagen, der einst im DDR-Regierungszug als rollender Arbeitssalon diente. Dann begaben wir uns zum hoch oben gelegenen Schloss, das ich als Kind barfuß aufgesucht und von dem aus ich schon damals den Blick ins Tal als atemberaubend empfunden hatte. Ein Spaziergang durch den hübschen kleinen Ort rundete unser Ausflugsprogramm ab.

Am nächsten Tag entschlossen wir uns zu zwei Halbtagestouren. Vormittags fuhren wir in den Kurort Seiffen, das bekannte Spielzeugmacherdorf des Erzgebirges. In mehr als hundert kleinen Werkstätten werden neben Schwibbögen, Pyramiden, Lichterengeln und Räuchermännchen vor allem die berühmten Nussknacker hergestellt. Der Ort gilt darüber hinaus als Heimat des Reifendrehens. Von einem Ring aus Holz, dem ein bestimmtes Profil verpasst wurde, lässt sich scheibchenweise ein und dieselbe Figur – zum Beispiel ein Pferd – abschneiden.

Auch die in Streichholzschachteln dargestellten Szenen stammen aus dieser Gegend.

Am Nachmittag suchten wir Schloss Augustusburg auf. Das über fünfhundert Meter hoch gelegene Jagd- und Lustschloss von Kurfürst August I., ein gewaltiger Renaissancebau, beherbergt einen Adler- und Falkenhof mit gelegentlichen Flugvorführungen, auf die wir allerdings verzichten mussten. Nicht nur das Schloss, auch der gleichnamige Ort, dessen Hauptstraße über terrassenartige Freitreppen emporsteigt, strahlte zumindest an diesem Tag erstaunliche Ruhe aus. Alternativ ist das Schloss auch über eine Standseilbahn vom Bahnhof Erdmannsdorf aus zu erreichen.

Teil III

Inselurlaub auf Bornholm

Die Perle der Ostsee

Bei unseren Erlebnisreisen durch Europa und alte Kulturländer wie Ägypten, Israel, Mexiko und China war das Reich der Mitte im Südosten Asiens das Nonplusultra – also schlichtweg eine andere Welt. Bei den Inselbesuchen in Nord- und Ostsee sowie im Mittelmeer nahm Bornholm diese Stellung ein. Keine Insel hat uns derart fasziniert, dass wir immer wieder dorthin zurückkehrten – bisher insgesamt siebzehn Mal.

Die Anreise war früher beschwerlich, führte, wenn man nicht die Nachtfähre von Travemünde nach Rønne nehmen wollte, ausschließlich über die Vogelfluglinie. Alles in allem mussten drei Fährverbindungen bewältigt werden, um über Dänemark und Schweden auf die Ostseeinsel zu gelangen: Puttgarden-Rødby, Dragør-Linhamn und Ystad-Rønne. Nach der Wende wurde der Weg kürzer, bot sich die Route über Rügen mit der Fähre von Sassnitz bzw. Neu Mukran nach Rønne an. Selbst die Rückreise über die skandinavischen Länder verlief nun zügiger: erst mit dem doppelt so schnellen Katamaran von Rønne nach Ystad, dann über die neue Øresundbrücke von Malmö nach Kopenhagen.

Die Ankunft ist stets ein besonderes Erlebnis: wenn die Westküste der Insel am Horizont auftaucht, das Eiland näher und näher rückt, der Blick von Rønne bis hinauf zum Hammerknuden reicht, die Fähre schließlich in den Hafen einläuft und nach gekonntem Manöver am Pier festmacht. Dann endlich geht es runter vom Schiff.

Die Autos, Wohnmobile, Busse und Lastwagen rollen in langen Kolonnen von Deck und fahren in alle möglichen Richtungen. Vor allem die Deutschen, mit ihren Fahrrädern auf dem Dach, suchen ihre meist schon seit Jahren bewohnten Unterkünfte auf.

Seine Frau und er waren der Empfehlung von Rödentaler Freunden gefolgt und befinden sich nun zum ersten Mal auf der Insel. In einer alten, nicht mehr betriebenen Mühle haben sie ein Zimmer gebucht. Mit dem winzigen Raum – noch dazu mit einer Dusche, die nur auf dem Klodeckel sitzend zu benutzen ist – können sie sich allerdings nicht anfreunden. Also versuchen sie dem Besitzer das Problem zu schildern, beißen aber auf Bornholmer Granit. Trotz der Bereitschaft, die Hotelrechnung in voller Höhe zu begleichen, müssen sie sich als Nazis beschimpfen lassen, von denen der alte Däne kein Geld annehmen will.

So verbringen sie die Nacht kostenlos und wechseln am nächsten Tag in eines der besten Hotels von Rønne mit Blick auf das Meer. Doch mit dem Umzug kommen sie vom Regen in die Traufe, können vor lauter Lärm kaum schlafen: zum einen wegen des Straßenverkehrs, der sich Tag und Nacht zwischen Hotel und Strand hindurch wälzt; zum anderen wegen der lauten, meist volltrunkenen Schweden, die wegen des billigeren Alkohols auf Bornholm einfallen, so dass man meinen könnte, dem marodierenden Heer Wallensteins ausgesetzt zu sein, das im Dreißigjährigen Krieg ähnlich gewütet haben muss.

Im nächsten Jahr mieteten wir ein Wohnhaus, das zwar unseren Vorstellungen entsprach, aber mitten auf der Insel, also weit weg vom Wasser lag. Zudem hatten sich die Besitzer – ein junges Paar mit Kind, das auf die vierwöchige Einnahme vermutlich angewiesen war – im angrenzenden Schuppen einquartiert, was uns zunehmend peinlich war.

Doch irgendwie arrangierten wir uns mit den netten jungen Leuten und der größeren Entfernung zum Meer. Dafür entschädigte uns die außergewöhnliche Schönheit der Insel.

Die ließ uns auch nicht mehr los. Nach zweimaligem Fernbleiben kehrten wir zurück. Diesmal landeten wir in einer Ferienanlage im Norden, die uns der Namensvetter aus Reinbek empfohlen hatte. Doch auch hier konnten wir nicht so recht Fuß fassen, wollten vor allem nicht ständig von Landsleuten umgeben sein – selbst wenn diese Art von Urlaubern nicht mit den Ballermann-Touristen zu vergleichen war.

So kehrten wir bei unserem vierten Inselbesuch wieder nach Rønne ins Hotel zurück, logierten aber auf der anderen Seite, wo uns der Verkehr, nicht jedoch die Schweden erspart blieben. Hier quartierten wir uns auch im darauffolgenden Jahr ein.

Bei unseren beiden vorerst letzten Bornholmer Aufenthalten waren wir in einem sehr angenehmen Haus nahe dem Hafen zu Gast, wo überwiegend dänische Stammgäste logierten. Wir entschieden uns für ein Zimmer ohne Meerblick, dafür dem ruhigen Innenhof zugewandt. Wenn wir im Bett lagen, konnten wir die Schornsteine der Nachtfähre nach Kopenhagen sehen, die über das Hoteldach hinaus ragten. Nur in den Morgenstunden war es mit der Ruhe vorbei, wurden wir vom Geschrei der Möwen unsanft geweckt.

Nach einer weiteren Unterbrechung – drei Jahre lang sind wir der Insel fern geblieben – bot sich uns die Gelegenheit, in ein Ferienhaus an der Südküste zu ziehen, das die Rödentaler Freunde ursprünglich mieten wollten, nun aber uns überließen. Hier fühlten wir uns wohler denn je, lebten überwiegend unter Dänen. In den folgenden Jahren bewohnten wir das Haus insgesamt zehnmal. Wir bekamen sogar privaten Kontakt zu den Vermietern, einem dänischen Ehepaar, das uns auch nach Hause einlud, aber dennoch distanziert blieb. Positiv an dem neuen Domizil war nicht nur die gehobene Ausstattung, sondern auch die Lage auf einer Anhöhe mit Blick auf das Meer. Der unterhalb verlaufende kilometerlange feine Sandstrand war nur an den Wochenenden etwas stärker frequentiert. Und das auch nur in der Nähe der Parkplätze.

Die Schönheit der Insel zu beschreiben, ist so, als müsste ein Bild vom Paradies gezeichnet werden. Auf kleinstem Raum begegnet man nahezu allen Schätzen, die die Natur zu bieten hat. Im Norden ragen Klippen und Steilküsten in die Höhe, die ein Bollwerk gegen das unberechenbare Meer bilden. Hier türmen sich Felsbrocken auf, zwischen denen das Wasser hindurchfließt und kleine Tümpel bildet. Im Osten breiten sich kleinere Felsen vor der Küste aus, die, den Schären ähnlich, von den Fluten umspült werden und für Boote ein gefährliches Hindernis darstellen. Im Süden lockt der Strand mit pulverfeinem Sand hinter dicht bewachsenen Dünen, die das Hinterland vor dem Meer schützen. Im Westen sammeln sich Millionen von Steinen am Ufer an – von den Wellen rundgeschliffene Geröllmassen, die in allen möglichen Farben schimmern. Und im Inselinneren blühen Heidelandschaften, halten Urwälder ihren Dornröschenschlaf, bahnen sich Spaltentäler den Weg, träumen kleine Seen und Moore vor sich hin, gedeihen aufgeforstete Wälder und fruchtbare Äcker. Das milde Klima sorgt dafür, dass mediterrane Pflanzen wie Feigen und Maulbeerbäume wachsen können.

Fernab der Küsten gingen wir meist mit gemieteten Fahrrädern auf Erkundungstour, durchstreiften die Insel auf dem gut ausgebauten Radwegenetz in alle Richtungen und quälten uns nicht selten steil ansteigende Berghänge hinauf. Wir machten die Erfahrung, dass der Wind stets von vorn kommt und blieben trotz der guten Bereifung nicht von Pannen verschont. In den Spaltentälern und Urwäldern waren wir zu Fuß unterwegs – auch auf den Küstenpfaden, die früher als Rettungswege bei der Bergung von Schiffbrüchigen benutzt wurden. Gelegentlich mussten wir Weidezäune überwinden und kamen auch schon mal mit Dornen und Brennnesseln in Berührung.

Solange wir uns in Hotels aufhielten, nahmen wir Halbpension in Anspruch. Im Ferienhaus wurde gekocht, nur ab und zu ausgegangen. Wenn, dann kehrten wir am liebsten in einem Gasthof, dem sogenannten Kro, ein. Die gemütlichsten fanden wir in Rønne, Klemensker, Aakirkeby und Bølshavn. In letzterem wurde ein ausgezeichnetes Rindersteak in einer erhitzten gusseisernen Pfanne serviert. Wenn wir ausnahmsweise in Restaurants speisten, entschieden wir uns entweder für das Fleisch- und Salatbüffet oder ein Knoblauchsteak für mich und ein Plankebøf für meine Frau – ein von Kartoffelpüree umhülltes Steak auf einem Buchenholzbrett. Ein Restaurant an der Nordküste bot ein gemischtes Büffet – mit Fleisch für mich und Fisch für meine Frau. Getrunken wurde hauptsächlich dänisches Bier, das meist zu kalt war. Nur selten probierten wir spanischen oder italienischen Rotwein, der wiederum zu teuer war. Am besten schmeckte der Aalborg, ein typisch dänischer Aquavit, bei dem auch das Preis-/Leistungsverhältnis stimmte.

Interessant war das Angebot an Kunsthandwerk, für das sich vor allem meine Frau begeistern konnte. Und wir kauften nicht nur das eine oder andere erschwingliche Stück, sondern sahen den Künstlern über die Schulter: dem Glasbläser, wie er einen Klumpen Rohglas in einen Kelch verwandelte; dem Keramiker, wie er auf der Scheibe eine Schale formte; dem Uhrmacher, wie er eine traditionelle Standuhr fertigte.

Alles, was zu einem Urlaub gehört, setzen sie in die Tat um. Dazu gehört auch die Besichtigung von Sehenswürdigkeiten. Die berühmtesten sind die Rundkirchen, die einst als Wehrkirchen gedacht waren. In ihnen wären die Bürger in der Lage gewesen, ihre Vorräte vor Angreifern zu schützen, das Lager wegen der dicken Mauern zugleich als Kühlraum zu nutzen und sich oberhalb der schmalen Treppen zu verbarrikadieren, um ihre Gegner mit allem Möglichen bombardieren und auf diese Weise vertreiben zu können. Von derartigen Angriffen ist allerdings nichts überliefert. Unter den vier Rundkirchen ragt die Østerlars Kirke – mit den wuchtigen Strebepfeilern an der Außenmauer und dem begehbaren, mit Fresken verzierten Mittelpfeiler im Innenraum – als älteste und größte heraus. Auch die im romanischen Stil errichtete Aakirke in Aakirkeby mit dem gotländischen Taufstein ist äußerst sehenswert.

Imposantestes Bauwerk ist die Burgruine Hammershus, die größte Nordeuropas, von der aus die Insulaner Jahrhunderte lang regiert und ausgebeutet wurden. Auch altes Stadtmilieu hat die Insel reichlich zu bieten – allen voran die Altstadt von Rønne und ganz Svaneke, das komplett unter Denkmalschutz steht. Die kleinen bunt bemalten Häuser mit den Malven im Vorgarten – hier und da mit einem auf die Haustür gerichteten Spiegel vor dem Fenster oder an der Außenwand und in seltenen Fällen noch über Holztreppen erreichbar – eignen sich hervorragend als Fotomotive. Nicht zuletzt begegnet man einer Reihe von Windmühlen, Felszeichnungen, Steinsetzungen, Bauta- und Runensteinen sowie offenen Ganggräbern und zugewachsenen Grabhügeln.

Museen gibt es ebenfalls zuhauf: in Rønne Bornholms Museum – unter anderem mit Goldamuletten aus der Völkerwanderungszeit; "Erichsens Gaard" – ein Fachwerkhaus mit der typischen Einrichtung aus dem 19. Jahrhundert; und das Kastell – ein weißer Rundbau mit Kanonenluken und Schießscharten; in Gudhjem "Melstedgaard" – ein lebendes Landwirtschaftsmuseum; in Rø Bornholms Kunstmuseum, dessen architektonische Gestaltung uns mehr beeindruckte als die ausgestellten Kunstwerke; und in Aakirkeby "NaturBornholm", das die Entwicklungsgeschichte der Insel anschaulich demonstriert.

Immer wieder zieht es ihn in die Häfen, seine Frau in erster Linie in die dort ansässigen Räuchereien, die neben Lachs die "Bornholmer" genannten Heringe frisch geräuchert an den Mann, in diesem Fall an die Frau bringen. Am meisten ist natürlich in den drei großen Häfen los. In Rønne pulsiert das Leben in besonderem Maße. Täglich spülen die großen Fähren Hunderte von Urlaubern an Land. Hin und wieder tauchen Kreuzfahrtschiffe mit Tagestouristen auf, lassen sich Fregatten der dänischen Marine sehen und werden im Frachthafen neben Frachtern die riesigen Containerschiffe abgefertigt. In Tejn kann er den Handwerkern bei der Reparatur der auf dem Trockendock liegenden Fischkutter zusehen. Und in Neksø, dem größten Fischereihafen der Insel, liegen die Kutter so eng beieinander, dass es schon ein Kunststück ist, diese wieder aus dem Hafen heraus zu manövrieren. Zwischendrin ankert das eine oder andere Frachtschiff aus Russland oder den baltischen Staaten – meist längst schrottreif. Auf einer dieser Rostlauben entdecken sie ganze Stapel von Kartons, aus denen unansehnliches Fleisch heraushängt, das vermutlich an irgendwelche Discounter verkauft wird und sie mit Ekel erfüllt. Doch auch die Minihäfen, die kleinere Fischer- und Segelboote aufnehmen, haben ihre Reize. An der Südküste in Snogebæk und Arnager sind sie weit ins Meer hinaus gebaut und nur über eine Brücke erreichbar. An der Nordküste in Allinge, Gudhjem und Svaneke können sie bei schwerem Sturm sogar geschlossen werden.

Bei der Fahrt über die Insel kamen wir dann und wann an kleinen Ständen vorbei – unmittelbar vor der Einfahrt zu einem Hof gelegen, wo wir uns mit Kartoffeln, Zucchini und sonstigem Gemüse eindecken konnten. Ehrlich, wie wir waren, legten wir den ausgewiesenen Betrag in Form von Kronen in einen bereitstehenden Behälter. Das dänische Geld war für die meisten Touristen – nicht nur für uns – ein rotes Tuch. Doch auch manche Einheimische wie unsere Vermieter, die sich häufig im Euro-Raum aufhielten, waren von ihrer Währung nicht gerade begeistert – hatten doch die meisten Mitglieder der EU längst die europäische Einheitswährung übernommen. Und weil die Dänen wohl generell ein Problem mit der Zugehörigkeit zu dieser Organisation haben, fuhren sie zu dieser Zeit als einzige noch mit ihren alten nationalen Nummernschildern durch die Gegend.

Dessen ungeachtet sind sie von Bornholm begeistert. Sie fühlen sich längst heimisch und kennen sich bisweilen sogar besser auf der Insel aus als mancher Einheimische. Nur wenige Dinge sind übriggeblieben, die sie nach und nach noch realisieren. So fahren sie mit dem Schiff zu den Erbseninseln hinüber, unternehmen dort einen Rundgang und besichtigen die Festungsanlagen, die Kasernen und das Christiansø Museum im Kleinen Turm. Sie wagen einen Rundflug über die Insel, den ihm seine Frau zum Geburtstag geschenkt hat – mit einem Blick von oben, den sie so schnell nicht vergessen werden. Sie besuchen eine Aufführung im Rønne Theater und mehrere Konzerte in verschiedenen Kirchen – unter anderem in einer der Rundkirchen. Und sie nehmen sogar an einem Volkstanz in Østermarie und mit dem "Knudsker Marsch" an einer Volkswanderung teil.

Auch allein ist er einmal unterwegs, als seine Frau ihre erste Geburtstagsfeier auf Bornholm vorbereitet und er auf der Trabrennbahn auf Pferde setzt, mit denen er sonst nichts am Hut hat. Als seine Frau ein zweites Mal feiert – diesmal ein rundes Wiegenfest – vergnügen sie sich in einem Restaurant. Bis in den späten Abend hinein sitzen sie mit ihren Gästen zusammen: den fast schon einheimischen Rödentalern, ihren zu Besuch weilenden polnischen Freunden aus Breslau und ihren dänischen Vermietern – zelebrieren in Anlehnung an eine frühere deutsche Fernsehsendung eine Art internationalen Spätschoppen mit vier Paaren aus drei Ländern.

Teil IV

Auf Europas Pfaden

Klassenfahrten nach Zandvoort und zum Luganer See

Nicht nur mit dem Gymnasium, auch mit der Höheren Handelsschule wurden Klassenfahrten unternommen. Bei den Auslandstouren nach Zandvoort und zum Luganer See war ich mit von der Partie. Im holländischen Nordseebad war nur Strandvergnügen angesagt, früh morgens ging es mit dem Bus hin und spät abends wieder zurück.

Anders die Fahrt zum Luganer See. Mit der Bahn geht es von Bochum nach Köln, dann am Rhein entlang bis Basel und von dort weiter bis Luzern. Auf eine Schiffstour über den Vierwaldstätter See folgt erneut eine Bahnfahrt bis Lugano. Per Bus landen sie schließlich in einem Schullandheim in Magliaso. Im Wesentlichen ist eine Woche Erholung am blaugrün schimmernden Wasser des Lago di Lugano angesagt. Dennoch werden zwei Ausflüge organisiert: der eine endet am Grenzübergang Ponte Tresa, der gleichnamigen italienischen Gemeinde, die sich von den kleineren Tessiner Ortschaften kaum unterscheidet, außer dass die Flaggen grün-weiß-rot wehen; der andere führt mit der Drahtseilbahn von Paradiso zur Bergstation auf dem Monte San Salvatore, von dessen Gipfel aus sich eine herrliche Rundsicht auf Lugano und den See, die Berner und Walliser Alpen sowie die Ebene Oberitaliens bietet. Insgesamt betrachtet erleben sie eine schöne Zeit. Nur die Verpflegung im Schullandheim lässt manchmal zu wünschen übrig. In seinem Gedächtnis haften bleibt vor allem das italienische Nationalgericht Polenta, ein aus seiner Sicht wenig schmackhaftes Maisgericht.

Radtour durch Holland und Belgien

Reisen und die Welt erleben wollte ich schon in jungen Jahren. Anfangs – noch ohne Führerschein und eigenen Wagen – diente das Fahrrad als Fortbewegungsmittel. Bei meiner ersten größeren Tour ins Ausland – beginnen wollte ich mit dem benachbarten Holland – begleitete mich der in Aachen studierende Sohn des Ehepaares, das meine Familie jahrelang mit Steinkohle versorgt hatte. Der angehende Diplom-Ingenieur opferte sich gewissermaßen. Denn meine Mutter wollte mich nicht allein fahren lassen, weil ich noch zur Schule ging und minderjährig war. Und der jüngere Bruder war, wie schon erwähnt, an größeren Radtouren nicht interessiert. Holland war mir seit den Einkaufsfahrten nach Winterswijk nicht mehr fremd. Nun wollte ich mehr von diesem Land sehen, das fast vor unserer Haustür lag. Die geplante Strecke sollte – von Nord nach Süd – durch den östlichen Teil der Niederlande verlaufen.

Die erste Etappe von Bochum nach Arnheim verlief durch das nordwestliche Ruhrgebiet und von dort weiter über Wesel und Emmerich. Bei starkem Verkehr und meist gegen den Wind kämpfend, war die Strecke mit rund hundertzwanzig Kilometern nicht nur die längste, sondern auch die strapaziöseste. So waren wir am Ende froh, die Nacht in einer Jugendherberge in Arnheim verbringen zu können.

Am Vormittag des nächsten Tages nahmen wir an einer Besichtigung des sehenswerten Niederländischen Freilichtmuseums teil. Es zeigt zahlreiche, im Original wieder aufgebaute Windmühlen, Handwerksbetriebe, Bauern- und

Fischerhäuser aus allen Teilen des Landes. Der Rundgang durch das riesige Areal war jedoch alles andere als erholsam. Nach zwei Stunden waren die Kreuzschmerzen deutlich zu spüren. Nach kurzer Erholungspause ging es am Nachmittag auf einer wesentlich kürzeren Strecke von knapp zwanzig Kilometern weiter nach Nimwegen. Die treppenförmig bebauten Hänge dieser Stadt erinnern an ein gewaltiges Amphitheater – für das weitgehend flache Land ein eher ungewöhnlicher Anblick. Hier verbrachten wir die nächste Nacht ebenfalls in einer Jugendherberge.

Der dritte Tag führte uns – immer an der Maas entlang – in das etwa neunzig Kilometer entfernte Roermond, dessen bedeutendstes Bauwerk die Munsterkerk ist, eine ehemalige Klosterkirche in einem zwischen Romanik und Gotik angesiedelten Baustil. Die erneute Übernachtung in einer Jugendherberge war insofern kurios, als wir wegen Überfüllung auf den Dielen des Eingangsbereichs zwischen den vollends belegten Garderobenständern schlafen mussten – ein nicht alltägliches Erlebnis.

Die letzte, gut sechzig Kilometer umfassende Etappe endete in Aachen, wo mein Begleiter eine Studentenbude bewohnte. Die viertägige Tour, die sich über beinahe dreihundert Kilometer erstreckte, hatte uns zwar Kraft gekostet, konnte mich aber nach einem Tag Pause nicht davon abhalten, noch eine Zweitagesfahrt durch Belgien mit dem Ziel Brüssel zu unternehmen. Mein Begleiter musste passen, hatte noch einiges an der Uni zu erledigen, bevor das neue Semester begann. So machte ich mich kurzerhand allein auf den Weg.

Über Lüttich, wo der Point de Vue einen herrlichen Blick auf die Stadt und das Maastal bietet, und weiter über St. Truiden schafft er es fast bis Tienen, als er von einem Gewitter überrascht und vom einsetzenden Regen mehr und mehr durchnässt wird. Ihm bleibt keine andere Wahl, als nach rund fünfundachtzig Kilometern umzukehren, um auf kürzestem Weg über Tongeren wenigstens das holländische Maastricht zu erreichen. Das sind immerhin weitere fünfzig Kilometer, die er bei diesem Wetter zurücklegen muss. Bei strömendem Regen – begleitet von Blitz und Donner – tritt er kräftig in die Pedale. In den kleinen, unmittelbar an der Strecke liegenden Ortschaften erhält er von den Hausbewohnern, die vor den Haustüren stehen oder an den geöffneten Fenstern sitzen, reichlich Beifall. Er fühlt sich mit der Zeit wie deren Landsmann Eddy Merckx. Nach zwei Stunden ist er am Ziel, erreicht erschöpft und mit Wasser vollgesogen den Bahnhof von Maastricht. Er kann gerade noch sein Fahrrad aufgeben, ehe ihn der letzte Bus nach Aachen bringt. Den Drahtesel nimmt er am nächsten Tag in Empfang.

Auf der Rückfahrt ließen wir es geruhsamer angehen, hatten keine Lust mehr, stundenlang im Sattel zu sitzen. Also nahmen wir den Zug nach Köln, stiegen dort um und landeten schließlich ausgeruht in Bochum.

Vier-Länder-Busrundfahrt

Bei unserem zweiten Bodensee-Urlaub nutzte ich die Gelegenheit, mit meiner Mutter an einer zweitägigen Vier-Länder-Busrundfahrt teilzunehmen. Der Rest der Familie zog den Verbleib im Feriendomizil vor.

Erstes Ziel war das Fürstentum Liechtenstein – genauer gesagt, dessen Residenz und Regierungssitz Vaduz. Das auffälligste Bauwerk der eher unscheinbaren Stadt ist das hochgelegene Schloss. Beliebt ist der Kleinstaat vor allem bei Steuerflüchtlingen und Briefmarkensammlern. Sonst wird wenig geboten, was eine Reise lohnt.

Weiter geht es in die Schweiz – über Chur und Bellinzona ins umso schönere Tessin. In Locarno am Lago Maggiore und Lugano am gleichnamigen See schlendern sie durch die Altstadt beider Kurorte und genießen das südländische Flair. Außerdem gehören zwei Ausflüge zum Programm: in Locarno mit der Standseilbahn hinauf zur Wallfahrtskirche Madonna del Sasso – mit prächtiger Aussicht auf den Lago Maggiore; von Lugano aus per Boot nach Gandria – einem malerischen Fischerdorf, das sich mit seinen engen Gassen auf einem steilen Felsen über dem See erhebt. Dort speisen sie in einem Lokal, das überwiegend Fisch im Angebot hat, weshalb er sich mit Ravioli begnügt. Übernachten dürfen sie in einer gepflegten Pension in Lugano.

Von dort aus fuhren wir am nächsten Tag nach Italien. Am Comer See entlang ging es – über Cadenabbia, wo Adenauer einst Boccia spielte – nach Dongo, wo wir einen Markt mit meist überteuerten Waren besuchten. Über Chiavenna, Silvaplana und Lenzerheide gelangten wir zurück nach Chur, wo sich der Kreis wieder schloss.

Die letzte Etappe führte nach Österreich. In Bregenz, der Hauptstadt Vorarlbergs, besichtigten wir die aus dem Bodensee ragende Seebühne, deren abendliche Aufführungen allesamt ausverkauft waren. Danach begaben wir uns mit der Schwebebahn auf den Pfänder, wo uns die großartige Aussicht auf die Alpen für den entgangenen Operngenuss entschädigte. Von hier aus war es nicht mehr weit bis zum Ausgangspunkt unserer Reise.

Oslo

Nach Oslo fuhr ich allein, nahm Mutter und Großmutter nur mit, um sie bei der Verwandtschaft in Schleswig-Holstein abzusetzen. Zwischendurch übernachtete ich in einem Hotel in Arhus. Am nächsten Tag landete ich in Frederikshavn, wo ich den Wagen am Hafen parkte und ein Ticket für die Nachtfähre in die Hauptstadt Norwegens löste.

Die Autos derjenigen Passagiere, die ihre fahrbaren Untersätze nach Norden mitnehmen, werden mit einem Kran an Deck gehievt und mit Gurten gesichert. Über Stabilisatoren verfügt die Fähre noch nicht. Eine Stunde später legt das Schiff ab und gleitet, vorerst nur leicht schwankend, aus dem Hafen. An Bord begibt er sich in einen der großen Aufenthaltsräume mit fest verankerten Tischen und Bänken. Die Schlafkabinen sind alle ausgebucht. Er ist nicht der einzige, der die Nacht in diesem Provisorium verbringen muss. Eine Gruppe junger Männer – der Sprache nach Norweger – teilt das Schicksal mit ihm. Der Unterschied ist nur, dass die Nachfahren der Wikinger reichlich besoffen sind. Offenbar haben sie sich in Dänemark, wo das Bier etwas billiger ist als daheim, oder sogar in Deutschland, wo Alkohol noch preiswerter ist, volllaufen lassen. Das dicke Ende folgt erst gegen Mitternacht, als die Fähre mitten im Skagerrak in einen schweren Sturm gerät – mit Windstärke zwölf, wie er später erfährt. Das Schiff wird von den hohen Wellen wie eine Nussschale hin und her geworfen. Die zollfrei mitgenommenen, auf den Tischen stehenden Bierflaschen der weitersaufenden Nordländer fliegen durch die Gegend. Die Männer schwanken der Reihe nach die Stufen hinauf aufs Oberdeck und kotzen über die Reling hinweg ins Meer. Das Drama, das er selbst schadlos übersteht, weil er noch nichts gegessen und keinen Alkohol zu sich genommen hat, hält über zwei Stunden an. Erst allmählich beruhigt sich der Orkan, nehmen die Wellen wieder die anfänglichen Ausmaße an. Zurück bleiben zahllose Bierleichen – kreidebleich im Gesicht und zum Teil auf dem Boden liegend. In den frühen Morgenstunden ist der Spuk vorüber. Die Fähre läuft unbeschadet in den Osloer Hafen ein – vom monumentalen Rathaus begrüßt und dem Heer der Säufer alsbald befreit.

Unrasiert und stark übermüdet – an Schlaf war bei der stürmischen Überfahrt kaum zu denken – schloss ich mich einer Bustour durch die Stadt an. Wenn ich schon hier war – schlaflose Nacht hin oder her – wollte ich wenigstens ein paar Eindrücke mit nach Hause nehmen.

Vom Rathaus ging es zur Karl Johans Gate, der belebten Hauptgeschäftsstraße von Oslo, wo sich rechter Hand Parlament und Domkirche, zur Linken Nationaltheater und Alte Universität befinden. In nordwestlicher Richtung endet die Straße am Königlichen Schloss – umgeben vom weiträumigen Schlosspark. Besichtigt wurden in diesem zentralen Teil nur das Rathaus und die Domkirche. Im Rathaus, dem Wahrzeichen der Stadt, fallen die Fresken an den Wänden, in der Domkirche vor allem die Deckengemälde und Glasfenster auf. Alle diese Kunstwerke sind modernen Ursprungs, beeindrucken aber dennoch.

Weitere Stationen der Rundfahrt – mit genügend Zeit für eine Besichtigung – sind das Munch-Museum im Osten und der Frogner-Park im Nordwesten der Stadt. Im Munch-Museum befinden sich zahlreiche Gemälde des bedeutendsten norwegischen Malers Edvard Munch – unter anderem sein berühmtes Bild "Der Schrei". Der schöne Frogner-Park glänzt mit der großartigen Vigeland-Anlage, einer einmaligen Skulpturen-Sammlung mit einem siebzehn Meter hohen Monolith als Höhepunkt, der hunderteinundzwanzig in sich verschlungene menschliche Körper darstellt.

In der zweiten Nacht folgte die Rückfahrt mit der Fähre, die zum Glück ruhig verlief. So konnte ich auf der unbequemen Bank wenigstens das eine oder andere Nickerchen machen. Die letzte Etappe von Frederikshavn bis zu den Verwandten in Schleswig-Holstein legte ich am nächsten Tag mit dem eigenen Auto zurück. Zuvor musste ich aber auf dem Parkplatz am Hafen noch eine Reifenpanne beheben. Als ich am Ziel eintraf, hatte ich fast ohne Schlaf rund sechshundert Kilometer mit dem Wagen, zwei Überfahrten mit der Fähre und eine Rundfahrt mit dem Bus hinter mir.

Amsterdam

Weniger anstrengend war die Tagesfahrt mit meiner Tübinger Verlobten nach Amsterdam – vom Ruhrgebiet aus keine allzu große Entfernung. Besichtigungen hatten wir nicht eingeplant, nur einen kurzen Rundgang vom Damplatz mit Königlichem Palast und Nieuwe Kerk bis zu den bedeutendsten Grachten der Stadt: Prinsen-, Keizers- und Herengracht.

Abschließend nehmen sie auf einem der Touristenboote mit Glasdach an einer Grachten-Rundfahrt teil, betrachten vom Wasser aus die prächtigen Fassaden der Kaufmannshäuser mit ihren vielfältigen Giebeln und Fenstern ohne Gardinen, die Kastanienbäume an den Uferkanten, die Hausboot-Idylle, die über das Wasser führenden Brücken, die vielen Hunde und Radfahrer, die Blumen- und Heringskarren, die Straßenbahnen mit rot leuchtenden Briefkästen, die originellen Typen wie Drehorgelspieler, Tätowierer und Pantomimen – darunter auch fragwürdige Figuren. Ist doch Amsterdam schon seit Jahren eine Drogenhochburg.

Camping auf der Insel Texel

Während meiner ersten Ehe besuchte ich gemeinsam mit den Eltern und Geschwistern meiner Frau die holländische Insel Texel. Ich erinnere mich noch sehr gut daran, wie wir mit einer kleinen Autofähre von Den Helder aus das Eiland ansteuerten – von unzähligen, knapp unter der Wasseroberfläche treibenden Quallen begleitet. Ungewöhnlich war für mich vor allem das Schlafen auf einer aufgepumpten Luftmatratze in einem relativ kleinen Zelt – auf Rasen, der bei Nacht die Feuchtigkeit regelrecht anzog. Wenn ich in jenen Jahren schon auf Hotels oder Pensionen verzichten musste, dann waren es wenigstens Jugendherbergen oder Schullandheime mit einem festen Dach über dem Kopf. Dafür entschädigte tagsüber der Strand, der nur in der Nähe des Badeortes De Koog stärker frequentiert war. Ein paar hundert Meter weiter ging es bedeutend ruhiger zu. Wir hatten genügend Platz für ein ungestörtes Bad in der Sonne oder im Wasser, wobei ich als Nichtschwimmer es vorzog, mit nackten Füßen durchs Wasser zu waten.

Barcelona

Interessant und abwechslungsreich war im Verlauf meiner ersten Ehe die mehrtägige Autotour mit Bekannten nach Barcelona – auf der Hinfahrt durch die Provence, auf der Rückfahrt über die Côte d'Azur.

Erste Anlaufstelle war Avignon, wo wir auch übernachteten. In der lebendigen Stadt fühlten wir uns wohl und wären gern länger dort geblieben, wenn nicht Barcelona das Ziel gewesen wäre. Die alte, rundum fast vollständig erhaltene und von Zinnen gekrönte Stadtmauer mit ihren zahlreichen Türmen und Toren prägt das äußere Erscheinungsbild ebenso wie der Pont d'Avignon, die nur noch zur Hälfte aus der Rhône ragende mittelalterliche Brücke, die in einem französischen Lied besungen wird. Im Ortsinneren ist der festungsartige gotische Papstpalast das alles beherrschende Bauwerk, das während des Babylonischen Exils und der späteren Kirchenspaltung als Residenz mehrerer Päpste und Gegenpäpste diente. Auf eine Besichtigung der

Innenräume mussten wir allerdings verzichten, weil der Palast geschlossen war.

Von Avignon aus machen sie noch einen Abstecher zum Pont du Gard, einer vor etwa zweitausend Jahren von den Römern errichteten Wasserleitung. Der fast fünfzig Meter hohe Äquadukt besteht aus drei unterschiedlich langen, breiten und hohen Etagen mit über fünfzig Bögen und stellt ein Meisterwerk römischer Baukunst dar. Um das Bauwerk in seiner vollen Größe bestaunen zu können, müssen sie sich auf einem steil ansteigenden Weg bis auf die bewaldete Höhe hinauf quälen, wo ihnen als Entschädigung ein umso grandioserer Blick geboten wird.

Bei der Ankunft in Barcelona gerieten wir in ein regelrechtes Verkehrschaos. Mehrspurig ging es in Richtung Plaza de Cataluña, dem größten und belebtesten Platz der katalanischen Millionen-Metropole, in dessen Nähe wir ein Quartier gebucht hatten. Für die nächsten Tage hatten wir uns ein umfangreiches Programm vorgenommen – eine Mischung aus Flanieren, Besichtigen, Einkehren und Musik hören.

Sichtlich Spaß macht ihnen der Spaziergang über die Ramblas, die immer interessanter werden, je mehr sie sich dem Hafen nähern. Auf dem von Platanen gesäumten Boulevard mit den vielen Vogel-, Blumen- und Zeitungsständen scheint sich ganz Barcelona zu treffen: Männlein wie Weiblein, Junge und Alte, Hell- und Dunkelhäutige, Reiche wie Arme, Geschäftige und Faulenzer, eben die ganze Palette der Gesellschaft. Das Zwitschern der Vögel erweckt den Eindruck, als befände man sich in einem riesigen Vogelhaus, zumal sich auch die in den Platanen sitzenden Sperlinge an dem Konzert beteiligen. Die Vielfalt und Farbenpracht der Blumen lässt nicht nur die Herzen von Gärtnern höher schlagen. Und das Angebot von Zeitungen, Zeitschriften und Büchern verführt nicht nur Bildungshungrige, Informationssüchtige und Leseratten zum hin und her blättern.

Auf dem etwas abseits gelegenen Plaza Real mit den ringsum verlaufenden Arkaden, den über den Innenhof verstreuten Palmen, den schmiedeeisernen Laternen mit den kunstvoll gearbeiteten Kandelabern und dem zentralen Brunnen mit seinem kühlenden Nass ging es wesentlich beschaulicher zu. Hier fühlten wir uns abseits des Trubels in eine andere Welt versetzt. Die hier Ruhe Suchenden verweilten entweder in den Cafés oder Bars, wo sie im Freien einen Kaffee tranken oder einen Drink zu sich nahmen. Oder sie hockten auf dem Brunnenrand – die Hände gelegentlich ins Wasser getaucht oder hier und da ein Schwätzchen haltend.

Der Hafen selbst war damals alles andere als ein Anziehungspunkt. Heruntergekommene Industrieviertel, verschmutztes Meerwasser und ein fragwürdiges Milieu hatten den Ruf des Hafens derart geschädigt, dass sich nur wenige Touristen in diese Gegend verirrten. Einzige Sehenswürdigkeiten an dieser Stelle waren die vor Anker liegende Nachbildung der Karavelle "Santa Maria" und die Kolumbussäule, die den Entdecker Amerikas in gut siebzig Meter Höhe auf einer Halbkugel thronend zeigt.

Sehenswert ist auf jeden Fall die gotische Kathedrale, von der wir geradezu überwältigt waren. Der in der Mitte des dreischiffigen Innenraums befindliche Chor mit seinen

Schnitzereien im flämischen Stil lässt den Raum nicht ganz so groß erscheinen. Insgesamt neunundzwanzig Kapellen sind rundherum angeordnet, reihen sich wie Miniatur-Gotteshäuser aneinander. Beeindruckt waren wir auch vom Kreuzgang, einer Säulenhalle mit Palmengarten und Teich, auf dem seit Jahrhunderten Gänse gehalten wurden.

Einen Höhepunkt erleben sie in der Architektur des Modernisme – insbesondere in den Werken des Katalanen Antonio Gaudí, zu deren bekanntesten der Parque Güell, die Casa Milà und die Sagrada Familia gehören. Der Eingangspavillon im Parque Güell erinnert an ein überdimensionales, aus Lebkuchen bestehendes Hexenhaus. Die als Stützpfeiler dienenden Säulen erscheinen wie Phantasieobjekte aus einem Märchen. Und die gewundene, aus buntem Keramikbruch bestehende und schier endlose Sitzbank wirkt auf den ersten Blick wie ein Irrgarten. Bei der Casa Milà handelt es sich um ein Mietshaus aus organisch schwingenden Formen, das einem Felsen mit rundherum und in mehreren Etagen angelegten Höhlenwohnungen ähnelt. Und die im neukatalanischen Stil errichtete Sagrada Familia, ein monumentaler Kirchenbau mit einer Vielzahl von Türmen in recht eigenwilligem Stil, lässt sich am ehesten mit einer Ansammlung von Orgelpfeifen vergleichen. An dem unvollendeten Bauwerk werden die Kunsthandwerker noch viele Jahre arbeiten müssen.

Was die Gastronomie betrifft, legten wir uns auf drei Varianten fest, die nicht nur mit unterschiedlichen Gerichten aufwarteten, sondern auch ein jeweils anderes Ambiente boten. In den Altstadtgassen des Barrio Gótico verzehrten wir meist nur Tapas, um den Hunger zwischendurch zu stillen. In den kleinen Hafenrestaurants im Stadtteil

Barceloneta kehrten einige von uns ein, wenn sie Appetit auf Fisch hatten, was mich als Fischallergiker von einem Besuch abhielt.

Die landestypische Küche genießen sie im "Los Caracoles", einem Gourmettempel, der nicht nur in Spanien, sondern in ganz Europa berühmt ist. Hier sitzt der Chef gleich vorn am Eingang, begrüßt die Gäste, die auf verschiedenen Ebenen Platz nehmen können, persönlich und wacht mit Argusaugen darüber, dass sie bestens bedient werden. Vorweg probieren sie eine Gazpacho – eine Kaltschale aus Wasser, Essig und Öl, mit Brot, Gurken, Tomaten, Zwiebeln und Knoblauch. Als Hauptgang wählen sie Spargel oder Kaninchen mit Knoblauchsoße oder Paella – für ihn natürlich ohne Fisch. Das Essen wird geradezu zelebriert, so dass sie viel Zeit mitbringen müssen. Vor lauter Begeisterung sind sie hier mehrmals zu Gast. Später werden sie noch lange von diesen Abenden schwärmen.

Auf keinen Fall wollten wir die uns empfohlenen Konzerte mit lateinamerikanischer Musik versäumen. Die Gruppen, die in kleinen, Amphitheatern ähnlichen Sälen auftraten, spielten hauptsächlich Gitarre und sangen dazu. Die Veranstaltungen waren meist ausverkauft, die Stimmung des Publikums gut, die Musik mit ihren feurigen Rhythmen ansteckend. Gespielt wurde oft bis Mitternacht. Es gab viel Beifall und manche Zugabe. Anschließend landeten wir noch in einer Bodega.

Einen Stierkampf will er sich nicht entgehen lassen, auch wenn er kein Freund derartiger Tierquälereien ist. Er zieht allein los, fährt mit der Metro zur Arena Monumental. Er kann einen guten Platz ergattern und macht gleich vom ersten Kampf Filmaufnahmen mit seiner Super-8-Kamera. Die Capeadores in ihrer grellfarbigen Kleidung reizen zunächst den Stier, der dann wütend auf die berittenen Picadores losgeht, ehe diese ihre Pike in seinen Nacken bohren. Sobald seine Kraft nachlässt, wird er von den Banderilleros malträtiert – mit Stäben, die mit Widerhaken versehen sind. Stecken im Nacken des Tieres drei Paare dieser Banderillas, kommt der Matador zum Einsatz. Anfangs reizt er sein Opfer mit dem roten Tuch. Dann versetzt er ihm mit dem Degen den Todesstoß – in diesem Kampf eine auf Anhieb gelungene Aktion. Der Stier sackt zusammen, fällt um und wird aus der Arena geschleift. Die Menge tobt förmlich.

Er hat alle wichtigen Phasen gefilmt. Von dem schaurigen Spektakel hat er genug, will aber wenigstens den Anfang des nächsten Kampfes miterleben – in der Hoffnung, dass diesmal der Stier der Sieger ist, wenn er auch letzten Endes nicht mit dem Leben davonkommt. Und tatsächlich: die Capeadores und die Picadores haben noch Glück. Doch den Matador erwischt es. Mit voller Wucht wird er auf die Hörner genommen und durch die Luft gewirbelt. Ausgerechnet diese Szene kann er nicht mehr auf Zelluloid bannen. Sein Filmmaterial ist verbraucht. Und weiteres hat er nicht mitgenommen. Verärgert verlässt er die Arena, bekommt aber noch mit, wie der Stier durch die Capeadores von seinem Opfer abgelenkt wird. Der Matador indes wird schwer verletzt hinausgetragen.

Von Barcelona aus unternahmen wir noch zwei Tagesausflüge: nach Sitges, in das Seebad an der Costa Dorada, wo am feinen Sandstrand Baden und Sonnen angesagt war, und zum Kloster Montserrat.

Majestätisch ragen die rund tausend Kegel und Türme des mehrere Kilometer langen und über tausendzweihundert Meter hohen Gebirgszuges aus Kalkkonglomeraten in die Höhe. Der wuchtige Felsklotz wirkt in der Tat wie ein gesägter Berg, wie Montserrat übersetzt heißt. Das Gebilde aus aneinandergefügten, fingerähnlichen Felsbrocken erscheint aus der Ferne wie die Befestigungsanlage einer gewaltigen Burg. Der bizarr anmutende Bergstock verändert ständig seine Farbe – je nachdem, ob die Felswand von der Sonne angestrahlt oder von vorüberziehenden Wolken in den Schatten gedrängt wird. Ein faszinierender Anblick für jeden Besucher, den auch er so bald nicht vergessen kann.

Das in das Felsmassiv hinein gebaute Kloster beeindruckte uns eigentlich nur wegen der phantastischen Lage. Ansonsten ist noch erwähnenswert, dass im Innern der Basilika, die einen düsteren Eindruck hinterließ, über dem Hochaltar die Schwarze Madonna, eine vom Kerzenrauch geschwärzte Muttergottes thront, die man ohne den Kerzenschein kaum erkennen konnte.

Auf der Rückfahrt machen sie zunächst in Marseille, der ältesten und zweitgrößten Stadt Frankreichs mit dem bedeutendsten Hafen des Landes, Station. In einem der vielen Lokale essen einige die berühmte Bouillabaisse, auf die er natürlich verzichtet. Später setzen sie mit einem Ausflugsboot zum Château d'If über. Sie schlendern durch die von Alexandre Dumas dem Älteren in seinem Roman "Der Graf von Monte Christo" literarisch verewigte Festung und blicken vom Felsen hinab aufs Meer und hinüber zur Stadt mit der hochgelegenen Kirche Notre-Dame-de-la-Garde, dem Wahrzeichen der Hafenmetropole.

Weiter ging es über Cannes und Nizza nach Monaco. Erst vergnügten wir uns auf den Promenaden der beiden Seebäder. Dann bestaunten wir am Hafen des Fürstentums die vor Anker liegenden Jachten. Auf der letzten Etappe unserer Reise übernachteten wir schließlich noch einmal in der Nähe von Lyon.

Salzburg und Innsbruck

Meine Leidenschaft für Städtetouren hatte sich auch während der zweiten Ehe nicht gelegt. Mit Salzburg und Innsbruck wurden weitere europäische Städte von internationalem Rang in Angriff genommen.

In der Stadt an der Salzach beschränkten wir uns auf eine Besichtigung von Dom und Festung Hohensalzburg. Dennoch versäumten wir nicht, einen Blick auf das Alte Rathaus mit den umliegenden Bürgerhäusern, auf Mozarts Geburtshaus, auf den weiten Residenzplatz mit dem größten und schönsten Barockbrunnen außerhalb Italiens und auf den Alten Markt zu werfen.

Beim Betreten des Doms staunen sie über die gewaltigen Ausmaße. Es überrascht sie nicht, dass hier zehntausend Menschen Platz finden. Bedeutendstes Inventar ist das romanisch-gotische Taufbecken, in dem unter anderen Mozart getauft wurde. Sehenswert ist außerdem die Krypta.

Zur malerischen Festung Hohensalzburg, deren Grundsteinlegung bereits im elften Jahrhundert stattfand, benutzen sie die Festungsbahn.

Durch mehrere Sperrbögen hindurch gelangen sie in den Haupthof. Bei einer Burgführung sehen sie sich die teils prächtig ausgestatteten, teils gruselig wirkenden Innenräume an. Beeindruckend ist der Blick von hier oben.

Wieder zurück in der Altstadt, genossen wir die Idylle in der Getreidegasse, passierten die von Arkaden geschmückten Durchhäuser und schönen Innenhöfe und bewunderten die schmiedeeisernen Geschäfts- und Wirtshausschilder.

Das im Inntal gelegene Innsbruck gefällt ihnen allein schon wegen seiner Lage zu Füßen des Karwendelgebirges. Manches ist schön anzuschauen: die schmalen Häuserfronten mit ihren Portalen und Erkern – vor allem die Herzog-Friedrich-Straße mit ihren Laubengängen; das berühmte Goldene Dachl, einst Herrschaftsbalkon zum Stadt- und Turnierplatz hin; und die spätgotische Hofkirche mit dem Grabmal Andreas Hofers und dem des Kaisers Maximilian I. Letzteres gilt als die bedeutendste deutsche Renaissanceplastik und besteht aus einem Marmorsarkophag und achtundzwanzig überlebensgroßen Bronzestandbildern als Totengeleit. Ins Auge fallen auch die nach mehreren Erdbeben im 17. Jahrhundert an vielen Gebäuden angebrachten Stützpfeiler.

Flugreise nach London

Zur Hauptstadt Großbritanniens kann so viel vorweg gesagt werden: Essen und Trinken ließen zu wünschen übrig, wenn man von den Steakhäusern einmal absah. Das Wetter war für britische Verhältnisse akzeptabel. Die Sehenswürdigkeiten hielten, was sie versprachen. Und vieles, was typisch Englisch ist, war nicht nur original, sondern bisweilen auch originell. Hervorzuheben sind die bequemen Fahrten mit der U-Bahn "Underground", die über ein weit verzweigtes Netz verfügt.

Vom Hotel "Strand", wo wir untergebracht waren, machten wir uns auf den Weg zum Trafalgar Square mit der Nelson-Säule. Aufgestellt wurde sie zu Ehren des Admirals, der die französisch-spanische Flotte in der Schlacht bei Trafalgar besiegt hatte. Weiter ging es – an den berittenen Horse Guards vorbei – erst zur Downing Street zehn, dem unscheinbaren Sitz des Premierministers mit einem Bobby davor, und dann zum Regierungsviertel. Wir bezogen auf der Westminster Bridge Stellung und nahmen The Houses of Parliament mit Big Ben ins Visier. Der riesige Palast, an dessen Stelle das Parlament seit über siebenhundert Jahren tagt, verfügt über tausendeinhundert Räume. Der dumpfe Schlag der dreizehn Tonnen schweren Glocke ist in aller Welt bekannt. Abschließend besuchten wir noch die hinter dem Parlament liegende Westminster Abbey, Krönungskirche der englischen Könige seit fast tausend Jahren, in der diese bis vor zweihundertfünfzig Jahren auch bestattet wurden – unter anderen Elisabeth I. und Maria Stuart.

Am nächsten Tag wohnen sie der Wachablösung vor dem Buckingham Palace bei. Der mit rotem Rock und schwarzer Bärenfellmütze bekleidete Wachposten verharrt regungslos vor dem Wachhäuschen, setzt sich plötzlich im Gleichschritt in Bewegung, bleibt nach einigen Metern stehen, tritt mehrfach auf der Stelle, macht kehrt, marschiert zum Ausgangspunkt zurück, tritt erneut ein paar Mal auf der Stelle und nimmt die ursprüngliche Haltung ein. Dieses Szenarium wiederholt sich in bestimmten Zeitabständen. Dann erscheint eine spielende Kapelle auf dem Vorhof des Palastes, gefolgt von weiteren Rotröcken mit Bärenfellmütze. Sobald der Zug zum Stillstand gekommen ist, verstummen die Instrumente. Ein stramm stehender Soldat hält jetzt dem Kapellmeister ein Notenheft vors Gesicht. Letzterer gibt das Zeichen zum Einsatz. Die Kapelle beginnt von neuem zu musizieren. Den Austausch des Wachpostens bekommen sie gar nicht mit. Erst nachdem die Ablösung vollzogen ist, sehen sie, wie sich der alte Posten entfernt und der neue Stellung bezieht. Am Ende der Zeremonie schweigen die Instrumente erneut. Die Rotröcke stellen sich jetzt in Reih und Glied auf. Die Kapelle spielt ein letztes Mal. Dann setzt sich der gesamte Tross in Bewegung und begibt sich auf den Rückweg. Sie sind nicht die einzigen, die dieses Spektakel verfolgt haben. Ganze Scharen von Schaulustigen sind vor dem Palast erschienen, haben die Inszenierung aufmerksam beobachtet und auf Zelluloid festgehalten.

Auf unserer nächsten Besichtigungstour spazierten wir über die Fleet Street, das Zentrum der britischen Presse, zur St. Paul's Cathedral mit der mächtigen, über London thronenden Kuppel. Drinnen beim Blick in die Höhe wurden uns die gigantischen Ausmaße der Kathedrale erst so richtig bewusst. In der Krypta befindet sich übrigens neben anderen Gräbern das von Admiral Nelson. Durch die moderne City und das Bankenviertel mit der Bank of England, in der Großbritanniens Goldreserven gehortet werden, zogen wir weiter zum Tower. Die von Wilhelm dem Eroberer gebaute Festung mit ihren Mauern und Türmen diente bis vor etwa vierhundert Jahren den englischen Königen und Königinnen als Palast – manchen von ihnen und unzähligen Untertanen aber auch als Kerker oder gar als Schafott. Auf eine Besichtigung der hier aufbewahrten Kronjuwelen verzichteten wir wegen des starken Andrangs. Übrigens werden in dem alten Gemäuer sechs Raben gehalten, die der Legende nach den Ort nicht verlassen dürfen, weil sonst der in der Mitte des Burghofes stehende White Tower einzustürzen droht. Von Londons Festung aus machten wir noch einen Abstecher zur Tower Bridge mit ihren zwei mächtigen Türmen und den beiden verglasten Stegen dazwischen, wo wir eine Weile den regen Schiffsverkehr auf der Themse beobachteten.

Am vorletzten Tag schlendern sie über den Patticoat Lane Market – weltberühmter Sonntagsmarkt mit einem Sammelsurium von Waren und Typen. An den Ständen wird um Klamotten, Modeschmuck, Geschirr und dergleichen gefeilscht. Die Marktschreier sind laut und schwer zu verstehen, wirken nicht immer Vertrauen erweckend und sind bisweilen originell gekleidet, wobei der eine oder andere auch mit nacktem Oberkörper auftritt. Die Besucher schieben sich förmlich zwischen den Ständen hindurch: Weiße aus aller Herren Länder, Schwarze, Inder mit Turban, Juden mit Kippa, Chinesen und andere Ost- und Südostasiaten. Hier und da zwängt sich ein Bobby durch die dicht gedrängte Menge.

Nicht verzichten wollten wir zum Abschluss auf eine Besichtigung des Wachsfigurenkabinetts von Madame Tussaud, einen Bummel durch das Kaufhaus "Harrods" und einen Besuch von Speaker's Corner am Rande des Hyde Parks. Bei Madame Tussaud bestaunten wir die lebensecht aussehenden Figuren: die königliche Familie, das britische Kabinett, Staatsmänner aus aller Welt, berüchtigte Kriminelle, Prominente aus Kultur und Sport sowie historische Persönlichkeiten. Im Harrods sahen wir uns auf allen Etagen um, betrachteten das vielfältige und qualitativ gute Warenangebot und erfuhren, dass auch die Königin hier einkaufte. Und an Speaker's Corner lauschten wir den kaum zu verstehenden Reden der ideologisch oder religiös motivierten Weltverbesserer, die meist Menschentrauben um sich scharrten, gelegentlich aber nur für sich selbst zu reden schienen.

In London erleben sie eine Gesellschaft, die in der Moderne und in der Historie gleichermaßen verankert ist. Beobachten können sie dies an bestimmten Plätzen, in einzelnen Vierteln und an touristischen Anziehungspunkten – so am Trafalgar Square, am Piccadilly Circus, in Soho, in der City, in Lincoln's Inn, am Buckingham Palace, bei den Horse Guards und im Tower. An den drei erstgenannten Standorten erleben sie die Gegenwart: Leute beim Tauben füttern, spielende Kinder, Liebespaare, Hippies, Obdachlose, auf Streife befindliche Bobbys, Stepptänzer, Straßenmusiker, Pflastermaler und andere Typen. An den übrigen Stellen begegnen sie eher der Vergangenheit: Geschäftsleuten mit Schirm und Melone; Anwälten mit Perücke; Wachposten mit rotem Rock und schwarzer Bärenfellmütze; Reitern mit ebenfalls rotem Rock, goldfarbenem Helm und Säbel; Aufsehern in schwarzen, mit roten Streifen bestickten Gewändern. Auch sonst ist manches charakteristisch für London, vieles sogar typisch britisch: die roten Telefonzellen; das Fahren auf der linken Straßenseite; die schwarzen Taxen mit der Koffernische neben dem Fahrer; die roten Doppeldecker mit offenem Heckeinstieg und dort befindlicher Treppe; das Schlange stehen an Bushaltestellen; das Teetrinken; die Pubs, in denen das Bier meist im Stehen und mit Hut auf dem Kopf getrunken wird; das Bier, das überwiegend säuerlich schmeckt, lauwarm ist und ohne Schaum gezapft wird; und nicht zuletzt die größtenteils Männern vorbehaltenen Clubs, in die sie nicht hinein dürfen.

Flugreise nach Rom

In Rom war alles ganz anders. Die auf sieben Hügeln gegründete Stadt am Tiber verwöhnte mit schmackhafter italienischer Küche, bot Sonnenschein pur und glänzte mit zum Teil zweitausend Jahre alten römischen Bauten. Ihre Bewohner wirkten nicht so steif, zeigten sich von einer lockeren Seite und vermittelten typisch südländisches Flair. Nur das Frühstück im Hotel ließ zu wünschen übrig, so dass wir es vorzogen, Brötchen und Kaffee in einer Bar zu uns zu nehmen. Die Fahrten mit überfüllten Bussen und die inflatorisch anmutenden Lire waren ein weiteres Manko, das uns immer wieder vor Probleme stellte.

Was die bei Einheimischen und Fremden, bei jung und alt beliebtesten Plätze betrifft, beschränken sie sich auf die schönsten und zugleich bekanntesten. Auch die bevorzugten Einkaufsstraßen lassen sie sich nicht entgehen. Vom Hotel in der Nähe des Parks Villa Borghese gehen sie zunächst zur Spanischen Treppe mit dem prallen Leben, setzen sich auf die Stufen und beobachten das Treiben um sie herum: die elegant gekleideten Römer und Römerinnen; die meist sofort zu erkennenden Touristen; die Händler, die neben anderen

Waren geröstete Maronen frisch vom Grill anbieten; die Künstler mit ihren ausgestellten Bildern. Von dort ziehen sie weiter zum Barockbrunnen Fontana di Trevi, wo sie später, kurz vor ihrer Abreise, nach alter Sitte eine Münze ins Wasser werfen, um sich eine Rückkehr in die Ewige Stadt zu sichern. Sie staunen über den Skulpturenreichtum, verfolgen das aus dem Felsgestein sprudelnde Quellwasser, mustern die auf dem Brunnenrand sitzenden Leute und sehen den mit den Händen aufs Wasser patschenden Kindern zu. Anschließend nutzen sie die Gelegenheit für einen Bummel auf den nahe gelegenen Einkaufsstraßen. Sie schlendern über die Via del Condotti mit den vornehmsten Läden der Stadt, ferner über Via del Tritone, Via Vittorio Veneto und Via Nazionale. Was sie überrascht, ist der Kontrast zwischen dem stilvollen Ambiente der Geschäfte und den meist renovierungsbedürftigen Häuserfassaden.

Hauptattraktion für uns – und sicher nicht nur für uns – waren die alten Bauten aus der Römerzeit: Säule des Marc Aurel, Pantheon, Engelsburg, Forum Romanum, Kolosseum, Triumphbogen des Konstantin, Caracalla-Thermen und Aurelianische Mauer, ferner die aus Rom hinausführende Straße Via Appia Antica und die Katakomben.

Die Reliefdarstellungen der fast dreißig Meter hohen Säule des Marc Aurel mit dessen Kämpfen gegen germanische Stämme sind die wohl ältesten Bilddokumente zur deutschen Geschichte. Das nicht weit davon entfernte Pantheon mit einer von Säulen getragenen offenen Vorhalle – ein gewaltiger Rundbau ohne Pfeiler und Fenster, der nur durch ein Loch in der Kuppelmitte erhellt wird und als das am besten erhaltene Gebäude des antiken Rom gilt – verfügte ursprünglich über Götterbilder, die in den sieben Hauptnischen aufgestellt waren. Im

Gegensatz zu dieser Kultstätte war die einen Kilometer weiter nordwestlich gelegene, festungsartige Engelsburg für etwas anderes bestimmt: im Mittelalter durch einen Gang mit dem Vatikan verbunden, diente sie anfangs als Mausoleum der römischen Kaiser von Hadrian bis Caracalla, später als Zufluchtsstätte für die Päpste.

Die nächste Etappe ist dem Zentrum des Alten Rom gewidmet und findet ihren Anfang auf dem Kapitolsplatz. Von dort aus bietet sich ein herrlicher Rundblick über das Forum Romanum, das leider geschlossen, aber aus der Höhe sehr gut einsehbar ist. Bei der Betrachtung der aus Mauer-, Säulen- und Skulpturenresten bestehenden Ruinen kann man nur erahnen, wie die Prachtbauten einst ausgesehen haben müssen. Anders dagegen das Kolosseum und der Triumphbogen des Konstantin, die beide noch bestens erhalten sind. Letzterer wurde zu Ehren des Kaisers Konstantin errichtet und besticht vor allem durch den beim Bau verwendeten weißen Marmor. Das auf dem Grundriss einer Ellipse errichtete Kolosseum konnte fast fünfzigtausend Menschen aufnehmen, besitzt vier Stockwerke und ermöglicht heute sogar einen Blick in die unterirdischen Räume und Gänge, wo sich einst Hebevorrichtungen, Umkleidekabinen für die Gladiatoren und Käfige für die wilden Tiere befanden. Die riesige Arena beweist, dass die Massen schon damals das Vergnügen suchten und sich dabei nicht minder an perversen Spielen erfreuen konnten.

Der letzte Abschnitt führt sie an den Stadtrand. Die riesigen Caracalla-Thermen konnten an die tausendsechshundert Badegäste gleichzeitig aufnehmen. Die optimale Wassertemperatur wurde morgens mit Glockengeläut angekündigt. Der Eintritt war für jeden erschwinglich. Die in der Nähe befindliche Aurelianische Mauer – noch an vielen Stellen rund um die Stadt vorhanden – erstreckt sich mit ihren Türmen und Toren über etwa zwanzig Kilometer. Sie sollte vor feindlichen Angriffen schützen. Jetzt wird die Strecke zunehmend interessanter. Auf der Via Appia Antica, die einst bis zum Mittelmeer führte, nehmen sie sich Zeit für eine größere Wanderung. Sie wollen einen prägenden Eindruck von der in der Antike bedeutsamen Straße gewinnen. Charakteristisch sind die am Wegesrand liegenden Gräberreihen der einfachen Leute, ebenso die prächtigen Grabmäler der reichen Römer, die hier draußen angelegt wurden, weil Bestattungen innerhalb der Stadtmauern verboten waren. Den Schlusspunkt bilden die Katakomben, die unterirdischen Begräbnisstätten der frühen Christen. Die Anlagen bestehen aus unzähligen schmalen Gängen mit in die Wände eingelassenen, übereinander angeordneten Längsnischen zur Aufnahme der Leichen. Die Nischen wurden mit Marmor- oder Terrakottatafeln verschlossen. Viele von ihnen sind noch vorhanden. Manche Gräberfelder sind sogar in bis zu fünf Stockwerken untergebracht. Hier unten begegnet ihnen überall der Tod.

In Verbindung mit dem Vatikan besuchten wir nur den Petersplatz und die Peterskirche. Das Oval des Petersplatzes wird von halbkreisförmig angelegten Kolonnaden eingerahmt, deren Balustraden mit hundertvierzig Heiligenstatuen geschmückt sind. In der Mitte steht der von Kaiser Caligula aus Ägypten nach Rom gebrachte Obelisk, den Kaiser Neros Christenverfolgung schließlich zur Märtyrerstätte machte. Wir waren überrascht, dass die Schweizergarde mit ihren malerischen, von Michelangelo entworfenen Uniformen auf dem Platz Wache hielt, zahlreiche hohe Würdenträger der Katholischen Kirche ihre liturgischen Gewänder überstreiften und immer mehr Menschen den Platz füllten. Beim Betreten der Peterskirche über die große Freitreppe wussten wir, warum dies alles geschah. Papst Paul VI. hielt eine Dankesrede anlässlich der aus aller Welt überbrachten Glückwünsche zu seinem Geburtstag. Noch konnten wir uns ein wenig im größten Gotteshaus der Christenheit umsehen. Vor allem von Michelangelos berühmter Pietà waren wir fasziniert. Aber auch dessen Kuppel, unter der Berninis Bronzebaldachin mit dem Hochaltar steht, beeindruckte uns.

Die Kirche ist inzwischen restlos gefüllt. Der Papst, in vollem Ornat und auf einem Thron sitzend, wird auf den Schultern von ein paar Männern durch das Hauptschiff getragen. Er winkt immer wieder den Gläubigen zu, die "Viva il Papa" rufen, Beifall klatschen und für ein wahres Blitzlichtgewitter sorgen. Vor dem Hochaltar wird er abgesetzt und hält seine Messe, von der sie natürlich kein Wort verstehen. Am Ende des Gottesdienstes vollzieht sich das gleiche Ritual – nur auf umgekehrtem Weg. Der Papst wird wieder hinausgetragen – von Rufen und Beifallsstürmen begleitet und von allen Seiten fotografiert. Das ganze Spektakel erinnert mehr an eine kulturelle Veranstaltung als an ein weihevolles Ereignis.

Paris

Auch Paris hat seine persönliche Note: Die Auswahl aus Küche und Keller mochte gut sein, erschien uns allerdings zu teuer und zu abgehoben. Das Wetter war hin und wieder bewölkt, aber warm und trocken. Die Sehenswürdigkeiten machten Lust auf mehr – trotz des Andrangs, der an manchen Stellen herrschte. Seltsam war nur, dass Franzosen – oft schon am Baguette unter dem Arm zu erkennen – nicht Deutsch sprechen wollten, selbst wenn sie der Sprache mächtig waren. In angenehmer Erinnerung blieben das Frühstück im französischen Bett in einem Hotel nahe dem Ostbahnhof und das ausgezeichnete Netz der Métro. Unangenehm waren die nicht enden wollenden, mehrspurigen Autokolonnen, die ein Überqueren der Straßen fast unmöglich machten.

Für eine erste Orientierung soll am Ankunftstag ein Rundblick vom Eiffelturm sorgen. Für den Aufstieg wählen sie zunächst den Weg zu Fuß. Sie klettern rund dreihundertfünfzig Stufen hinauf bis zur ersten Etage und legen auf der in fast sechzig Metern Höhe gelegenen Plattform eine längere Pause ein. Dann fahren sie mit dem Lift in die zweite Etage, verharren auch dort einige Zeit, umrunden schließlich die Plattform in rund hundertfünfzehn Metern Höhe und genießen das Panorama. Beim Blick von West nach Ost – am Nordufer der Seine entlang – erkennen sie das Palais de Chaillot, den Arc de Triomphe, die Champs-Elysées, den Place de la Concorde, das Opernhaus, Sacré-Cœur, die Gartenanlage der Tuilerien, den Louvre, die Conciergerie und die Kathedrale Notre-Dame. Am Südufer sind der Invalidendom, die Sorbonne, der Luxembourg-Garten, das Panthéon und unterhalb des Eiffelturms das Marsfeld zu sehen. Sie lassen sich genügend Zeit und vergewissern sich ein ums andere Mal, wo die einen Besuch werten Stätten liegen. Dann nehmen sie die nach unten führenden Aufzüge und verlassen die gigantische Eisenkonstruktion.

Am nächsten Tag stand eine Besichtigung des Louvre auf dem Programm. In diesem größten Palast der Erde interessierte uns das berühmte Museum: zum einen mit den antiken Werken der Ägypter, Griechen und Römer, von denen der hockende Schreiber, die Friesplatte vom Parthenon, die Venus von Milo und die Nike von Samothrake herausragen; zum anderen mit den Gemälden großer italienischer, flämischer, holländischer, deutscher, spanischer, französischer und englischer Meister, als deren berühmtestes die Mona Lisa von Leonardo da Vinci gilt. Die Venus von Milo hatte es schon Heinrich Heine angetan, der, bereits schwerkrank, vor ihr Tränen vergoss, weil sie ihm angesichts ihrer fehlenden Arme nicht helfen konnte. Gar nicht so weit von ihr entfernt ruht er auf dem Montmartre-Friedhof.

Nach dem Rundgang durch den Louvre, der ihm mit zunehmender Zeit Rückenschmerzen beschert, tut der anschließende Spaziergang über die Champs-Elysées gut. Gleich hinter dem Museum gelangen sie in die schöne Gartenanlage der Tuilerien – einst Lustgarten der französischen Könige und vom Place de la Concorde durch schmiedeeiserne Gitter getrennt. Hier erholen sich die Pariser von der Hektik des Tages, ruhen sich einfach nur aus oder spielen Boule, ein beliebtes Kugelspiel. Weiter geht es zum Place de la Concorde, dem wohl größten Platz der Welt mit dem mehr als zwanzig Meter hohen, zweihundertdreißig Tonnen schweren und über dreitausend Jahre alten Obelisk von Luxor – zur Zeit der Französischen Revolution Standort der Guillotine. Zu den vielen Menschen, die an dieser Stelle hingerichtet wurden, zählen Ludwig XVI., Marie-Antoinette, Madame Dubarry und Robespierre. Endlich gelangen sie auf die Champs-Elysées, die fast zwei Kilometer lange Pracht- und Flaniermeile. Der Treffpunkt des mondänen Paris wird nur im südöstlichen Teil bis zum Rondell von Parkanlagen flankiert. Dort liegt etwas abseits der Elysée-Palast, der Sitz des französischen Staatspräsidenten. Ganz in der Nähe starb übrigens Heinrich Heine. Im nordwestlichen Teil der Avenue bis zum Arc de Triomphe reihen sich auf beiden Seiten neben Firmenpalästen Hotels und Restaurants, Kinos und Luxusgeschäfte aneinander. Hier zu bummeln ist in der Tat ein Vergnügen. Den abschließenden Höhepunkt – inmitten eines sternförmigen Platzes gelegen – bildet der Arc de Triomphe, der gewaltigste Triumphbogen der Welt, der die Siege Napoleons I. verherrlichen sollte. Die gewaltigen Ausmaße dieses französischen Nationaldenkmals versetzen jeden Betrachter in ungläubiges Staunen.

Am Abend zogen wir nach Montmartre hinauf. Dort suchten wir das berühmte Künstlerviertel am Place du Tertre und das Amüsierviertel rund um den Place Pigalle auf. Die Zahl derer, die diese Gegend aufsuchten, war überschaubar. Der Place du Tertre wirkte mit den alten Häusern, den typischen Künstlern und den relativ wenigen Besuchern sogar wie ein romantischer Marktflecken. Hier wurde unter Bäumen gegessen und getrunken, während Straßenmusiker spielten und sangen. Hier war die Lebenslust des alten Montmartre noch spürbar. Anders hingegen der Place Pigalle, dessen Amüsierlokale von meterhoher Striptease-Reklame geprägt waren, von denen wir uns aber fernhielten. Auch in das Moulin Rouge am Place Blanche trauten wir uns nicht hinein. Stattdessen erklommen wir die zur Sacré-Cœur hinauf führenden Stufen, bestaunten das an eine romanisch-byzantinische Kirche erinnernde Bauwerk, hockten uns auf die Treppe und warfen einen Blick auf die zu Füßen liegende Stadt.

Am letzten Tag vor der Abreise begaben wir uns auf die Seine-Insel "Ile de la Cité", den ältesten Teil von Paris.

Dort besichtigten wir zunächst die Kathedrale Notre-Dame. An der Vorderfront beeindruckt die schöne Fassade mit den beiden unvollendeten Türmen, den drei Portalen am Sockel, der aus achtundzwanzig Statuen bestehenden Galerie der Könige in der Mitte und der großen Fensterrose darüber. Um die Kirche herum fallen vor allem die Strebebögen auf. Vom Innenraum aus lassen sich die über dem Hauptportal und in den Querschiffen angebrachten Rosetten am besten überblicken. Hier kann die Pracht der Glasfarben am deutlichsten wahrgenommen werden. Außerdem sind im Inneren noch die Chorschranken sehenswert.

Danach besuchen sie die Conciergerie, den durch die Französische Revolution bekannt gewordenen Kerker. Hier verbrachten neben anderen Gefangenen Marie-Antoinette und Robespierre die letzten Tage ihres Lebens. Sie betrachten die einzelnen Räume, von denen einige noch aus der Zeit stammen, als der Hausmeister des Königspalastes den Bau bewohnte: den Saal der Garde, in dem sich das Wachpersonal aufhielt; den Saal des bewaffneten Gesindes, der als Speiseraum für die königliche Dienerschaft genutzt wurde; die Palastküche mit ihren riesigen Feuerstellen samt Kaminen; den düsteren Gang, in dem die mittellosen Häftlinge liegen mussten; die Kerkertür, durch die alle Todeskandidaten zur Hinrichtungsstätte geführt wurden; den finsteren Raum, in dem sich der Henker seiner Opfer annahm; die Galerie des Prisonniers, wo sich die Kerker der reichen Häftlinge öffneten; die Zellen von Marie-Antoinette und Robespierre; die Kapelle der Girondisten mit dem Fallbeil der Guillotine; und den Cour des Femmes, wo sich die gefangenen Frauen tagsüber zurecht machen konnten. Alles in allem sorgt dieser Rundgang für ein beklemmendes Gefühl.

Wir verließen die Seine-Insel und wandten uns dem Quartier Latin zu. Wir gingen erst zur Sorbonne, der Pariser Universität, wo keine Studenten zu sehen waren. Dann besuchten wir das nahe gelegene Panthéon, das als Kirche gebaut und später in eine Ehrenhalle für große Franzosen umgewandelt worden war. In der Krypta ruhen rund sechzig berühmte Persönlichkeiten – unter anderen Voltaire, Jean-Jacques Rousseau und Victor Hugo.

Zum Schluss machten wir uns auf den Weg zum Invalidendom. Unter der Kuppel fand Napoleon I. seine letzte Ruhestätte, nachdem seine sterblichen Überreste von St. Helena nach Paris gebracht worden waren. In der vom Kirchenschiff aus sichtbaren Krypta steht der aus rotem finnischen Porphyr gehauene Sarkophag auf einem Sockel aus grünem Granit. In einer Nische befindet sich eine Statue, die den Kaiser im Krönungsornat darstellt – ergänzt um Säbel, Hut und Orden. Dass die Besucher beim Anblick seiner Gruft über die Brüstung nach unten schauen, sich quasi vor ihm verbeugen müssen, wäre sicher ganz in seinem Sinne gewesen.

Am Abend nehmen sie Abschied von Paris, fahren mit dem Ausflugsboot ab Pont de l'Alma die Seine entlang und genießen die Illumination an den Ufern des Flusses: die angestrahlten Bauwerke wie Eiffelturm, Invalidendom, Louvre, Conciergerie und Notre-Dame, die sie während ihres Aufenthalts näher kennengelernt haben, sowie den erleuchteten Place de la Concorde. Sie finden es romantisch, unter den Brücken hindurch zu gleiten und dem einen oder anderen Schiff zu begegnen. Und sie sind froh, vom Verkehr auf den Straßen verschont zu bleiben. Nur die Abreise stimmt sie traurig.

Flugreise nach Budapest

Die Hauptstadt Ungarns ist wie Wien in Bezirke aufgeteilt – allerdings in einen weniger als die österreichische Metropole, also in zweiundzwanzig. Ein besonderes Merkmal dieser Stadt sind die vielen Heilbäder wie Kaiserbad, Gellértbad und Lukasbad, um nur einige zu nennen, womit sie der einzige Kurort unter den Hauptstädten weltweit ist. Und noch etwas unterscheidet sie bzw. das ganze Land von den sozialistischen Bruderländern: der praktizierte Gulaschkommunismus, der ungeahnte Einkaufsmöglichkeiten bietet und dafür sorgt, dass die Regale in den Geschäften gut gefüllt sind. Wir machten persönlich davon Gebrauch, kauften Gänseleberpastete und Tokajer als Mitbringsel. Es bereitete uns auch Freude, im Café "Hungaria" einzukehren – dem letzten noch erhaltenen typischen Budapester Kaffeehaus, dessen Einrichtung an die alten Wiener Kaffeehäuser der Jahrhundertwende erinnert.

Die Stadt darf sich wohl rühmen, über Sehenswürdigkeiten zu verfügen, die im krassen Gegensatz zu denen anderer Metropolen stehen. Hierzu gehört die neoromanisch gestaltete Fischerbastei auf dem Budaer Berg mit ihren weißen Mauern, Türmen und Arkaden – verspielt, ja fast märchenhaft wirkend, weder Burg noch Schloss, mit einem herrlichen Ausblick auf die Donau und die Pester Stadtbezirke. Hierzu zählt auch das im neugotischen Stil erbaute und von einer

Neorenaissance-Kuppel gekrönte Parlament, das mit über zweihundert Zimmern und Sälen dem Houses of Parliament kaum nachsteht, obwohl Großbritanniens Einwohnerzahl das Fünffache Ungarns erreicht. Und nicht zuletzt muss hier die U-Bahn erwähnt werden — die erste auf dem europäischen Kontinent, deren Züge noch mit den ursprünglichen Wagen verkehren. Mit nur knapp vier Kilometer Länge verfügt sie allerdings nur über einen Bruchteil des Londoner Netzes, das vierzigmal so groß ist.

Sehenswert sind zwei Kirchen: die Matthiaskirche auf dem Burghügel, in der zahlreiche ungarische Könige gekrönt wurden, und die Stephansbasilika in Pest, die mit einer fast hundert Meter hohen Kuppel die größte Kirche der Stadt ist. Interessant sind außerdem: die Burg – eigentlich ein Barockpalast mit Museen; die Kettenbrücke, das dreihundertachtzig Meter lange und fast sechzehn Meter breite Wahrzeichen, an dessen achtundvierzig Meter hohen Brückentürmen die Ketten aufgehängt sind; das Széchenyi-Bad, ein kuppelgekrönter Bau mit Glasmosaiken in der großen Halle und siebzig Grad heißem Heilwasser aus einem zwölfhundertfünfzig Meter tiefen Brunnen; das Stadtwäldchen mit dem Heldenplatz, dessen imposantes Millenniumsdenkmal von Bronzestandbildern ungarischer Herrscher und Nationalhelden beherrscht wird; und die Margaretheninsel inmitten der Donau, auf der sich die beliebtesten Erholungsstätten der Budapester befinden.

Der Jahreswechsel steht bevor. Sie haben in einem typisch ungarischen Lokal auf dem Budaer Berg noch einen Platz ergattern können. Im Fahrstuhl des nahe gelegenen Hotels erklingt die Melodie "Spiel mir das Lied vom Tod". Ein paar deutsche Touristen, die mit ihnen in die Empfangshalle hinunterfahren, haben sich fein herausgeputzt, um am großen Silvesterball teilzunehmen. Sie selbst haben etwas Besseres vor, werden sich nach nur wenigen Schritten einer Feier mit Ungarn anschließen.

Sie betreten den gemütlichen Raum und werden an einen freien Platz geleitet. Fortan sitzen sie mitten unter Einheimischen. Kein Tourist ist weit und breit zu sehen, kein Landsmann – nur Fremde mit einer noch fremderen Sprache. Und doch fühlen sie sich wohl. Nach und nach werden die einzelnen Gänge gereicht: echte Bohnensuppe auf ungarische Art, Zigeunerbraten und Palatschinken. Im Anschluss an das Menü steht Tanzen auf dem Programm – wohl eine Leidenschaft der Magyaren. Ausgerechnet seiner Frau und ihm, der lieber den Tennisschläger als das Tanzbein schwingt, bleibt der Eröffnungstanz vorbehalten – begleitet von einem Mann am Klavier. Zum Glück füllt sich die Tanzfläche allmählich, so dass sie hin und wieder Platz nehmen und eine Verschnaufpause einlegen können.

Kurz vor Mitternacht startet der Count-down. Punkt null Uhr ist es soweit, wird mit Sekt auf das neue Jahr angestoßen. Dann erleben sie noch eine Überraschung: nach Landessitte wird ein Ferkel herumgereicht – ein Glücksschwein, das jeder streicheln muss. Jetzt kann eigentlich nichts mehr schiefgehen. Gegen ein Uhr verabschieden sie sich von der netten Gesellschaft, bedanken sich für den wunderschönen Abend und denken mit Grausen daran, wie ihre Landsleute wohl ins neue Jahr gerutscht sind.

Kopenhagen, Oslo und Insel Rømø

Nach der Rückkehr aus dem verregneten Wangerooge entschlossen wir uns spontan, den geographischen Vorteil für eine Reise nach Skandinavien zu nutzen. Erste Station war Kopenhagen, das wir über die Vogelfluglinie Puttgarden – Rødby erreichten. Hier schien zu unserer Überraschung die Sonne, was der getrübten Stimmung gut tat. Und ein bezahlbares Hotelzimmer fanden wir schließlich auch noch. Viel Bargeld besaßen wir zwar nicht mehr, aber immerhin rettete uns die Kreditkarte.

Als erstes besteigen sie im Rathaus mit der Weltzeituhr von Jens Olsen den hundertfünf Meter hohen Turm und genießen den Blick auf die am Øresund liegende Hauptstadt Dänemarks. Dann nehmen sie sich die Schlösser vor, von denen jedes mit einer anderen Aufgabe betraut ist: Christiansborg, weltweit einziger Repräsentationsbau, der die höchsten Vertreter von Exekutive, Legislative und Judikative unter einem Dach vereint, ist das politische Zentrum; Amalienborg, Stadtresidenz der dänischen Königsfamilie, wo sie zufällig der Wachablösung beiwohnen, die mit weniger Tamtam als in London über die Bühne geht, dient zugleich als Amtssitz des Staatsoberhaupts; Rosenborg schließlich, dessen Gemäuer mit den Kronjuwelen und Reichsinsignien sie besichtigen können, was ihnen im Londoner Tower verwehrt geblieben war, gilt quasi als die Schatzkammer des Landes.

Interessant fanden wir außerdem die Börse, einen Renaissancebau mit Freitreppe und eigenartig gewundenem Turm; die Marmorkirche mit einer vierundachtzig Meter hohen Kuppel und Standbildern von Männern der Bibel- und Kirchengeschichte; den Runden Turm mit einem über zweihundert Meter langen Wendelgang, der über keine Stufen verfügt; und natürlich das Kastell, eine Zitadelle mit schönen Festungsportalen, Wachhäusern und einer Kirche.

Am Wasser, wovon die Stadt genug hat, erlebten wir Nyhavn mit seinen altertümlichen Giebelhäusern und der typischen Hafenatmosphäre, wozu Kneipen, Bars und Tätowierstuben beitragen; und nicht zuletzt die kleine Meerjungfrau, das Wahrzeichen Kopenhagens, die auf einem Felsen mitten im Wasser sitzt – geschaffen nach einem Märchenmotiv von Hans Christian Andersen.

Natürlich bummelten wir auch über den mehr als einen Kilometer langen Strøget, die erste Fußgängerzone der Welt, mit hier und da im Souterrain befindlichen Geschäften, Pølser-Buden und Smørrebrød-Läden. Und überall beggnete uns die dänische Krone: an Briefkästen, auf Polizeiuniformen, auf Logos der Hoflieferanten wie der Brauerei Carlsberg und auf sämtlichen Münzen – unter anderen dem mit einem Loch versehenen Fünfundzwanzig-Øre-Stück.

Ein besonderes Vergnügen bereitet ihnen der nächtliche Besuch im Tivoli. Hier zieht ein Sammelsurium aus Schießbuden, Karussells und anderen dem Amüsement dienenden Einrichtungen die zahllosen Besucher an; laden Tanzflächen zu Foxtrott, Tango und dergleichen ein; kann man bei einem Konzert zuhören oder bei Pantomime und Artistik zuschauen. Für das leibliche Wohl ist auch gesorgt. Restaurants und Cafés sind auf dem riesigen Gelände reichlich vorhanden. Überall leuchtet es in allen möglichen Farben, blinken vereinzelt kleine Lampen, spiegeln sich die Lichter des Chinesischen Turms im Wasser des künstlich angelegten Sees. Ab und zu dringt Musik in den einen oder anderen Winkel des Parks, hallen Schüsse mit einem Luftgewehr durch die Nacht, ist ein lautes Gelächter vernehmbar. Nur das Stimmengewirr der Besucherschar will kein Ende nehmen.

Am nächsten Tag verabschiedeten wir uns von Kopenhagen. Mit der Autofähre überquerten wir den Øresund von Helsingør nach Helsingborg und fuhren, nach einem kurzen Halt in Göteborg, weiter nach Oslo. In der am Oslofjord gelegenen norwegischen Hauptstadt war das Wetter geradezu traumhaft. Hier wurden wir endgültig für unseren Reinfall auf Wangerooge entschädigt. Im Gegensatz zu Kopenhagen war sogar das Hotel mindestens noch eine Kategorie besser.

Ich zeigte meiner Frau die interessanten Plätze der Stadt, die ich bei meiner abenteuerlichen Fahrt als Junggeselle bereits kennengelernt hatte. Doch auch die übrigen Highlights wollten wir uns nicht entgehen lassen. So erklommen wir die über dem Oslofjord liegende Festung Akershus, mit deren Bau bereits im 13. Jahrhundert begonnen worden war. Und wir besuchten per Bahn den Holmenkollen, die berühmte Sprungschanze, wo wir den Aufzug im Sprungturm nahmen, meine Frau aber in Höhe des Schanzentisches von der Höhenangst befallen wurde, so dass wir gleich wieder hinunter fuhren.

Die größten Sehenswürdigkeiten, die in den auf der Halbinsel Bygdøy gelegenen Museen zu bewundern sind, heben sie sich bis zuletzt auf: die drei Wikingerschiffe aus dem 9. Jahrhundert, die in drei großen Häuptlingsgräbern gefunden wurden, wo sie für die letzte Reise ins Totenreich bestimmt waren; das Polarschiff "Fram", mit dem Fridtjof Nansen im Nordpolarmeer unterwegs war; das aus Balsaholz bestehende Floß "Kon-Tiki", mit dem Thor Heyerdahl von Peru aus zu den ostpolynesischen Inseln segelte; sowie das Papyrusboot Ra II, mit dem letzterer den Atlantik bezwang.

Im Künstlerrestaurant "Blom" ließen wir uns einen Rentierbraten schmecken. Inmitten der bevölkerten Grünanlagen der Karl Johans Gate genossen wir zwei milde Mittsommernächte, in denen die Sonne nur für ein paar Stunden verschwand. Und wir erfreuten uns an den zahlreichen Wasserspielen, die sich auf das gesamte Stadtgebiet verteilten: kleine Wasserfälle, deren kühles Nass stufenförmig von Ebene zu Ebene oder im freien Fall herabstürzte, sowie Brunnen, die mit sprudelnden Quellen, rotierenden Düsen oder aufsteigenden Fontänen aufwarteten.

Auf der Rückfahrt nahmen wir die Nachtfähre von Oslo nach Frederikshavn, konnten sogar noch ein Ticket mit Kabine ergattern. Am nächsten Morgen fuhren wir über Ålborg, Århus, Esbjerg und einen fünf Kilometer langen Damm auf die Insel Rømø, wo wir uns angesichts des anhaltend schönen Wetters noch ein paar Tage erholen wollten.

Nun waren wir doch wieder an der Nordsee gelandet – nach den Inselbesuchen in den Niederlanden und in Deutschland diesmal in Dänemark. Und wir hatten Glück, in der Saison noch eine freie Ferienwohnung zu einem akzeptablen Preis zu finden. Meistens suchten wir den Strand an der Westküste auf, legten uns in den Sand oder gingen ins Wasser – ich als Nichtschwimmer nur bis zur Hüfte. Manchmal zogen wir durch die Heidelandschaft an der Ostküste – das gegenüber liegende Festland und bei Ebbe das Watt vor Augen. Und gelegentlich sahen wir uns im Inselinnern um, besuchten zum Beispiel den Friedhof mit Grabsteinen von Walfängerkapitänen aus dem 17./18. Jahrhundert. So erlebten wir doch noch einen schönen Urlaub – von den unnötigen Ausgaben auf Wangerooge einmal abgesehen.

Urlaub in Zoutelande

Rømø hatte uns noch einmal mit der Nordsee versöhnt, weshalb wir dem Vorschlag von Coburger Bekannten, sie in den holländischen Badeort Zoutelande zu begleiten, positiv gegenüberstanden. Über das Ruhrgebiet, wo wir die Tochter abholten, ging es über Eindhoven und Breda weiter auf die Insel Walcheren, an deren Südstrand sich das besagte Nordseebad befindet. Das Wetter spielte mit. Nur der Ort hatte wenig zu bieten. So blieb uns tagsüber nur das Strandvergnügen, während wir am Abend alle zusammensaßen und uns dem Genuss von Genever hingaben.

Ein Ausflug nach Middelburg, dem Hauptort der Inselprovinz Seeland, sollte wenigstens für Abwechslung sorgen. Einerseits gab es einiges zu sehen – so zum Beispiel das spätgotische Rathaus und die alten Schützenhäuser. Andererseits war hier eine größere Auswahl an Gastronomie vorhanden. Am Nachmittag probierten wir die vielerorts angebotenen poffertjes – eine Art kleiner Pfannkuchen.

Abends kehrten wir in einem indonesischen Restaurant ein, das wie viele andere ein Relikt der niederländischen Kolonialzeit war. Dort ließen wir uns eine Reistafel schmecken, was angesichts der nicht überwältigenden holländischen Küche ein angenehmes Erlebnis war.

Rotterdam, Delft und Den Haag

Bei einem Tagesausflug nach Den Haag müssen sie zunächst den Rotterdamer Hafen umfahren – den größten Hafen Europas. An den nicht enden wollenden Kais passieren sie die Lösch- und Ladeeinrichtungen für über dreihundert Schiffe auf einer Länge von insgesamt fünfundzwanzig Kilometern. Dabei begegnen sie fast zweihundert bereitliegenden Schleppern, rund vierhundert hoch aufragenden Kai- und knapp achtzig Schwimmkränen sowie einer Reihe von Schiffswerften mit zusammen mehr als dreißig Docks. An die zweihundertfünfzig Reedereien und Schifffahrtsgesellschaften sollen in diesem größten Ölhafen der Welt registriert sein. Die Frachter, Tanker, Containerschiffe und Binnenkähne sind so zahlreich vertreten, dass vom Wasser in den Hafenbecken nur wenig zu sehen ist. Die Seeschiffe wirken zudem derart riesig, dass ihre Besatzungen, aber auch das Hafenpersonal kaum zu erkennen sind und falls ja, allenfalls einem Heer von Ameisen gleichen.

Delft, unsere nächste Station, ist ein romantisches Städtchen. Wir erfreuten uns an den sehenswerten alten Häusern und den malerischen Grachten, die den Eindruck eines lebenden Museums hinterließen. Daran änderte auch der im Vergleich zur engen Bebauung eher großzügig angelegte Markt mit der gotischen Nieuwe Kerk und dem Renaissance-Rathaus nichts. Auf keinen Fall wollten wir versäumen, wenigstens eine der begehrten blauen Kacheln, der Delfter Fayencen, zu erwerben. Schließlich gelang uns dies zu einem erstaunlich günstigen Preis.

In Den Haag begegnen sie einem ganz anderen Stadtbild. Das Zentrum rund um den Schlossweiher verdankt seinen Zauber den kleinen Wohnpalästen und vor allem dem vielen Grün: den Gärten, den Alleen, den Parks und weiter außerhalb den Wäldern. Übrigens bieten die Niederlande eine wohl einmalige Konstellation: die Hauptstadt ist Amsterdam, die königliche Familie residiert in Soestdijk und Den Haag, das als früheres Jagdrevier auch 's-Gravenhage genannt wird, stellt den Sitz der Regierung und des Parlaments. Die beiden Kammern sind im siebenhundert Jahre alten Binnenhof untergebracht. Prunkstück des Gebäudekomplexes ist die gotische Ritterhalle aus dem 11./12. Jahrhundert, in der Staatsempfänge gegeben und die Sitzungsperioden des Parlaments durch die Königin eröffnet werden.

Ein Abstecher führte uns nach Scheveningen, dem ältesten, größten und mondänsten Seebad der Niederlande. Ein breiter Boulevard – mit dem unter Denkmalschutz stehenden Kurhaus, Luxushotels, eleganten Geschäften und Restaurants der gehobenen Kategorie – säumt den Strand, auf dem sich Massen von Besuchern teils im Sand liegend, teils im Meer badend tummeln.

Das auffälligste Bauwerk ist die mächtige Seebrücke – rund dreihundertachtzig Meter lang und zwölf Meter breit. Sie müssen schon ein paar Minuten zu Fuß zurücklegen, um das Ende der Brücke zu erreichen. Von dort aus können sie auf drei künstlich angelegte Inseln gelangen: eine mit gastronomischen Einrichtungen, was das Speisen über der Nordsee vor allem für die Fischesser zu einem besonderen Erlebnis werden lässt; eine zweite mit einer ringförmig angelegten Plattform, die Platz für etwa sechzig Angler bietet; und eine dritte mit einem Kinderspielplatz. Als besondere Attraktion gilt der über vierzig Meter hohe Aussichtsturm mit außen liegender Wendeltreppe, der gleichermaßen eine hervorragende Sicht auf das offene Meer wie auf den belebten Strand und den nicht minder frequentierten Boulevard ermöglicht. Leider nimmt der Andrang auf der Seebrücke just im Augenblick ihres Rückzugs beängstigende Ausmaße an, so dass sie auf den Planken nur mühsam vorankommen.

Auf der Rückfahrt nach Zoutelande kamen wir an zahllosen Windmühlen, dem bekanntesten Wahrzeichen der Niederlande, vorbei. Früher dienten sie nicht nur als Getreide-, Öl- und Sägemühlen, sondern auch der Entwässerung bei der Landgewinnung. Heute sind die meisten dieser Mühlen nicht mehr in Betrieb. Ganze dreihundert sind bei Bedarf noch im Einsatz. Was die Bautypen betrifft, findet man die Bockwindmühlen, bei denen die Mühle selbst in die günstigste Richtung gedreht wird, im südlichen Teil des Landes eher selten, während die Turmwindmühlen, bei denen lediglich die Dachkappe bewegt wird, um so häufiger vorkommen.

Belgien und Luxemburg

Auf der Heimfahrt von Zoutelande wählten wir einmal nicht den direkten Weg nach Hause, sondern nahmen in Vlissingen die Autofähre und ab Breskens den Umweg über Brügge, das sein mittelalterliches Stadtbild bewahrt hat. Bei den besonders hervorzuhebenden Bauwerken handelt es sich um die sogenannten Hallen aus dem 13./14. Jahrhundert mit dem über achtzig Meter hohen Belfried, das gotische Rathaus, die ehemalige Stadtkanzlei und die zweistöckige Heiligblutkapelle.

Ab dem Stadtkanal nehmen sie an einer fünfundvierzigminütigen Kanalrundfahrt teil, die vom Wasser aus einzigartige Ausblicke auf die Stadt bietet. Was den Unterschied gegenüber den Amsterdamer Grachten ausmacht, ist zum einen der üppige Bewuchs an beiden Ufern der Wasserstraße, der die Fahrrinne regelrecht überspannt und so in eine Allee verwandelt, zum anderen die mit Efeu bedeckten Fassaden der alten Häuser, die dadurch noch romantischer wirken.

Nächste Station auf unserer Heimreise war Antwerpen, die belgische Hafenstadt an der Schelde. Die Kathedrale, die größte gotische Kirche des Landes, beherbergt weltberühmte Meisterwerke von Rubens wie die "Aufrichtung des Kreuzes", die "Kreuzabnahme" und die "Himmelfahrt Mariä". Erwähnenswert sind außerdem das im Stil der italienischen Renaissance erbaute Rathaus und die ehemaligen Zunfthäuser wie das der Küfer, Zimmerleute, Gewandschneider, Krämer und Schützen. Die den Diamantenhandel dominierenden Juden – die größte in Europa ansässige jüdische Gemeinde – leben in einem eigenen Viertel, von der übrigen Bevölkerung weitgehend abgeschottet.

Von Antwerpen ging es weiter nach Brüssel. In der sogenannten Hauptstadt Europas liegen Historie und Moderne dicht beieinander. In der aus Unter- und Oberstadt bestehenden belgischen Metropole, die von den im Land getrennt lebenden Flamen und Wallonen gleichermaßen bewohnt wird, begegnet man der Vergangenheit vor allem auf dem mittelalterlichen Marktplatz. Mit seinen prächtigen Gebäuden – einer Mischung aus Gotik und Barock – wie dem Rathaus mit seinem hoch aufragenden Turm und den Zunfthäusern mit den malerischen Giebeln, strahlt der Platz den Glanz alter Zeiten aus. Das Königliche Schloss – mit seinen Wachen davor und dem großzügigen Park gegenüber – wirkt hingegen eher majestätisch. Und mit dem Manneken Pis hat die Stadt gar eine Kuriosität zu bieten.

Wie anders sieht es doch auf dem Boden der Neuen Welt aus. Das hundertundzwei Meter hohe Atomium, Symbol des Atomzeitalters, stellt die 165-milliardenfache Vergrößerung einer Eisen-Kristall-Struktur dar. Die in der Sonne glitzernden, durch Röhren miteinander verbundenen Kugeln sind zum Teil begehbar – in der Mittelachse mit einem Fahrstuhl, sonst durch Rolltreppen erreichbar. Sie nehmen die Gelegenheit eines Aufstiegs war, um das Innere der Kugeln zu betrachten. Von der obersten Kugel aus, die als Aussichtsplattform dient, bietet sich ein großartiger Rundblick.

Erwähnenswert ist noch das von moderner Architektur geprägte Viertel mit den Gebäuden der Europäischen Union – allen voran das Berlaymont-Gebäude, ein kreuzförmiges Hochhaus, das im Gegensatz zum Atomium aber einen weniger spektakulären Eindruck hinterlässt. In diesem Haus hat die Europäische Kommission ihren Sitz.

Bis nach Luxemburg dauerte es etwas länger, ehe wir das Großherzogtum und eine gute halbe Stunde später dessen gleichnamige Hauptstadt erreichten.

Die neben Brüssel und Straßburg dritte Europa-Stadt gleicht einer einzigen Festung, weshalb sie einst das Gibraltar des Nordens genannt wurde. Auf der einen Seite prägen über hundert Brücken das Stadtbild – Viadukte droben, Stege drunten, die über den Tälern von Alzette und Petrusse schweben. Auf der anderen Seite sind es die Felsen mit den Bock- und Petrussekasematten, die Sehenswürdigkeiten wie die Kathedrale und das Großherzogliche Palais ins zweite Glied rücken. Einen Rundgang durch eine der Kasematten lassen sie sich nicht entgehen. Sie durchqueren das unterirdische Labyrinth, legen Hunderte von Metern in den endlos langen Gängen zurück und werfen hier und da, wo sich die Felsen öffnen, einen Blick auf die ungewöhnliche Stadt.

Busfahrt nach Südtirol

Zum unvergesslichen Erlebnis wurde eine Busfahrt mit den Coburger Wirtschaftsjunioren nach Südtirol, wo wir in St. Magdalena im Villnößtal untergebracht waren. Das abwechslungsreiche Programm war an sich schon die Reise wert, zumal die an den Abenden genossene Küche eine Offenbarung war. In Klausen probierten wir Südtiroler

Bauernspeck, von dem wir einige Kostproben nach Hause mitnahmen. In Bozen bummelten wir durch die alten Gassen – vor allem durch die dreihundert Meter lange Laubengasse mit den durch Arkaden geschützten Läden. In Oberbozen, das wir nach einer Fahrt mit der Schwebebahn auf den Ritten erreichten, nahmen wir beim Törggelen an einer Weinprobe mit Brotzeit teil. Und in der Nähe von Lengmoos erlebten wir die schönsten noch auffindbaren Erdpyramiden, die sich aus verwitterndem Moränenschutt der Eiszeit gebildet hatten. Zurückgeblieben sind Türme aus kegelförmig aufgeschüttetem Lehm, deren Umgebung weggeschwemmt wurde, während die Pyramiden selbst – mit Hilfe eines meist noch obenauf liegenden Decksteins – die Kräfte der jahrtausendelangen Erosion überlebt haben. Der absolute Höhepunkt stand uns aber noch bevor.

Mit dem Vater von Reinhold Messner starten sie zu einer Bergwanderung auf die Geislerspitzen. Das Wetter ist ideal – Anfang Oktober für Gebirgstouren ohnehin ein günstiger Zeitpunkt. Die Sonne scheint. Das Blau des Himmels liefert den passenden Hintergrund zur hoch aufragenden Bergkette. Nur vereinzelt sind ein paar Wolken zu sehen, die wie Wattefetzen am Firmament schweben. Hier und da liegen Schneereste auf den Felsspitzen. Der erfahrene Bergführer geht voran – nicht zu schnell, aber auch nicht zu langsam. Auf die Gleichmäßigkeit der Schritte kommt es an, wie er sagt. Und auf die Einteilung der Kräfte, damit nicht schon nach wenigen Metern die Luft wegbleibt. Es geht stetig bergan – auf schmalen Pfaden und immer darauf bedacht, sich keinen Fehltritt zu leisten, der mit zunehmender Höhe böse Folgen haben kann. Nach rund zwei Stunden haben sie ihr Ziel erreicht: ein Plateau unterhalb des steilen Gipfels.

Hier können sie endlich eine Rast einlegen, den grandiosen Blick auf die Bergwelt und die unter ihnen liegenden Täler genießen und auf einer noch mit Schnee bedeckten Bergwiese das mitgenommene Lunchpaket plündern, um sich zu stärken. Nach gut einer halben Stunde treten sie den Rückweg an. Der Abstieg beginnt, nimmt natürlich weniger Zeit in Anspruch – wenn auch die Gefahr, auf dem Geröll auszurutschen, keineswegs unterschätzt werden darf. Am Ende haben sie es geschafft, kommen unversehrt am Ausgangspunkt ihrer Bergtour an. Sie sind stolz darauf, den Giganten bezwungen zu haben und um eine weitere großartige Erfahrung reicher zu sein.

Flugreise nach Griechenland

Je älter ich wurde, desto mehr interessierten mich die alten Kulturen. Schon in der Schule fand ich im Geschichtsunterricht Gefallen an den alten Ägyptern, Römern und Griechen – unabhängig davon, ob ich mit einem Lehrer in diesem Fach Probleme hatte oder nicht. Ich denke hier nur an den Alt-Nazi am Abendgymnasium. Auf Reisen hatte ich inzwischen reichlich Gelegenheit gehabt, mich in Kairo, Gizeh und Hannover mit dem Alten Ägypten oder an diversen anderen Standorten mit der römischen Geschichte auseinanderzusetzen: am Pont du Gard, in der Saalburg und am Limes im Taunus, im Römisch-Germanischen Museum in Köln, in Trier und ganz besonders in Rom. Nun waren die Griechen an der Reihe. Mit dem Flugzeug ging es zunächst nach Athen, dann weiter mit dem Bus über die Peloponnes und das griechische Festland wieder zurück nach Athen. Von dort erreichten wir – nochmals auf dem Luftweg – die Insel Skiathos.

Die Rundfahrt über die Peloponnes begann mit einem Paukenschlag. Der Fahrer bekam eine Nierenkolik und musste von einem zufällig der Reisegruppe angehörenden Arzt behandelt werden. Zum Glück konnte ihm geholfen werden, so dass er bis zum Ende der Tour durchhielt. Das war für die Reisegesellschaft ein großer Vorteil: war doch sowohl der Fahrer als auch Georgios, der Reiseleiter, das Geld in jeder Hinsicht wert. Der Mann am Steuer fuhr souverän. Er ging kein Risiko ein und meisterte selbst die schwierigsten Situationen. Und Georgios konnte viel erzählen: über die griechische Mythologie, die noch erhaltenen Schätze der Antike und das Leben der Menschen von einst und heute. Zudem hatte er einen guten Riecher für die typischen Lokale, in denen man noch in die Küche gehen und die Speisen wie besehen auswählen konnte: den Makkaroniauflauf "Pastitio", Rindfleisch mit dicken weißen Bohnen oder gegrilltes Lammfleisch.

Von Athen aus ging es zunächst über den Kanal von Korinth. Mit gut sechs Kilometer Länge, nur dreiundzwanzig Meter Breite und einer Tiefe von acht Metern verkürzt er den Seeweg von der Adria nach Piräus um satte dreihundertfünfundzwanzig Kilometer. Die Wasserstraße ist allerdings nur für Schiffe mittlerer Größe geeignet.

Erster Halt war Alt-Korinth, das weitgehend einem Trümmerfeld gleicht. Kräftige Erdbeben haben nur wenig übriggelassen, wie zum Beispiel die erstaunlich gut erhaltenen West-Läden und das Untere Quellhaus der Peirene mit sechs noch vorhandenen Schöpfbecken. Von den ursprünglich achtunddreißig dorischen Säulen des Apollontempels – jede aus einem einzigen Kalksteinblock hergestellt – wurden sieben wieder aufgerichtet, um sich wenigstens ansatzweise vorstellen zu können, wie das Heiligtum einmal ausgesehen hat. Der über zweihundertfünfzig Meter lange und fast hundertdreißig Meter breite Marktplatz Agorá stammt hingegen von den Römern, die sich damals in allen möglichen Winkeln der bekannten Welt breitgemacht hatten. Zu erkennen sind hier noch die Fundamente einer Rednertribüne.

Erster Höhepunkt ist Epidauros, das weltberühmte, aus dem 4. Jahrhundert stammende und am besten erhaltene Theater Griechenlands. Auf den Plätzen von fünfundfünfzig steil ansteigenden Sitzreihen aus Kalkstein können sich fünfzehntausend Zuschauer niederlassen. Der Chor bewegte sich einst in der kreisrunden Orchestra von zwanzig Metern Durchmesser. Die oberste Sitzreihe befindet sich zweiundzwanzig Meter über ihr und ist fast sechzig Meter von ihr entfernt.

Um die hervorragende Akustik testen zu können, nimmt die Gruppe in der letzten Reihe Platz. Georgios lässt als erstes eine Münze fallen, deren Klang nach dem Aufschlagen auch ganz oben noch zu hören ist. Dann flüstert er leise ein paar Worte vor sich hin, die trotz Höhe und Entfernung zu verstehen sind. Und selbst das vorsichtige Zusammenknüllen von einem Stück Papier wird bei diesem Abstand noch wahrgenommen. Beeindruckt von dieser Demonstration verlassen sie das im Halbrund angelegte antike Theater.

Schon bald erreichten wir Mykene mit dem gigantischen Schatzhaus des Atreus, einem sechs Meter dicken Mauerring, dem berühmten Löwentor, den Königsgräbern, den Resten des Königspalastes und einer unterirdischen Zisterne.

Hoch interessant ist das Schatzhaus des Atreus, bei dem es sich um ein Kuppelgrab handelt. Ein fünfunddreißig Meter langer und sechs Meter breiter Gang führt zunächst zum riesigen Eingangstor. Durch einen weiteren nur fünf Meter langen Gang gelangt man in den bienenkorbartig gewölbten Innenraum mit über dreizehn Meter Höhe in der Mittelachse und fast fünfzehn Meter im Durchmesser. Die Kuppel setzt sich in mehreren Lagen aus ringförmig aneinander gereihten Steinquadern zusammen, wobei sich die Ringe nach oben hin verjüngen. Neben dem Hauptraum wurde die eigentliche Grabkammer in den Felsen gehauen.

Das um zwölfhundertfünfzig vor Christus errichtete, gut drei Meter hohe Löwentor mit dem bekannten Löwenrelief konnte sogar von Wagen durchfahren werden, wie sich an den Spuren auf der Schwelle leicht erkennen lässt.

Die erst Ende des 19. Jahrhunderts von Heinrich Schliemann entdeckten Königsgräber wurden mit einem Durchmesser von sechsundzwanzig Metern kreisförmig angelegt. Die sechs darin befindlichen Schachtgräber stammen aus der Zeit zwischen sechzehn- und fünfzehnhundert vor Christus. Von dem etwa zweihundert Jahre jüngeren Königspalast sind nur die Grundmauern von Thronsaal und Herrenhaus übriggeblieben. Bleibt noch die Zisterne erwähnenswert, die selbst während einer langen Belagerung die Wasserversorgung des Palastes sicherstellte. Dabei wurde das Wasser von einer dreihundertsechzig

Meter entfernten Quelle über eine Tonröhrenleitung herangeschafft.

In Nauplia erlebten wir das neue Griechenland. Die erste Hauptstadt des Landes ist eine liebenswürdige Kleinstadt mit eigenem Hafen – in prächtiger Lage am Argolischen Golf, dazu von Bergen umgeben. Oberhalb der Stadt liegt die in venezianischer Zeit erbaute Hafenburg, dem Hafen vorgelagert die kleine Insel Burdzi mit einem venezianischen Kastell. Unvergesslich blieb die abendliche Stimmung, wenn Burg und Kastell angestrahlt wurden. Wir saßen dann in einer der vielen Tavernen am Wasser, tranken einen Retsina und beobachteten die auf der Uferpromenade vorbeiziehenden Einheimischen und Touristen.

Auch in Sparta, das mit einem spartanisch eingerichteten Hotel seinem Namen alle Ehre machte, wurden wir nur mit der Gegenwart konfrontiert. Vom alten Sparta war nichts mehr zu sehen. Das Auffallendste an diesem Ort war der langgestreckte Platz im Zentrum, der an einen Exerzierplatz erinnerte. Am Abend spielte sich dann eine für uns fremd anmutende Szene ab: jung und alt, Einheimische und Touristen flanierten in Reihen nebeneinander mehrmals auf dem Platz auf und ab.

Der nächste Höhepunkt nach Epidauros und Mykene ist Mistrás, eine byzantinische Ruinenstadt aus dem 14./15. Jahrhundert – mit noch erhaltenen Klöstern und Kirchen, einem Palast und einem Wachturm. Im Perivléptos-Kloster fallen die prachtvollen Fresken in der Klosterkirche aus dem 14. Jahrhundert auf. Im fast hundert Jahre später gegründeten Pantánassa-Kloster leben sogar noch ein paar Nonnen. Die kleinen Kirchen Agia Sofia, Afendikó,

Metrópolis usw. besitzen allesamt sehenswerte, aber nicht immer gut erhaltene Fresken. Der Despotenpalast in der Oberstadt, Residenz der byzantinischen Statthalter, beeindruckt im Querflügel durch den mächtigen, zwei Stockwerke umfassenden Thronsaal. Und der hohe Wachturm ist das Überbleibsel einer Fränkischen Festung – mit einem unvergesslichen Blick auf Mistrás, die Ebene von Sparta und die umliegenden Berge.

Ein Erlebnis der besonderen Art war die Fahrt nach Olympia – insbesondere über das Taýgetos-Gebirge, den achtzehn Kilometer langen und zweitausendeinhundert Meter hohen Hauptkamm zwischen Sparta und Kalamata. Dabei kamen wir an Olivenhainen vorbei, begegneten einigen als Transportmittel benutzten Eseln, schwarz gekleideten orthodoxen Priestern, Frauen beim Spinnen von Baumwolle und schwatzenden Männern im Kafenion.

Olympia ist zweifellos der bedeutendste Ort auf der Peloponnes, wenn auch hier viel Phantasie benötigt wird, um sich das Trümmerfeld – ähnlich wie in Alt-Korinth – als blühende antike Stätte vorzustellen. Olympische Spiele sind jedenfalls schon seit siebenhundertsechsundsiebzig vor Christus dokumentiert. Als Preis für den Sieger gab es einen einfachen Ölzweig. Bei den im Ausgrabungsgebiet gefundenen Resten handelt es sich um den Hof des Gymnasion, der den nackt kämpfenden Athleten in den Laufwettbewerben als Trainingsbahn diente; um die Palästra, die Übungsstätte der Ringkämpfer; um das Buleuterion, den Tagungsort des Olympischen Senats; und um das Stadion mit über hundertneunzig Meter langer Laufbahn und Erdwällen für vierzigtausend Zuschauer.

Ferner befinden sich auf dem Gelände die Ruinen von Einrichtungen, die in Verbindung mit dem Gott Zeus standen: der Tempel mit der einst hier aufgestellten und von Phidias geschaffenen Zeusstatue, die zu den Sieben Weltwundern zählte; das Pelopion als Opferstätte mit einem Zeusaltar; elf Schatzhäuser zur Aufbewahrung der dem Zeus dargebrachten Weihegeschenke; sowie das Theokoleon, in dem die Priester des Heiligtums wohnten. Schließlich sind noch die Reste eines Gästehauses sowie einer Echohalle zu sehen – letztere glänzte einst mit dem siebenmaligen Echo eines gesprochenen Wortes. Im Alten Museum werden Teile des Ost- und Westgiebels vom Zeustempel, im Neuen Museum unter anderem der weltberühmte Hermes von Praxiteles aus dem 4. Jahrhundert vor Christus aufbewahrt. In beiden Museen haben sie genügend Zeit, um die wertvollen Schätze zu bewundern.

Mit der Autofähre setzten wir vom nahe Patras gelegenen Rion aufs Festland über. Von dort fuhren wir weiter bis Delphi.

Der Ort des berühmten Orakels, dem größten Apollonheiligtum Griechenlands, bietet einen grandiosen Blick auf den im Tal liegenden Tholos – einen zum Teil aufgerichteten Rundbau – und die weite Landschaft Mittelgriechenlands. Innerhalb des Heiligtums führt die Heilige Straße – von Schatzhäusern, Portiken und anderen Bauten gesäumt – zum Apollontempel. Das Schatzhaus der Athener wurde rekonstruiert, der Rest ist wie in Alt-Korinth und Olympia ein Trümmerfeld. Auch im hiesigen Museum besichtigen sie einige Schätze: neben anderen die bronzene Statue des Wagenlenkers von Sotades.

Letzte Station der Rundreise war Òsios Lukas. Das Kloster aus byzantinischer Zeit gilt als das schönste Griechenlands. Beachtenswert sind der Ikonostas mit vier Ikonen und die Mosaiken. Hier lebten noch zahlreiche Mönche, die sich von den Teilnehmern der Reisegruppe bereitwillig fotografieren ließen.

Auf der abschließenden Etappe ging es dann zum Ausgangspunkt nach Athen zurück. In der Hauptstadt Griechenlands war zunächst die Antike gefragt. Auf dem Programm standen ein Aufstieg auf die Akropolis, ein Besuch der Agorá, ein Rundgang über den Kerameikos-Friedhof und eine Besichtigung des Archäologischen Nationalmuseums.

Die Akropolis ist zweifellos das Prunkstück Athens – mit weltberühmten, im 5. Jahrhundert vor Christus unter Perikles errichteten Bauten: dem kleinen Tempel der Athena Nike; den Propyläen, deren Mittelbau als Eingangstor diente; dem gewaltigen Parthenon, einem Tempel von zweiundsiebzig Meter Länge und vierunddreißig Meter Breite – mit einer Vielzahl dorischer Säulen von gut zehn Meter Höhe auf einem dreistufigen marmornen Unterbau ruhend; sowie dem Erechtheion mit der besonders schönen Korenhalle, deren Gebälk von sechs Mädchengestalten getragen wird.

Die Zahl der Besucher hält sich überraschend in Grenzen, so dass sie die Anlage in ihrer Gesamtheit genießen und auch Details ohne Gedränge in Ruhe betrachten können. Einzig die Luftverschmutzung hat dem unvergleichlichen Denkmal der Antike sichtbar zugesetzt. Zu Füßen des Felsens breitet sich das Dionysos-Theater aus, in dem die meisten Werke von Aischylos, Sophokles, Aristophanes und Euripides uraufgeführt wurden.

Später schauen sie sich die Akropolis auch aus der Ferne an – von verschiedenen Standorten der Stadt aus. Vor allem am Abend, wenn sie angestrahlt wird, wirkt sie geradezu märchenhaft.

Auch sonst hat die griechische Metropole noch etliche antike Stätten zu bieten, wenn auch nicht in dieser Schönheit und Vollkommenheit. Dazu gehört die Agorá, das politische, wirtschaftliche und gesellschaftliche Zentrum des alten Athen – einst aus Tempeln und Verwaltungsgebäuden, Markthallen und Versammlungshäusern, Denkmälern und Altären bestehend, von denen nur noch Reste vorhanden sind. Dazu zählt auch der Kerameikos-Friedhof, dessen menschenleeres Gräberfeld wir neugierig in Augenschein nahmen. Wir bestaunten die bis ins 5. Jahrhundert vor Christus zurückreichenden Gräber, die teilweise mit monumentalen und aufwändig gestalteten Grabstelen versehen sind. Den Schlusspunkt unserer Besichtigungstour bildete das Archäologische Nationalmuseum mit seinen unvorstellbaren Schätzen, die bei Ausgrabungen gefunden und hier untergebracht wurden: so zum Beispiel die goldene Totenmaske, die Schliemann irrtümlich für die Maske des Agamemnon hielt.

Ein Bummel durch das moderne Athen darf natürlich nicht fehlen. Vom Omonia-Platz ziehen sie zum Syntagma-Platz. Sie staunen über die typischen Kioske, eine Art Miniatur-Kaufhäuser mit Taschenbüchern, Zeitungen und Zeitschriften, Postkarten und Briefmarken, Lotterieannahme, Telefondienst, Zigaretten, Rasierzeug, sanitären Artikeln und dergleichen mehr. Sie wundern sich über die in den Metzgereien an der frischen Luft hängenden Fleisch- und

Wurstwaren. Sie können nicht mit allen griechischen Schriftzeichen etwas anfangen, obwohl ihm einige Buchstaben aus der Mathematik geläufig sind – zudem besteht eine gewisse Ähnlichkeit mit der ihm bekannten kyrillischen Schrift. Sie wohnen der Wachablösung vor dem Parlament bei und amüsieren sich über die nicht militärisch, sondern volkstümlich gekleideten Evzonen – mit eng anliegender Hose, weitem Hemd, Kniestrümpfen mit Bommel, Pantoffeln und roter Kappe mit Quaste. Gegen Mittag kehren sie in einer urigen Taverne im malerischen Stadtteil Plaka ein. Alles in allem gefällt ihnen die Stadt, wenn auch der Straßenverkehr für reichlich Lärm und Abgase sorgt.

Nach der Rundreise war eine Woche Erholung auf der Insel Skiathos angesagt. Mit dem Flugzeug ging es auf das etwa sechzig Quadratkilometer große Eiland der Nördlichen Sporaden. Wir wohnten in einem Hotel der Luxuskategorie am Koukounaries-Strand – angeblich Griechenlands schönstem Strand mit fast bis ans Wasser reichendem Pinienwald. Meine Frau ging ab und zu ins Wasser. Ich hingegen beschränkte mich aufs Faulenzen im Schatten der Bäume.

Jeden zweiten Tag unternahmen wir eine Wanderung über die äußerst reizvolle Insel. War schon der schöne Sandstrand wenig frequentiert, begegneten wir im Inselinnern erst recht keinem Menschen. Und lief uns rein zufällig einer über den Weg, war es ein Einheimischer, der im meist unwegsamen Gelände auf einem Esel unterwegs war. Einmal wanderten wir durch Kiefernwald und danach über Dünen zur Mandraki-Bucht. Der lange Strand ist an beiden Enden von hohen Felsvorsprüngen eingerahmt. Bei starkem Nordwind erinnern die hohen Wellen an die Nordsee. Ein anderes Mal begaben wir uns zum Kloster Kounistra mit seinen eindrucksvollen und gut erhaltenen Wandfresken.

Ein besonderes Erlebnis ist der Fußmarsch vom Kloster Kounistra, wohin sie sich dieses Mal mit dem Taxi bringen lassen, zum Kirchlein Aghios Ioannis Krifos. Auf einem gewundenen Pfad führt der Weg steil nach oben auf eine Anhöhe, die eine herrliche Aussicht auf das Festland bietet. Von dort geht es bergab an einer Schlucht entlang. Nach einiger Zeit erreichen sie die kleine Kirche. Sie liegt malerisch an einer bizarren Kiefer, besitzt eine Glocke und im Innern einige Fresken. In einer Nische entdecken sie einen Stapel Kartons mit aufgemalten Kreuzen. Neugierig, wie er ist, öffnet er den obenauf liegenden Karton. Als er darin Schädel, Knochen und Foto eines Verstorbenen findet, entschuldigt er sich reumütig für die Störung der Totenruhe, schließt den Karton wieder und stellt ihn an seinen Platz zurück. Kurz darauf verlassen sie die kleine Kirche, läuten in ihrem Übermut aber noch rasch die Glocke, deren Klang vermutlich bis ins Tal hinunter zu hören ist.

Sie entfernen sich schnurstracks von diesem Platz, wobei er beinahe auf eine Schlange tritt. An einer Weggabelung biegen sie nach rechts ab, wandern weiter in Richtung Skiathos – hier ist der Hauptort der gleichnamigen Insel gemeint – und erblicken, noch während des Abstiegs über einen Maultierpfad, die von der Sonne angestrahlte Ortschaft mit den dicht beieinander liegenden Häusern und den in einer Bucht befindlichen Hafen. Am Ziel endlich angekommen, können sie sich in einer Taverne stärken und den müden Beinen eine Pause gönnen, bis sie der Bus ins Hotel zurückbringt.

Nach Kastro, in die an der Nordspitze der Insel liegende Ruinenstadt, hatten wir es nicht mehr geschafft. Auf dem etwa zweihundert Meter hohen, nach drei Seiten hin steil abfallenden Felsvorsprung, der nur über eine Zugbrücke erreichbar war, lebten die Inselbewohner zwischen dem 14. und 19. Jahrhundert zum Schutz vor Piratenüberfällen.

Dank der flexiblen Halbpension, deren Hauptmahlzeiten sie mittags oder abends einnehmen können, nutzen sie diese Wahlmöglichkeit an Strandtagen, wenn sie nicht das Inselinnere erkunden. Dann sitzen sie am Abend im "Mandraki" an einem weiß gedeckten Tisch im Freien – unmittelbar an der Hafenpromenade gelegen. In der einzigen örtlichen Taverne mit fertigen Hauptgerichten, die, wie in Griechenland üblich, in der Küche ausgewählt werden, probieren sie alle möglichen Spezialitäten. Dazu trinken sie Retsina, den geharzten Weißwein, und einen Ouso. Unangenehm sind die streunenden und ständig bettelnden Hunde, mit denen die Griechen nicht gerade zimperlich umgehen. Doch vielmehr noch stört das Töten von Tintenfischen, wenn die Fischer die Tiere mit unzähligen Schlägen auf die Kaimauer traktieren, bis sie verendet sind. Davon einmal abgesehen, bleibt die Reise durch dieses geschichtsträchtige Land ein unvergessliches Erlebnis.

Busfahrt nach Prag

Eine weitere Busfahrt brachte uns in die Tschechoslowakei mit Schwerpunkt Prag. Wieder einmal waren wir mit Coburger Bekannten unterwegs. Im Gegensatz zu den polnischen und ungarischen Grenzposten, die den Kommunismus nicht ganz so verkniffen sahen, orientierten sich ihre tschechischen Kollegen wohl eher an den Brüdern und Schwestern der DDR. Jedenfalls stocherten sie auf gleiche Art im Tank herum und suchten den Unterboden mit Spiegeln ab. Das Ergebnis war allerdings gleich null.

Erste Station, nicht weit von der Grenze entfernt, ist Cheb, das frühere Eger. Sehenswert sind – dem tristen Alltag sozialistischer Planwirtschaft zum Trotz – der langgestreckte Marktplatz aus dem 13. Jahrhundert mit dem alten Stadthaus, in dem Wallenstein ermordet wurde, und dem Rathaus aus dem 18. Jahrhundert. In der gewaltigen Burg, die im 12. Jahrhundert begonnen und von Friedrich Barbarossa zur Kaiserpfalz ausgebaut wurde, befindet sich ein Labyrinth aus unterirdischen Gängen und Treppen, die vom unteren in den oberen Teil der Burg führen. Auch der Rest der Stadt mit den schmalen Gassen und alten, wenn auch sanierungsbedürftigen Bürgerhäusern, hat nichts vom einstigen Charme eingebüßt und kann guten Gewissens als Schmuckstück bezeichnet werden.

Die nächste Pause legten wir in Pilsen ein. Auch hier hat die Altstadt ihr historisches Gesicht bewahrt. Auf einen Rundgang verzichteten wir aber. Stattdessen suchten wir eine der Kneipen auf, wo wir uns ein Pilsner Urquell schmecken ließen.

Absoluter Höhepunkt der Reise war Prag, die Hauptstadt des Landes. Was wir hier zu sehen bekamen, übertraf unsere kühnsten Erwartungen. Die kommunistischen Machthaber hatten das meiste Geld in den Erhalt der Metropole gepumpt, die als Aushängeschild für die Besucher aus aller Welt dienen sollte. Sowohl der Hradschin auf der

Kleinseite als auch die Altstadt auf der anderen Seite der Moldau waren an Sehenswürdigkeiten kaum zu überbieten und standen den großen Metropolen wie London, Paris, Rom und Wien in nichts nach.

Zunächst ziehen sie zum Hradschin mit der Prager Burg. Dort sehen sie sich im Veitsdom, im ehemaligen Königspalast und im Goldenen Gässchen um. Im Dom befindet sich eine ganze Reihe von Sehenswürdigkeiten: die Wenzelskapelle, im 14. Jahrhundert von Peter Parler über den Resten der romanischen Rotunde errichtet – mit dem Grab des böhmischen Nationalheiligen Wenzel; die Königsgruft mit neun Sarkophagen – neben anderen von Karl IV.; das prunkvolle silberne Grab des heiligen Johannes Nepomuk; der vor dem Hauptaltar und über der Königsgruft von Ferdinand I. und seiner Familie befindliche Marmorsarkophag; sowie das Südportal von Peter Parler – auch Goldene Pforte genannt.

Zu den wichtigsten Räumen im Königspalast zählen: der berühmte Wladislawsaal, mit zweiundsechzig Meter Länge, sechzehn Meter Breite und bis zu dreizehn Meter Höhe als Thronsaal, aber auch für Reiterspiele benutzt – wobei die Konstruktion des stützenlosen Riesensaals als architektonische Meisterleistung gilt; der Statthaltersaal – bekannt geworden durch den Prager Fenstersturz, der den Dreißigjährigen Krieg auslöste; die Alte Landrechtsstube mit der Tribüne für den obersten Landesschreiber, dem Königsthron und Bänken für die geistlichen und weltlichen Herren; sowie die Reitertreppe, über die Turnierreiter vom Palasthof bis in den Wladislawsaal reiten konnten.

Das Goldene Gässchen schließlich besteht aus achtzehn winzigen buntbemalten Häuschen – darunter dem Anwesen, in dem Franz Kafka kurze Zeit lebte.

Die Kleinseite, die sich unterhalb des Hradschins bis zur Moldau erstreckt, verfügt über schöne Adelspaläste und Bürgerhäuser, von denen viele nach altem Brauch Namen und Bildzeichen tragen – zum Beispiel das Haus "Zu den drei Geigen". Als Verbindung zwischen Kleinseite und Altstadt dient die Karlsbrücke – mit einer Reihe von Skulpturen, deren älteste die des heiligen Johannes Nepomuk aus dem 17. Jahrhundert ist.

Die Altstadt wird vom Altstädter Ring beherrscht, der an drei Seiten von gotischen, Renaissance-, Barock- und Rokokohäusern umgeben ist – außerdem vom Altstädter Rathaus mit der Astronomischen Uhr, die zu jeder vollen Stunde den Zug der zwölf Apostel zeigt. Zu diesem Teil der Stadt gehört auch das ehemalige Judenviertel mit dem Rathaus, einigen Synagogen und dem Friedhof.

Im ehemaligen Judenviertel sehen sie sich etwas länger um. Ein Kuriosum stellt das Jüdische Rathaus dar, an dessen Giebel unter dem Turm eine hebräische Uhr angebracht ist. Ihre Zeiger laufen in entgegengesetzter Richtung. Das bedeutendste Bauwerk dieses Viertels ist die Altneusynagoge aus dem 13. Jahrhundert. Sie ist die älteste erhaltene Synagoge Europas. Hier dürfen sie nur mit Kopfbedeckung eintreten, weshalb sie die Kippa aufsetzen. Durch ein Portal gelangen sie in das Innere, in dem das auf zwei Pfeilern ruhende Rippengewölbe, der Altar mit dem Thoraschrein, die von einem schmiedeeisernen Gitter umgebene Kanzel und die historische Fahne der Prager Judengemeinde bemerkenswert sind. Besonders beeindruckend ist der Alte Jüdische Friedhof mit Grabsteinen aus dem 15. bis 18. Jahrhundert, die zum Teil noch aufrecht stehen, zum Teil in geneigter Stellung verharren. Deren Inschriften lassen sich manchmal noch entziffern, sind meist aber wegen der Verwitterung nicht mehr lesbar. An die zweihunderttausend Menschen sollen hier im Lauf der Jahrhunderte bestattet worden sein.

Den Mittelpunkt der Neustadt bilden der Wenzelsplatz mit dem Nationalmuseum, die Geschäftsstraße "Am Graben" und der Pulverturm. Der Wenzelsplatz machte 1969 Schlagzeilen, als sich der Student Jan Palach aus Protest gegen die Niederschlagung des Prager Frühlings durch die Truppen des Warschauer Pakts selbst verbrannte. Der Pulverturm, ein fünfundsechzig Meter hoher Turm, erhielt seinen Namen wegen der Lagerung von Schwarzpulver bis Ende des 17. Jahrhunderts.

Nicht weit vom Wenzelsplatz entfernt entdecken sie die Prager Bühne "Laterna magica". In einer einzigartigen Mischung aus Film, Theater und Ballett – mit originellen optischen und akustischen Effekten – bewegen sich die Darsteller zwischen Leinwand und Bühne hin und her. Eine Vorstellung dieses Ensembles lassen sie sich nicht entgehen. Dagegen verzichten sie auf einen Besuch des nicht minder bekannten Puppentheaters "Spejbl a Hurvinek", weil sie dieses bereits bei einem Gastspiel im Landestheater Coburg erlebt haben.

Die Genüsse kamen natürlich auch nicht zu kurz. So kehrten wir in einem Restaurant mit gut bürgerlicher Küche ein und aßen Schweinebraten mit böhmischen Knödeln. In einer anderen Gaststätte bekamen wir nach Küchenschluss noch eine Platte mit Prager Schinken vorgesetzt, was wir wohl unseren Devisen zu verdanken hatten. Und in der Bierstube "U kalicha", dem berühmten Lokal des braven

Soldaten Schwejk, tranken wir das süffige tschechische Bier. Auch den Magenbitter "Becherovka" probierten wir hin und wieder – stets von dem Trinkspruch "Leber duck dich!" begleitet.

Nicht zuletzt erleben sie zwei eher ungewöhnliche Dinge. Auf einer Straßenbaustelle in der Innenstadt – nicht weit von der Karlsbrücke entfernt und mit Blick auf die Moldau – tragen Arbeiter mit Teer gefüllte Behälter aus Holz zu einer Stelle, wo sie den Inhalt leeren. Andere verteilen den dampfenden und stinkenden Belag gleichmäßig. Die letzten am Arbeitsprozess Beteiligten schlagen mit einem schweren Klotz solange darauf, bis die Schicht fest ist und abkühlen kann. Dieser Vorgang wiederholt sich immer wieder und macht sie mit einem bisher nicht geläufigen Verfahren vertraut, mit dem sich eine Straße auch ohne maschinellen Einsatz asphaltieren lässt.

Mit der anderen höchst seltsamen Methode werden sie im Hotel überrascht. Auch so etwas haben sie noch nicht gesehen. Um einen Diebstahl von Toilettenpapier zu verhindern, sind die Rollen mit Ketten gesichert. Kein Wunder, kennen sich die Kommunisten doch mit Sicherungsmaßnahmen bestens aus.

Vorletzte Etappe war die Burg Karlstein, auf die wir mit einem Führer hinauf wanderten. Die schönste böhmische Burg liegt auf einem über siebzig Meter hohen Kalkfelsen und ist schon aus der Ferne zu sehen. Die Aussicht von hier oben ist herrlich. Innerhalb der Mauern führt ein Aufgang zum Großen Turm und zur Kapelle des Heiligen Kreuzes – einst Schatzkammer, in der die Kleinodien des Deutschen Reichs und Böhmens aufbewahrt wurden.

Den Abschluss der Rundreise bildete Karlovy Vary, das frühere Karlsbad – bedeutendster Kurort des Landes. Über drei Kilometer zieht sich das Bad mit seinen sechzehn Heilquellen hin – begleitet von der Teplá, die sich durch ein enges Tal hindurch schlängelt. Badehäuser, Trinkhallen und Kolonnaden reihen sich längs des Flusses aneinander – ebenso Denkmäler, mit denen bedeutender Gäste gedacht wird. Der Ort strahlte nicht nur eine wohltuende Ruhe aus, sondern lockte seine Gäste neben den Kuren mit Oblaten, von denen wir eine Packung mit nach Hause nahmen.

Wien und Wachau

Wien bot sich allein schon wegen der beruflich bedingten Bekanntschaft mit dem Wiener Ingenieur an, mit dem wir die österreichische Metropole – zumindest was das Leben ihrer Bewohner angeht – aus einer anderen Perspektive erlebten, als dies Touristen, vor allem aber Gruppenreisenden vergönnt ist. Von Unternehmungen auf eigene Faust ließen wir uns dennoch nicht abbringen.

Ihr erster Rundgang beginnt in der Inneren Stadt, dem ältesten Teil Wiens. Sie besuchen den Stephansdom mit der prächtigen Sandsteinkanzel von Anton Pilgram und dem Hochgrab Kaiser Friedrichs III., die originelle Ankeruhr am Hohen Markt, die oberhalb der Donau befindliche kleine Ruprechtskirche als das älteste Gotteshaus Wiens und das ehemalige Judenviertel. Einen völlig anderen Eindruck vermittelt hingegen die Ringstraße mit ihren Prachtbauten: dem Rathaus; dem Burgtheater, in dem sie Molieres "Der eingebildete

*Kranke" erleben; dem Parlament; der Staatsoper; sowie der Alten
und Neuen Hofburg mit den kaiserlichen Appartements und der
Spanischen Hofreitschule. In letzterer lassen sie sich eine Vorführung
der klassisch-barocken Reitkunst in historischen Kostümen und
wahrhaft höchster Vollendung nicht entgehen.*

Bei weiteren Aufenthalten ließen wir keine Gelegenheit aus, um diese wunderschöne Stadt vollends in uns aufzunehmen. Wir bummelten durch den Graben mit der Pestsäule und über die Kärntner Straße. Wir suchten Cafés und Lokale wie "Demel", "Sacher", "Gösser Bierklinik" und "Griechenbeisl" auf. Wir machten uns mit den in römischen Ziffern ausgewiesenen Wiener Bezirken vertraut, von denen es insgesamt dreiundzwanzig gibt. Wir begegneten immer wieder den Fiakern, die lauffaule Besucher durch die Straßen kutschierten. Wir sahen uns in der Kaisergruft mit den über hundert Sarkophagen und Särgen der Angehörigen des Hauses Habsburg um. Wir bestaunten den einen Kilometer langen Karl-Marx-Hof mit seinen über tausenddreihundert Wohnungen. Wir besuchten eine Auktion im Dorotheum und eine Aufführung von "Cats" im Theater an der Wien. Wir schlenderten über den Naschmarkt und durch das Kurzentrum Oberlaa. Wir besichtigten die Schlösser Unteres und Oberes Belvedere mit dem Barockgarten sowie Schönbrunn mit seinen prunkvoll ausgestatteten Räumen. Und wir vergnügten uns auf dem Prater mit einer Fahrt auf dem Riesenrad. Schließlich ließen wir uns noch auf dem Zentralfriedhof mit den Ehrengräbern berühmter Österreicher und auf Wiens fast fünfhundert Meter hohem Hausberg, dem Kahlenberg, blicken.

Bei einem ihrer Besuche feiern sie mit dem Wiener Ingenieur und seiner Familie Silvester. Es wird üppig gespeist. Auch dem Alkohol wird ordentlich zugesprochen. Der Uhrzeiger kennt kein Erbarmen, nimmt wenig Rücksicht auf die Feiernden. So bleibt ihnen bis Mitternacht nur noch wenig Zeit, um dem Spektakel auf dem Stephansplatz beizuwohnen.

Sie machen sich auf den Weg zur U-Bahnstation Keplerplatz – mit einer Flasche Sekt und Pappbechern ausgerüstet. Der Zug ist gut gefüllt. Die Leute zieht es offenbar alle in dieselbe Richtung. Sie gelangen noch rechtzeitig an ihr Ziel, wo sie gut gelaunt auf den Jahreswechsel warten. Dann schallt es über den Platz "neun – acht – sieben – sechs – fünf – vier – drei – zwei – eins – null". Die Sektkorken knallen. Die Pummerin beginnt zu läuten, wobei die dumpfen Schläge bei all dem Lärm kaum zu hören sind. Man prostet sich zu. Nur ein paar Idioten können den Unfug nicht lassen, Knallkörper mitten in die Menge zu werfen.

Nach einer guten Stunde ist das einmalige Erlebnis vorüber – zum Glück auch die verantwortungslose Ballerei. Die Massen lösen sich allmählich auf, lassen dabei einen Haufen Müll zurück. Nach der Rückkehr in die Wohnung im Bezirk Favoriten gibt es dann noch eine weitere Überraschung. Traditionsgemäß wird der Wiener Brotaufstrich serviert – ein wirklich schöner Abschluss in einer unvergesslichen Silvesternacht.

Von Wien aus unternahmen wir im Sommer eine Tour in die Wachau. Wir besuchten zunächst das berühmte und weithin sichtbare Benediktinerstift Melk, das auf einem zur Donau hin steil abfallenden Bergrücken liegt und dessen Gebäude sich um sieben Höfe herum gruppieren. Mit der über dreihundert Meter langen Südfront, der von zwei Türmen flankierten Kirche und dem halbrunden Terrassenbau wirkt die Anlage geradezu gigantisch.

Bei Aggsbach überqueren sie den Strom mit einer Fähre und erreichen wenig später Dürnstein, den meistbesuchten Ort in der Wachau. Ein mit Türmen versehener und in Form eines Dreiecks angelegter Wall umschließt das Städtchen und seine hoch oben thronende Burgruine. Während die eine Seite entlang des Donauufers verläuft, ziehen sich die beiden anderen links und rechts am Berg empor, ehe sie hinter der einstigen Festung aufeinandertreffen. Innerhalb ihrer Mauern wurde Ende des 12. Jahrhunderts König Richard Löwenherz von England gefangen gehalten, nachdem er auf seinem Kreuzzug den hier residierenden Herzog beleidigt hatte.

Am Ende unserer Tour gelangten wir nach Krems. Sehenswert ist die gesamte Altstadt mit den stattlichen Bürgerhäusern. Hervorzuheben sind das sogenannte Sgraffitohaus mit seinen Wandbildern und die Gozzoburg, eine nur noch selten anzutreffende gotische Stadtburg aus dem 13. Jahrhundert, deren dreiteiliger Bau über eine bemerkenswerte Loggia und einen wappengeschmückten Laubenhof verfügt. Kurios sind die Namen der drei Stadtteile, derentwegen man kurz und bündig von "Krems Und Stein" spricht.

Schweiz und Mailand

Eine weitere Rundfahrt führte uns über die Schweizer Kantone Graubünden, Tessin, Uri und Wallis in die norditalienische Region Lombardei mit Schwerpunkt Mailand. Über Chur, die älteste städtische Siedlung im Land der Eidgenossen, und die Via Mala, eine atemberaubende Klamm des Hinterrheins mit fünfhundert Meter hohen Kalkfelsen, gelangten wir in den kleinen Ort Zillis, in dessen sehenswerter Kirche St. Martin die Holzdecke aus dem 12. Jahrhundert den Betrachter überwältigt. Auf über hundertfünfzig quadratischen Einzeltafeln wird die biblische Geschichte in Bildern erzählt.

Der erste Teil unserer Tour endete im Tessin, wo ich Erinnerungen auffrischen konnte: Lugano und das Fischerdorf Gandria am Luganer See. Neu für mich war Campione, die italienische Exklave mit dem vornehmlich von Schweizern besuchten Spielcasino.

Auf der zweiten Etappe kehren sie zunächst nach Bellinzona zurück und wählen von dort aus den Weg durch den Gotthardtunnel in Richtung Andermatt. Der siebzehn Kilometer lange, fast acht Meter breite und mit einer Scheitelhöhe von fast tausendzweihundert Metern längste Straßentunnel der Welt ist ein Meisterwerk der Ingenieurkunst. Die Fahrt durch die Röhre zieht sich etwa eine Viertelstunde hin, will scheinbar kein Ende nehmen. Schließlich haben sie es doch geschafft und sind froh, wieder Tageslicht zu sehen.

Wir fuhren weiter und erreichten bald den Furkapass. In neun Kehren ging es hinauf bis auf zweitausendvierhundert Meter. Der Pass bildet die Wasserscheide zwischen Rhône und Rhein sowie die Kantonsgrenze zwischen Uri und Wallis. Der Anstieg forderte den Motor, der Abstieg die Bremsen heraus – auch für den geübten Fahrer keine leichte Aufgabe. In der Nähe von Brig machten wir halt.

Mit der Luftseilbahn fahren sie hinauf zum Großen Aletschgletscher. Mit einer Fläche von hundertsiebzig Quadratkilometern, einer Länge von zirka zweiundzwanzig Kilometern und einer bis zu achthundert Meter dicken Eisfläche ist dieser größte Firn der Alpen und ganz Europas eine einzigartige Sehenswürdigkeit. Wie eine riesige Abfahrtspiste mit nebeneinander liegenden Skispuren wirkt die Gletscherzunge, die sich nach Süden erstreckt, am Ausfluss in die Massa übergeht und sich nach kurzem Lauf oberhalb Brig in die Rhône ergießt. Noch zeigt das Eis keine gravierenden Veränderungen als Folge der zunehmenden Klimaerwärmung. Zumindest spürt der Betrachter nichts davon.

Auf dem nächsten Teilstück kurvten wir durch die zerklüftete Gondo-Schlucht, eine der tiefsten und wildesten Straßenengpässe der Alpen. Nach teilweise abenteuerlicher Fahrt landeten wir schließlich in Mailand. Den Wagen ließen wir in einer der Gassen in der Nähe des Kastells stehen – in der Hoffnung, nicht bestohlen zu werden.

Beim Kastell selbst begnügten wir uns mit der Außenansicht. Was wir unbedingt sehen wollten, war der Dom, die Scala, Leonardo da Vincis "Abendmahl" und die Galleria Vittorio Emanuele. Unser Pech war, dass sowohl die Scala als auch die Kirche Santa Maria delle Grazie trotz der eingehaltenen Besuchszeit geschlossen waren – letztere wegen der Restaurierung des "Abendmahls". Aber so genau wird das in Italien nicht genommen.

Immerhin ist der Dom zugänglich. Die mit hellem Marmor verkleidete kreuzförmige Basilika fasst etwa vierzigtausend Personen. Dach und Außenwände zieren rund hundertdreißig Fialentürmchen, über zweitausendzweihundert Statuen und beinahe hundert Atlanten. Typisch für die italienische Gotik sind die fehlenden hohen Türme. Das Innere wirkt zwar düster, aber mit zweiundfünfzig Pfeilern gewaltig. Die Fenster des Mittelschiffs sind sogar die größten der Welt.

Ein ebenso imposanter Bau ist die Galleria Vittorio Emanuele – nur dass diese nicht der Besinnung, sondern der Besorgung dient. Den im 19. Jahrhundert in historisierenden Renaissanceformen kreuzförmig aus Eisen und Glas errichteten Konsumtempel krönt eine fast fünfzig Meter hohe Kuppel. Die Längshalle misst knapp zweihundert Meter, die Querhalle nur etwa halb so viel. Mit seinen eleganten Läden und Cafés ist er der Salon Mailands und gilt zugleich als die großartigste Kaufhalle Europas. Hier zu bummeln bereitet ihnen große Freude, auch wenn sie nur ein wenig schauen möchten.

Den Wagen fanden wir unversehrt wieder. Die Rückfahrt erfolgte über den Comer See, Chiavenna und den gut tausendachthundert Meter hohen Malojapass – den einzigen Alpenpass mit nur einer Rampe von Süden her. In St. Moritz, dem international bekannten Kurort und höchstgelegenen Heilbad der Schweiz, legten wir einen Zwischenstopp ein. In den mondänen Hotels trifft sich neben der Prominenz auch der Geldadel, um mit Franken, Euro- oder

Dollarnoten um sich zu werfen. Vom Schaulaufen vor allem der Neureichen verschont, zogen wir über Landeck, wo wir ein letztes Mal die Nacht verbrachten, endlich heimwärts.

Nordfrankreich

Schon bald stand eine Tour durch Nordfrankreich auf dem Programm. Wir wollten uns in der Normandie und der Bretagne umsehen, die schönsten Schlösser der Loire sowie Versailles besichtigen und den Kathedralen von Chartres und Reims einen Besuch abstatten. Wir entschieden uns für die Strecke über das Ruhrgebiet, wo wir übernachteten. Von dort ging es weiter über Zoutelande, Vlissingen, Knokke-Heist, Zeebrugge, Oostende, de Panne, Dunkerque, Calais und Rouen nach Caen. Entsetzt waren wir über die mit Hochhäusern zubetonierte Küste des sonst so schönen Königreichs Belgien, weshalb wir auch nur eine kleine Pause am Strand südlich von Oostende einlegten.

Erste Station war Caen mit einem Hotel mitten in der Stadt. Im Hauptort der unteren Normandie suchten wir die Kirche St-Pierre auf und bestaunten die prächtige Apsis mit dem eigenartigen Stalaktitengewölbe. Dann zogen wir um das von Wilhelm dem Eroberer angelegte und befestigte Château mit den gepflegten Gartenanlagen. Und am Abend speisten wir vorzüglich in einem Gewölbekeller, dessen Inhaberin nach längeren Aufenthalten in der Bundesrepublik gut deutsch sprach.

Auf der Weiterfahrt machen sie einen Abstecher zum Mont-St-Michel, der, einer Insel gleich, aus dem Meer aufragt und nur dank der herrschenden Ebbe erreichbar ist. In der von Mauern und Basteien umgebenen Anlage führt eine Straße auf den Gipfel des Felsens – von Häusern des 15./16. Jahrhunderts flankiert. Oben thront die aus dem 11. bis 13. Jahrhundert stammende Abtei. Im Inneren befinden sich mehrere eindrucksvolle Säle, ein Kreuzgang mit zweihundertzwanzig Granitsäulen und die Abteikirche mit romanischem Schiff und gotischem Chor. Beeindruckt sind sie nicht allein von dem gewaltigen Komplex, sondern ebenso von dem großartigen Blick über das Meer, der sich ihnen von einer Außengalerie bietet.

Nächste Station war St-Malo. Das Stadtbild der bretonischen Hafenstadt gleicht einer mittelalterlichen Seefestung. Das mächtige Château aus dem 14./15. Jahrhundert mit der um Türme, Tore und Bastionen ergänzten Stadtmauer umschließt die Altstadt mit ihren engen Gassen. Besonders auffallend sind die hohen Granithäuser mit den steilen Dächern – ein typisches Merkmal dieser ungewöhnlichen Stadt.

Auch von hier aus nehmen sie einen Umweg in Kauf. Ziel ist das Gezeitenkraftwerk an der Rance, das der Ausnutzung der Wasserkraft bei Ebbe und Flut dient. Bei Flut strömt das Meerwasser in große Becken, aus denen es bei Ebbe wieder ins Meer zurückfließt. Unter Ausnutzung des Höhenunterschieds zwischen den Wasserspiegeln der Becken und des Meeres werden Energie erzeugende Turbinen angetrieben. Viel erkennen können sie von ihrem Standort aus nicht. Sie wissen lediglich, dass zu diesem Zeitpunkt Flut herrscht, also die Becken mit Wasser gefüllt werden.

In Rennes blieben wir die Nacht über. Am nächsten Morgen setzten wir unsere Fahrt über Le Mans und Tours fort, so dass wir relativ früh am Schloss Chenonceaux eintrafen. Das langgestreckte Gebäude, das – über einige Brückenbogen hinweg – in den Nebenfluss Cher der Loire hineinragt, betraten wir zunächst durch eine Platanenallee und dann über eine Zugbrücke. Das Anwesen – als "Schloss der Feste" bezeichnet – hatte wegen der aufwändigen und frivolen Gelage der Katharina von Medici einen zweifelhaften Ruf.

Auch das Schloss in Blois hatte früher für Schlagzeilen gesorgt. Es machte als schauriger Platz von sich Reden, an dem intrigiert und gemordet wurde. Im Gegensatz zu dem über dem Nebenfluss Cher gebauten Chenonceaux liegt Blois auf einem neben der Loire emporragenden Hügel. Der Flügel mit dem berühmten Treppenturm vor der Fassade, in dem sich eine steinerne Wendeltreppe befindet, entstand in der Zeit der Renaissance.

Nach einer Übernachtung in Blois begeben sie sich zum Schloss Chambord, dem größten der Loire-Schlösser. In einem Wildpark gelegen, von einer zweiunddreißig Kilometer langen Mauer umgeben und über sechs Alleen durch sechs Tore zugänglich, verfügt es über vierhundertvierzig Räume. Bizarr mutet das Dach des Mitteltraktes an, das mit Türmen und Kaminen, mit Giebeln und Laternen förmlich überladen ist. Interessant finden sie das doppelläufige Treppenhaus, in dem sich die auf- und absteigenden Besucher nicht begegnen. Ohne Führung wären sie in dem weitläufigen Bauwerk hoffnungslos verloren. So verschachtelt sind die Räume, so verwirrend die Gänge.

Die weitere Route führte über Orléans, dessen Name untrennbar mit Jeanne d'Arc verbunden ist, nach Chartres. Das Wahrzeichen ist die gotische Kathedrale Notre-Dame mit den zwei unterschiedlich hohen Türmen. Dazwischen beeindruckt das Königsportal, das, von unten nach oben betrachtet, unten aus drei Fenstern, in der Mitte aus einer Fensterrose mit einem Durchmesser von vierzehn Metern und oben aus einer Königsgalerie mit sechzehn großen Statuen besteht. Im dunklen Innern faszinieren die Fenster aus dem 13. Jahrhundert – der wohl großartigste Bestand an mittelalterlicher Glasmalerei.

In Versailles wollten wir das Schloss mit dem berühmten Spiegelsaal besichtigen, machten angesichts des Massenandrangs aber sofort wieder kehrt. Doch damit nicht genug. Kaum in Paris angekommen, wo uns diesmal nur das Centre Pompidou interessierte, streikte das Kühlsystem des Wagens, was sich an der steigenden Temperatur bemerkbar machte.

Er entschließt sich, die Stadt zu verlassen und entdeckt auf der nach Reims führenden mehrspurigen Straße zufällig eine Vertragswerkstatt. Er fährt auf den Hof und versucht einem Mitarbeiter mit seinen mangelhaften Französisch-Kenntnissen klarzumachen, dass er ein Problem hat. Was genau vorliegt, weiß er natürlich nicht, scheint allerdings auch für das Werkstattpersonal ein Buch mit sieben Siegeln zu sein. Immerhin basteln die Leute im Motorraum herum und finden offenbar eine Lösung – wenn auch nur eine Behelfslösung. Er zahlt die Reparatur und verlässt das Gelände.

Ein paar hundert Meter weiter stellt er mit Entsetzen fest, dass der Fehler doch nicht behoben ist. Er reißt mitten im starken Freitagsverkehr das Steuer herum, überquert verbotenerweise den Mittelstreifen, fährt zurück, überquert nochmals den Mittelstreifen und taucht erneut in der Werkstatt auf. Zunächst herrscht Ratlosigkeit. Doch dann scheint einer der Mechaniker einen Einfall zu haben. Er holt ein paar Klemmen, die er an irgendwelchen Kabeln befestigt, und gibt zu verstehen, dass das Provisorium jetzt zumindest bis nach Hause halten sollte.

Er verlässt den Hof ein zweites Mal, misstraut der Sache aber noch. Doch bald stellt er erleichtert fest, dass der Eingriff erfolgreich war. Seltsam ist nur, dass der Wagen von nun an einen Höllenlärm verbreitet. Passanten drehen sich erschrocken um. Autofahrer schauen im Vorbeifahren ungläubig aus dem Fenster. Die Temperaturanzeige aber bleibt konstant.

Froh darüber, die missliche Situation überstanden zu haben, steuerten wir Reims an, um vor der Heimreise eine letzte Nacht im Hotel zu verbringen. Bei dieser Gelegenheit wollten wir wenigstens noch die Kathedrale Notre-Dame besichtigen. Im Gegensatz zu Chartres besitzt das gotische Gotteshaus zwei gleich hohe Türme – allerdings ohne Turmspitzen. Zudem existieren hier drei Portale mit einer Fensterrose von zwölf Metern Durchmesser darüber und einer ganz oben angebrachten Königsgalerie. Besonders sehenswert sind die sechs Glasmalereien von Marc Chagall.

Die letzte Etappe nach Coburg verlief glücklicherweise ohne Komplikationen. Nur der Höllenlärm begleitete uns bis nach Hause.

Flugreise nach Venedig

Eine weitere Städtetour führte uns auf dem Luftweg nach Venedig. Auch die Lagunenstadt hat ihre Besonderheiten: die vierstelligen Hausnummern, die je Stadtsechstel, wie das hier heißt, durchgehend nummeriert sind; die schwarzen Gondeln, mit denen die Gondoliere Touristen aus aller Herren Länder durch die Kanäle schippern; den stetig sinkenden Boden, der die Erdgeschosse der Häuser zum Teil unbewohnbar macht; und der teilweise im Wasser entsorgte Müll, der an manchen Stellen erbärmlich stinkt.

Hauptverkehrsader ist der Canal Grande, der sich S-förmig den Weg durch die venezianische Architektur bahnt, fast vier Kilometer lang ist und von allen möglichen Motorbooten und Gondeln befahren wird – in schöner Regelmäßigkeit auch mit den "Valporetto" genannten Linienschiffen. Natürlich waren wir mit von der Partie, wenn es darum ging, größere Entfernungen zu überbrücken. Ansonsten gingen wir lieber zu Fuß, so auch über die Rialto-Brücke, die berühmte Verbindung zwischen dem Ost- und Westteil der Inselstadt – mit den beiden Ladenreihen, an denen die Besucher in einem nicht enden wollenden Strom vorüberzogen.

Das Zentrum befindet sich am Markusplatz. Das aus Dogenpalast, Basilika San Marco, Glockenturm, Prokuratien und Uhrturm bestehende Gebäudeensemble hinterlässt einen faszinierenden Eindruck. Gestört wird dieser allerdings durch die Taubenplage und das wieder einmal herrschende Hochwasser. Um keine nassen Füße zu bekommen, müssen die Touristenmassen auf schmalen Stegen den Platz überqueren, um in die umliegenden Gassen zu gelangen, was das Gedränge nur noch verstärkt.

Im Palast und in der Basilika sehen sie sich ein wenig um. Ersterer besticht durch eine Reihe sehenswerter Elemente: die Tür des Papiers, die gewissermaßen als Schwarzes Brett diente; die Treppe der Riesen, die dort endet, wo einst die Inthronisierung des neuen Dogen stattfand; die Goldene Treppe, die zum Saal des Zehnerrats und zu den Dogengemächern führt; sowie die Gemälde von Tizian, Tintoretto und anderen Malern. Außerhalb des Palastes fällt die Seufzerbrücke auf, über die Gefangene hinter Schloss und Riegel gebracht wurden. In San Marco, einer in Form eines Griechischen Kreuzes mit fünf Kuppeln errichteten Kirche, staunen sie über die Mosaiken an Wandflächen und Gewölben sowie über das Meisterwerk venezianischer Handwerkskunst, das sich hinter dem Hochaltar mit den Gebeinen des heiligen Markus befindet.

An einem Nachmittag brachte uns ein Boot nach Murano. Erst ging es durch ein Gewirr von Kanälen – hin und wieder unter einer Brücke hindurch. Dann ließen wir die Friedhofsinsel hinter uns. Am Ziel angekommen, wohnten wir der Vorführung eines Glasbläsers bei. In kürzester Zeit formte er ein Pferd aus kristallklarem Glas, das wir als Andenken mitnehmen durften.

Zwei unangenehme Erlebnisse blieben uns in weniger guter Erinnerung. In einer Trattoria, wo wir zufriedenstellend gegessen hatten, wollten wir noch eine zweite Flasche Rotwein bestellen. Die wurde uns jedoch verwehrt, weil die männliche Bedienung angesichts der fortgeschrittenen Zeit – etwa gegen zweiundzwanzig Uhr – keine Lust mehr hatte, obwohl noch bis Mitternacht geöffnet war. Noch unverschämter war die Reaktion auf meinen Extrawunsch zum spärlichen Frühstück im Vier-Sterne-Hotel am Canal Grande. Für das kredenzte Spiegelei wurden sage und schreibe dreißig D-Mark fällig.

Steiermark und Jugoslawien

Meine Frau verspürte nach langer Zeit wieder einmal den Drang, auf Wanderschaft zu gehen. Als Ziel hatten wir die Steiermark auserkoren. Wir fuhren über Regensburg und Passau nach Gmunden am Traunsee, wo wir in der Nähe Coburger Bekannte in ihrem Feriendomizil besuchten. Am nächsten Tag ging es dann weiter über Bad Ischl und Bad Aussee nach Admont. Dort besichtigten wir den berühmten Bibliothekssaal der Benediktinerabtei.

Der erste Eindruck macht sie regelrecht sprachlos. In dem über siebzig Meter langen und fast fünfzehn Meter breiten Raum befinden sich über hundertfünfzigtausend Bücher, elfhundert Handschriften und neunhundert Frühdrucke. Nicht nur der Anblick der zahlreichen Bände versetzt sie in ein ungläubiges Staunen. Auch die barocke Ausstattung dieser größten Stiftsbibliothek der Welt mit Fresken von Bartolomäo Altomonte ist ein wahrer Augenschmaus. Glanzstücke unter den überaus wertvollen Beständen sind eine Bibel aus dem 11. Jahrhundert und ein Glossarium aus dem 9. Jahrhundert mit dem gesamten Wissen der damaligen Zeit. Angesichts der riesigen Sammlung großartigen Schrifttums, der Fülle an baulichen Details, die das frühere handwerkliche Können demonstrieren, und der künstlerisch vollendeten Gestaltung bleiben sie länger als geplant, um die Pracht und Herrlichkeit in Ruhe genießen zu können.

Von Admont nahmen wir Kurs auf Eisenerz, dessen Erzberg einer Stufenpyramide gleicht und bei jedem Wetter in einer anderen Farbe leuchtet. Danach fuhren wir weiter über Zeltweg und Wolfsberg nach Eibiswald, wo wir in einem kleinen Hotel für einige Tage unser Nachtlager aufschlugen. Abends kehrten wir im Kloepferkeller ein – ein Teil der Tische befindet sich in Riesenfässern – und probierten steirischen Rosé, den sogenannten "Schilcher".

Sie unternehmen einige sehr schöne Wanderungen – leider bei eher durchwachsenem Wetter. Sie durchstreifen das extrem hügelige Land, das hinter jeder Bergkuppe ein neues Panorama liefert, erfreuen sich an den glühenden Farben der Laubbäume und an den Windrädern, die sie hier Klapotetz nennen, kehren in Buschenschänken ein, wo sie sich mit Bauerngeselchtem stärken, und lassen sich am Ziel einen Tourenstempel in ihr Wanderbuch eintragen.

Einmal wagen sie eine Wanderung entlang der nahe gelegenen jugoslawischen Grenze. Gelegentliche Grenzübertritte sind nicht zu vermeiden, da der Grenzverlauf nicht immer erkennbar ist. Und einen Grenzzaun mit Stacheldraht und Wachtürmen – wie im geteilten Deutschland – gibt es hier nicht. So wird diese Tour – wenn auch manchmal mit einem mulmigen Gefühl im Bauch – zu einem ganz besonderen Wandererlebnis.

Im Land des Kürbiskernöls, das bei Prostatabeschwerden helfen soll, besuchten wir Deutschlandsberg mit seiner überwiegend gotischen Burg, die zum Teil als Ruine ihr

Dasein fristet. Hier wollten wir uns mit dem Wiener Ingenieur und seiner Familie treffen, was – im wahrsten Sinne des Wortes – ins Wasser fiel. Der Regen nahm stündlich zu und gab uns nicht die geringste Chance, auch nur ein paar Schritte trockenen Fußes zurückzulegen. So blieb uns keine andere Wahl, als frustriert abzureisen.

Tage zuvor hatten wir allerdings die Zeit genutzt, Graz einen Besuch abzustatten und einen Abstecher nach Jugoslawien zu machen. Die Hauptstadt der Steiermark besitzt eine schöne Altstadt mit einem klassizistischen Rathaus, farbenprächtigen Barockbauten, einer Burg, dem spätgotischen Dom mit prunkvoller Ausstattung und dem berühmten Uhrturm auf dem Schlossberg. Wir nutzten den Tag in vollem Umfang. Nach den Besichtigungen bummelten wir durch die Einkaufsstraßen und Altstadtgassen und kehrten zwischendurch auf einen mittäglichen Imbiss ein.

Im Reich des unlängst verstorbenen Tito fahren sie über Ljubljana nach Postojna und suchen die Adelsberger Grotten auf. Die spektakuläre Natursehenswürdigkeit des Landes ist das zweitgrößte bekannte Höhlensystem der Welt. Siebenundzwanzig Kilometer sind zugänglich. Die Führung dauert etwa zwei Stunden.

Mit einer Kleinbahn geht es im Eiltempo in den Untergrund. Ab und zu muss der Kopf eingezogen werden, stockt bei der rasanten Kurverei bisweilen der Atem. An der Endstation angekommen, steigen sie erleichtert aus und müssen sich erst einmal sammeln, ehe sie die Schönheit dieser gigantischen Unterwelt richtig wahrnehmen können. Der anschließende Fußmarsch führt sie durch pilzähnliche Wälder aus Kalk, große Säle mit fast aneinander stoßenden Stalagmiten und Stalagtiten sowie Höhlen von riesigen Ausmaßen, die Kathedra-

len gleichen. Sie erleben steinerne Nachbildungen von Blättern, Muschelschalen, Wassertropfen und Meereswellen. Gegen diese Grotten sind die ihnen bisher bekannten Tropfsteinhöhlen Miniaturausgaben – so grandios und voller Zauber ist das scheinbar unendliche Labyrinth.

Da wir noch genügend Zeit hatten, nahmen wir die Gelegenheit wahr, nach Opatija an die Adria zu fahren. Den Badeort mit dem vier Kilometer langen Strand, der schönen Uferpromenade, den mondänen Villen und Hotels der österreichisch-ungarischen Periode sowie dem prächtigen Kurpark mit der üppigen subtropischen Vegetation nutzten wir zur Entspannung. So fand der ereignisreiche Tagesausflug noch einen geruhsamen Abschluss.

Dänemark und Schweden

Eines Tages wählten wir ein weiteres Mal Skandinavien als Ziel. Zunächst führte der Weg über Puttgarden-Rødby auf die dänische Insel Seeland. Erste Anlaufstelle war Roskilde mit dem Dom St. Lucas. Das Gotteshaus fällt durch seine Turmhelme, die hoch aufgeschossenen Spieren auf.

Eine Kuriosität im Innern dieses roten Backsteinbaus ist die Granitsäule in der Grabkapelle Christians I., auf der bedeutende Herrscher der Geschichte ihre Größe hinterlassen haben – so Zar Peter der Große, mit zweihundertacht Zentimetern der Längste unter ihnen. Dass der deutlich kleinere Christian I. sich als noch größer dargestellt hatte, grenzte ein wenig an Größenwahn. Sonst sind noch die vielen anderen Grabkapellen erwähnenswert, in denen sich die Sarkophage weiterer dänischer Könige befinden.

Nicht weit vom Dom entfernt wurden die Reste von fünf Wikingerschiffen gefunden, die in einem Museum besichtigt werden können. Im Gegensatz zu den in Oslo ausgestellten Booten handelt es sich hier nicht um solche, die einzig für die Bestattung von Adligen bestimmt waren, sondern um Handels- und Kriegsschiffe sowie um eine Fähre.

Von Roskilde aus besuchen sie in Lejre das Historisch-Archäologische Versuchszentrum Oldtidsbyen, in dem angewandte Wissenschaft betrieben wird. Das heißt: auf dem Gelände werden in früheren Zeiten ausgeübte Tätigkeiten wie die Handhabung eines Steinmessers oder eines hölzernen Speers ausprobiert. Typisch dänisch ist dabei die lockere Art, derartige Versuche im Beisein der Besucher auszuführen. Freiwillige versetzen sich in die Vorzeit und verzichten auf moderne Hilfsmittel. Sie demonstrieren den Alltag in einem Dorf aus der Eisenzeit mit Töpferei, Weberei, Färberei, Schmiede und dergleichen mehr. Für Erwachsene und Kinder ist dies gleichermaßen bester Anschauungsunterricht.

Die Übernachtung in einem Kro in der Nähe von Roskilde war weniger angenehm. Nicht, dass wir mit der Ausstattung des Zimmers haderten. Vielmehr trug die ungünstige Lage nahe der stark befahrenen Autobahn Kopenhagen – Holbæk dazu bei, dass wir selbst bei geschlossenem Fenster kaum ein Auge zumachen konnten.

Nächste Station war Hillerød mit dem pompösen Schloss Frederiksborg, dem großartigsten Bau der dänischen Renaissance, der auf drei Inseln in einem See erbaut wurde. Das eigentliche Schloss mit drei viergeschossigen Flügeln und der beachtenswerten Schlosskirche befindet sich auf einer der Inseln. Um uns ein wenig die Füße zu vertreten, unternahmen wir einen ausgedehnten Spaziergang durch die von Wasser umgebenen Anlagen.

Weiter geht es nach Helsingør mit Schloss Kronborg. Anfang des 15. Jahrhunderts als Feste erbaut, machte der von hier aus erhobene Sundzoll die dänischen Könige reich. Der Rittersaal gilt als der größte Nordeuropas. Auf den wuchtigen Wällen ließ William Shakespeare seinen Titelhelden Hamlet auftreten und die schicksalsschwere Frage nach Sein oder Nichtsein stellen. In Wirklichkeit lebte Hamlet siebenhundert Jahre früher. Englands großer Dichter hatte sich das Schloss einfach als Kulisse für seinen Hamlet ausgeliehen.

Über Kopenhagen fuhren wir nach Dragør, nahmen die Autofähre zum schwedischen Linhamn und landeten schließlich in Lund, wo wir uns in einem Hotel einquartierten. Hier lockte uns der Dom, der älteste und bedeutendste romanische Kirchenbau Schwedens. Die berühmte astronomische Uhr stammt aus dem 14. Jahrhundert. In der sehenswerten Krypta ruhen die Gebeine von zwei Erzbischöfen. Der wuchtige Bau mit den beiden Türmen ist außen wie innen gleichermaßen beeindruckend. Den Abend verbrachten wir in einem urigen Keller, dessen Gewölbe denen in der Krypta des Doms glichen. Die Küche bot – abgesehen vom schmackhaften hausgebrauten Bier – zwar nichts Außergewöhnliches, war vom Preis-/Leistungsverhältnis her aber akzeptabel.

Auf dem Rückweg legten wir in Malmö eine Pause ein. In der von Kanälen umschlossenen Altstadt fällt das im niederländischen Renaissancestil erbaute Rathaus besonders auf. Interessant sind noch einige am Großen und Kleinen Markt stehende alte Häuser, die zum Teil aus dem 16. bis 18. Jahrhundert stammen.

In neuester Zeit sorgt der hundertneunzig Meter hohe Turning Torso, ein moderner Wohnturm, für Aufsehen. Dessen aufeinander gestülpte vierundfünfzig Etagen – jeweils um ein kleines Stück versetzt – erwecken den Eindruck, als würde sich der Turm um die eigene Achse drehen. Auf dem Weg zum Øresund ist das Ungetüm schon von weitem zu erkennen. Ein Wunderwerk der Technik ist auch die Øresund-Brücke, mit knapp acht Kilometern Länge die größte der Ostsee und die größte kombinierte Straßen- und Eisenbahnbrücke Europas. Die eigentliche Hochbrücke wird von vier über zweihundert Meter hohen Pylonen getragen. Die Zufahrt zur Hochbrücke erfolgt über eine westliche und eine östliche Rampenbrücke.

Die neue Brücke über die Meerenge zwischen Schweden und Dänemark passierten wir an der Mautstelle problemlos. Nach etlichen Kilometern über und im anschließenden Tunnel unter dem Wasser befanden wir uns wieder auf dänischem Boden. Wir durchquerten die Insel Seeland, ließen auch die Brücke über den Großen Belt hinter uns und setzten unsere Fahrt über die Insel Fünen fort. Von dort gelangten wir über eine kleinere Brücke nach Jütland, wo wir Ribe besuchten.

In der vermutlich ältesten Stadt Dänemarks lebten vor zwölfhundert Jahren die Wikinger. Die Altstadt mit den kleinen bunt bemalten Häusern, den stattlichen Kaufmannshöfen aus dem 15. bis 17. Jahrhundert und den oft handtuchschmalen Gassen prägt das Stadtbild und strahlt eine einmalige Atmosphäre aus. Der im 12./13. Jahrhundert errichtete fünfschiffige Dom, der den Mittelpunkt der am Fluss Ribe Å gelegenen Stadt bildet, besitzt zwei unterschiedlich hohe Türme. Der größere von beiden, dessen Schießscharten noch zu erkennen sind, diente einst als Wehrturm.

Plattensee

Kurz vor dem Fall des Eisernen Vorhangs bot sich eine Fahrt zum Plattensee an. Zielort war Boglárlelle, wo Coburger Freunde einen einwöchigen Aufenthalt in einem Ferienhaus gewonnen hatten. Meine Frau und ich sollten sie bei der Reise begleiten. Schon an der österreichisch-ungarischen Grenze war nicht viel von kommunistischer Diktatur zu spüren. Wir hatten vom ersten Tag an viel Spaß. Abends kehrten wir entweder in einem Lokal ein und genossen unter anderem Gänseleberpastete oder Kesselgulasch – manchmal von Zigeunermusik begleitet. Oder wir spielten im Ferienhaus Karten, tranken dabei einen "Barack Pálinka" oder ein Glas "Stierblut" und amüsierten uns über die kaum aussprechbaren ungarischen Zungenbrecher.

Zum Einkaufen fuhren wir ins benachbarte Siófok, das seinen Namen dem hier beginnenden Sió-Kanal verdankt, der das Wasser des sonst abflusslosen Balaton in die Donau ableitet. Auch eine Überquerung des relativ flachen Binnensees mit einer Personenfähre von Fonyód nach Badacsony und wieder zurück ließen wir uns nicht entgehen. Mit von der Partie war eine Vielzahl sächselnder DDR-Touristen, die mit ihren eher an Schlachtrufe erinnernden Gesängen für reichlich Stimmung sorgten. Sonst zogen wir Touren mit dem eigenen Wagen vor. Einmal ging es in Richtung Norden, ein anderes Mal gen Westen.

Die vom Plattensee nördlich verlaufende Strecke führt sie zunächst nach Tihany. Mit der Autofähre erreichen sie von Szántód aus die Halbinsel mit der Abteikirche gleichen Namens, deren Inneres über prächtige barocke Schnitzarbeiten, schöne Fresken und eine romanische Krypta verfügt. Die zahlreichen die Kirche umgebenden Häuser – ausnahmslos aus Basalt und Schilf errichtet – prägen das Ortsbild der gleichlautenden Gemeinde und stehen komplett unter Denkmalschutz.

Wir fuhren weiter nach Balatonfüred, einem gepflegten Kurort mit Promenade und ausgedehnten Parkanlagen, dessen bekanntestes Bauwerk eine klassizistische Rundkirche ist. Mit den Bornholmer Rundkirchen ist sie allerdings nicht vergleichbar. In dem eher beschaulichen Heilbad für Herzleiden sind vor allem Ruhe und Erholung angesagt.

Endstation ist Veszprém. Die ehemalige königliche Residenz glänzt mit etlichen Sehenswürdigkeiten: Barockbauten aus dem 18. Jahrhundert; einem Bischofpalast; der Giselakapelle als ältestem und bedeutendstem Relikt aus der Arpádenzeit; dem aus dem 11. Jahrhundert stammenden und Anfang des 20. Jahrhunderts neuromanisch gestalteten Dom; dem Rathaus; weiteren im Zopfstil errichteten Gebäuden, deren geradlinige oder sanft geschwungene Zierelemente Ende des 18. Jahrhunderts den Spätbarock ablösten; und der Burg, von deren Basteien sie die Aussicht auf die zu Füßen liegenden Stadtteile, das Tal der Séd und die Wälder der Bakony-Gebirgskette genießen können. Besonders interessant finden sie Ausgrabungsarbeiten auf dem Burgberg, bei denen vollständige Skelette zu Tage gefördert werden. Hier können sie die ganze Palette archäologischer Sisyphusarbeit beobachten.

Die Tagesfahrt in Richtung Westen hatte Keszthely zum Ziel. Hier sind drei Bauten erwähnenswert: die im gotischen Stil geschaffene und barock umgestaltete Franziskanerkirche, das Rathaus aus dem 18. Jahrhundert und Schloss Festetics mit einem gepflegten Schlosspark. Dass wir hier den größten Touristenrummel erlebten, überraschte uns ein wenig. Denn so überwältigend – wie im Reiseführer beschrieben – fanden wir den Ort nicht.

Gelohnt hatte sich hingegen ein Abstecher nach Héviz – selbst wenn dessen Kuranlagen nach einem Brand noch im Wiederaufbau waren. Das Rheumaheilbad mit einem viereinhalb Hektar großen See – dem größten natürlichen und biologisch aktiven Thermalsee der Welt – wird von bis zu vierzig Grad heißen Quellen gespeist und bietet ganzjährigen Badebetrieb unter freiem Himmel.

Eine Überraschung erleben sie bei der Ausreise, als die Grenzposten eine Meldebescheinigung verlangen, die sie nicht vorlegen können. Jetzt begreifen sie, was der Vermieter gemeint hat, als er auf das im Haus bereitliegende Formular zeigte. Es hätte bei der Abreise von ihm gegengezeichnet werden müssen, was sie aber wegen der fehlenden Sprachkenntnisse nicht verstanden hatten. Zum Glück bleibt das Versäumnis ohne Folgen. Nach einigem Hin und Her dürfen sie die Grenze passieren.

Flugreise nach Mallorca

Gemeinsam mit Coburger Bekannten hatten wir einen Flug nach Mallorca gebucht – mit einwöchigem Aufenthalt in Cala Bona und einem Mietwagen. Das ordentliche Hotel stand unter Schweizer Leitung. Eigenartig war nur, dass die überwiegend älteren Gäste einen Teil der Verpflegung selbst mitgebracht hatten und in Kühlschränken deponierten. Zudem verbrachten sie die Abende mit irgendwelchen Gesellschaftsspielen. Von der Insel etwas gesehen haben wohl die wenigsten. Wir hingegen zogen es vor, das Eiland zu erkunden und dabei die Landesküche zu probieren. Ausklingen ließen wir die Tage in der nahen Bodega mit Tapas, Bier und Weinbrand.

Zu entdecken gab es auf der Balearen-Insel genug. Und die Ausflüge lohnten sich, zumal die Touristenhorden im Februar noch nicht eingefallen waren. Fast überall herrschte Ruhe – außer im vergnügungssüchtigen El Arenal mit den endlos aneinandergereihten Betonhochburgen. Hinzu kam das milde Klima – zu dieser Jahreszeit mit äußerst angenehmen Temperaturen.

Einmal fuhren wir über Puerto de Pollensa mit seiner schönen Bucht zum Kap Formentor. Über Serpentinen erreichten wir die Passhöhe – mit herrlicher Aussicht auf die besagte Bucht und den Leuchtturm am Ende der Halbinsel. Ein anderes Mal besuchten wir erst die zwei Kilometer langen Drachenhöhlen mit dem unterirdischen See, der als der größte der Erde gilt. Danach landeten wir in Cala Figuera, wo sich schmucke Fischerhäuschen malerisch um zwei Wasserarme herum gruppieren.

Für Palma, die Hauptstadt Mallorcas, nahmen wir uns einen ganzen Tag Zeit. Hier besichtigten wir die Kathedrale La Seo mit dem sehenswerten Südportal "Puerta del Mirador" und dem gewaltigen Innenraum von über hundertzwanzig Metern Länge – mit zweiundzwanzig Meter hohen Säulen und achtzehn Kapellen. Hier bummelten wir durch die Stadt – vornehmlich auf der Promenade "Passeig d'es Borne", wo es der Bekannte auf neue Schuhe abgesehen hatte. Und hier kehrten wir in einem alten Restaurant ein, dessen Bedienung uns einen leckeren Spanferkelbraten servierte.

Danach unternehmen sie noch zwei besonders interessante Touren. Die eine führt sie zunächst nach Valldemosa, einem ehemaligen Kartäuserkloster, in dem der Komponist Fréderic Chopin und die Schriftstellerin George Sand einen ganzen Winter verbrachten. Weiter geht es auf der vierhundert Meter hoch gelegenen Costa Brava Mallorquina nach Deyá, einem malerischen Dorf und bevorzugten Künstlerort. Und von hier aus gelangen sie schließlich nach Sóller, wo sie die Straßenbahn ins fünf Kilometer entfernte Puerto de Sóller benutzen. Der lebendige Hafenort wird von zwei Leuchttürmen überragt.

Die andere Tour verläuft durchs Landesinnere. Über Petra und Sineu – mit den für die Insel typischen Windrädern – sowie über Inca geht es hinunter zur Bucht La Calobra. Die Fahrt durch die vier

Kilometer lange und dreißig bis vierzig Meter breite Gebirgsschlucht "Torrent de Pareis" mit ihren vierhundert Meter hohen Steilwänden – auf dem letzten Teilstück auf einer spektakulären Bergstraße – ist ein unvergessliches Erlebnis. Von dort gehen sie zu Fuß durch einen zweihundert Meter langen Tunnel bis zur Mündung des "Torrent de Pareis". Weitab vom Massentourismus lernen sie hier ein landschaftliches Juwel dieser bezaubernden Mittelmeerinsel kennen.

Flugreise nach Lissabon

Nur in wenige europäische Länder hatten wir noch keinen Fuß gesetzt. Nun betraten wir zum ersten Mal portugiesischen Boden. Von Frankfurt am Main aus flogen wir nach Lissabon, wo wir in einem ausgezeichneten Hotel nahe dem Parque Eduardo VII. abstiegen.

Mit der Metro fuhren wir bis zum Rossio, der früher als Schauplatz von Ketzerverbrennungen und später von Stierkämpfen diente. Heute wird der Platz von fliegenden Händlern, Losverkäufern und Scharen von Touristen beherrscht. Wir schlenderten durch die Baixa mit ihrem rechtwinkligen Geflecht von Straßen und verharrten eine Weile auf der Praça do Comércio mit Blick auf den Tejo.

Dann ziehen sie weiter und kommen an der Kathedrale vorbei – dem ältesten noch erhaltenen Bauwerk der Stadt, dessen Fassade ihn ein wenig an den Breslauer Dom erinnert. Sie steigen zu Fuß in die malerische Alfama hinauf, holpern über das Lissaboner Altstadtpflaster und irren durch das enge Gassengewirr mit den stillen Winkeln, steilen Treppen und alten Laternen – wohl wissend, dass sie sich nicht verirren können, weil der Weg immer nach unten zum Fluss und nach oben zum Kastell führt. Sie erleben abblätternden Putz, windschiefe Fenster, schmucklose Türen, von Haus zu Haus gespannte Wäscheleinen, auf Bänken hockende alte Leute und auf Holzkohlenöfen brutzelnde Hausfrauen. Mit letzter Kraft schleppen sie sich die letzten Meter bis zum Castelo de São Jorge hinauf, wo einst die portugiesischen Könige residierten. Von hier aus genießen sie die Aussicht auf die Stadt und den breiten Strom.

Auf dem Rückweg kehren sie in einem einfachen Lokal ein – einer typischen Tasca, mit ein paar Tischen und Stühlen in einem halbdunklen Raum, von Olivenöl- und Knoblauchgeruch durchzogen. Seine Frau isst Fleisch, kombiniert mit Muscheln – ein für seine Begriffe nicht gerade ansehnliches Gericht. Er als Fischallergiker greift nach einem Stück Fleisch mit Pommes Frites – vermutlich nichts Landestypisches.

Anschließend nehmen sie die nostalgische Straßenbahn mit ihren Holzbänken, Messingbeschlägen und alten Firmenschildern, rattern durch die engen und gewundenen Straßen bergab und ziehen rechtzeitig vor der gewünschten Station an der Klingelschnur, um aussteigen zu können. Vom Praça do Comércio machen sie noch einen Ausflug ans andere Ufer des Tejo. Mit der Personenfähre lassen sie sich nach Cacilhas übersetzen, von wo aus ihnen die schönste Gesamtansicht von Lissabon geboten wird.

Auch ein paar Besonderheiten fielen uns in der Hauptstadt Portugals auf: die "azulejos" genannten Wandbilder aus Kacheln an diversen Fassaden, die schwarz-grün lackierten Taxen und – allerdings nur selten – die alten eisernen Kiosks mit den verzierten Dächern.

Neben der Alfama besuchten wir natürlich das hoch gelegene Viertel Bairro Alto. Dafür benutzten wir den Elevador de Santa Justa, jenen in einem eisernen Turm untergebrachten Fahrstuhl. Oben angekommen, mussten wir erst eine tunnelartige, provisorische Metallkonstruktion durchqueren und dann an den durch Feuer zerstörten Straßenzügen des Chiado-Viertels vorbeiziehen, ehe wir das Bairro Alto erreichten. An zahlreichen Balkonen mit Eisengeländern hingen Blumenkästen und flatterten Wäschestücke im Wind.

Am Abend kehren sie in einem Fado-Lokal ein – nicht dort, wo die Touristen wie Heuschrecken einfallen, sondern in einer Tasca. Hier wird keine Show abgezogen. Stattdessen wird die typische portugiesische Musik dargeboten – eine Mischung aus mittelalterlichem Lied, maurischen Klängen und brasilianischem Gesang. Eine Sängerin trägt den Fado mit Gitarrenbegleitung vor. Die dabei erzeugte Stimmung entspricht der Saudade, der portugiesischen Melancholie.

Den Abschluss unseres Lissabon-Aufenthalts bildete der Vorort Belém. Von dort aus stachen die portugiesischen Karavellen einst zu ihren Entdeckungstouren in See. Das monumentale Denkmal Padrão dos Descobrimentos mit der Nachbildung eines Schiffsbugs, von dem Heinrich der Seefahrer und die von ihm ausgesandten Entdecker auf den Tejo blicken, soll daran erinnern. Auch der Torre de Belém bezieht sich auf diese Zeit, in der Geld und Macht die Hauptrolle spielten. Das wohl bekannteste Wahrzeichen Portugals stand ursprünglich als Wach- und Leuchtturm auf einer Insel, wurde Anfang des 19. Jahrhunderts abgerissen und etwa vierzig Jahre später am heutigen Standort wiederhergestellt.

Ein Meisterwerk ist zweifellos das Hieronymuskloster, das nach historischen Aufzeichnungen anlässlich der gelungenen Rückkehr Vasco da Gamas aus Indien errichtet wurde. Sein Grabmal befindet sich links vom Eingang. Der Bau zeigt insgesamt eine erstaunliche architektonische Einheitlichkeit. Zusammen mit dem Kreuzgang stellt er den Höhepunkt der Manuelinik dar.

Wenn wir uns schon mal in Portugal aufhielten, wollten wir uns nicht mit Lissabon zufriedengeben. Wir mieteten kurzerhand ein Auto, mit dem wir die Mitte des Landes nördlich der Hauptstadt erkundeten. Zunächst fuhren wir nach Sintra. Dort betrachteten wir den Paço Real, den in der Stadt gelegenen Königspalast mit seinen charakteristischen Merkmalen: den beiden kegelförmigen Riesenschornsteinen der Palastküche und den an maurische Zeiten erinnernden Zwillingsfenstern, die sich portugiesische Eroberer in Nordafrika unter den Nagel gerissen hatten.

In Mafra bestaunten wir den gewaltigen Kloster-Palast, dessen Fassade mit zweihundertzwanzig Metern Länge und dessen Inneres mit fast neunhundert Räumen völlig überdimensioniert ist. Mit dem Bau wollte König João V. den Escorial seines spanischen Widersachers übertreffen – was nicht allein seiner Eitelkeit zuzuschreiben war, sondern schlichtweg an Größenwahn grenzte. Architekt der riesigen Anlage war übrigens ein Deutscher, nämlich der in Schwäbisch Hall geborene Friedrich Ludwig, der das Gebäude im Stil des italienischen und deutschen Barock errichtete. Vierzigtausend Arbeiter bauten dreizehn Jahre lang an diesem Ungetüm.

Das komplett unter Denkmalschutz stehende Óbidos beeindruckt sie wegen des weitgehend erhalten gebliebenen mittelalterlichen Stadtbildes. In dem von einer Mauer mit doppeltem Stadttor umgebenen Ort fühlen sie sich wohl. Sie schlendern durch die romantischen Gassen und besichtigen das Innere der Renaissancekirche Santa Maria, deren Wände vollständig mit Kacheln aus dem 17. Jahrhundert ausgekleidet sind. Sie lassen sich mehr Zeit als geplant, weil ein Radrennen die Zufahrt blockiert, und genießen von der als Pousada geführten Burg den herrlichen Blick auf die weite Landschaft.

Im Fischerdorf Nazaré am Atlantik legen sie eine Mittagspause ein. Sie finden ein kleines Lokal, wo sie im Freien sitzen können – mit Blick auf das Meer. Im Ort gibt es nicht viel zu sehen. Auch ein Hafen ist Fehlanzeige. Nur ein paar Boote liegen mitten auf dem Sandstrand – umgeben von einzelnen Badegästen. Wie sie erst später erfahren, bugsieren die Fischer ihre Boote morgens mit Hilfe hölzerner Rollen ins Wasser und ziehen sie abends mit Traktoren wieder an Land. Die langgehörnten Ochsen haben längst ausgedient.

Vorletzte Station war das im spätgotisch-manuelinischen Stil erbaute Kloster Batalha. Anlass für den Bau war der Sieg der Portugiesen über die Kastilier in der Schlacht von Aljubarrota. Hervorzuheben sind das Portal der Kirchenfassade, die Gründerkapelle, der Kreuzgang mit dem Brunnenhaus und der Kapitelsaal mit dem Deckengewölbe. Im Kreuzgang gleicht keine Säule der anderen. Jede ist anders gestaltet, erhielt entweder die Form einer Spirale oder eines Zopfes, wurde aber auch mit Rillen oder Schuppen versehen.

Am Endpunkt Fátima – dem Zentrum der Marienverehrung, das Pilger aus aller Welt aufsuchen – machten wir kehrt, weil wir uns nicht in die Menschenmassen einreihen wollten. Stattdessen traten wir den Rückweg nach Lissabon an. Erlebt hatten wir auch ohne den Wallfahrtsort genug.

Zürich und Luzern

Zwei Tagestouren führten uns von München aus nach Zürich und Luzern. Die Stadt an Limmat und Zürichsee ist bekannt als das Bankenzentrum der Schweiz. Das reizvollste an der Hauptstadt des gleichnamigen Kantons ist ihre Lage an Fluss und See.

Als erstes bummeln sie über die Bahnhofstraße, die berühmte Flanier- und Einkaufsmeile mit mondänen Läden und Kaufhäusern – auch Standort der drei größten Schweizer Banken. Die von Bäumen gesäumte Hauptverkehrsader zählt zu den schönsten Geschäftsstraßen Europas. Sie schlendern von einem Schaufenster zum anderen, sehen sich in einem der großen Warenhäuser um, trinken in einem Straßencafé einen Kaffee und probieren ein Stück Schokolade. Der Wohlstand wird ungehemmt zur Schau gestellt. Es riecht förmlich nach Geld. Am Ende der Straße landen sie am Bürkliplatz mit dem Schiffsanleger, von dem aus zu dieser Jahreszeit leider keine Rundfahrten auf dem Zürichsee stattfinden. Zu gern hätten sie vom Wasser aus die Promenaden und Grünanlagen sowie die an den Hängen klebenden Villen betrachtet. Auf dem Rückweg wenden sie sich der Altstadt zu. Zuerst gehen sie über den Stadthausquai bis zum Fraumünster – einer gotischen Pfeilerbasilika mit spitzem Turm. Dann überqueren sie die Münsterbrücke und erreichen die unmittelbar an der Limmat gelegene gotische Wasserkirche mit einem Bronzestandbild des Reformators Zwingli. Von dort ist es nur ein Katzensprung bis zum Großmünster, einer romanischen Emporenbasilika mit zwei Türmen, deren Turmhauben das Stadtbild beherrschen. Im Innern dürfen sie – rein zufällig – gregorianischen Gesängen lauschen. Ein schöner Abschluss.

Luzern, die Stadt am Vierwaldstättersee, besitzt zwei Attraktionen, die wir uns nicht entgehen lassen wollten: zum einen die über die Reuss führende, Anfang des 14. Jahrhunderts erbaute und hundertsiebzig Meter lange Kapellbrücke mit den Bildtafeln im Dachstuhl und dem etwa auf halber Strecke eingefügten Wasserturm – eine der ältesten erhaltenen Holzbrücken des Landes; zum anderen das Verkehrshaus, das sich den Schwerpunkten Transportwesen und Kommunikation widmet – also rund um Fahrzeuge, Flugzeuge, Schiffe und Nachrichtenwesen informiert. Auch die Gaumenfreuden kamen nicht zu kurz. In einem urigen Lokal ließen wir uns ein Käse-Fondue schmecken.

Straßburg und Colmar

Eine weitere Tagesfahrt ging von Konstanz aus nach Straßburg und Colmar. Aushängeschilder der Europa-Stadt sind in erster Linie das Münster und die Altstadt – wenn man das moderne Europaviertel mal außer Acht lässt.

Die Altstadt – umflossen von der Ill, die sich bei den Gedeckten Brücken teilt – lässt sich bequem zu Fuß bewältigen. Schmuckstück ist zweifellos das Haus Kammerzell mit seinem reichen Schnitzwerk – das schönste Fachwerkhaus im Elsass. Doch auch das mittelalterliche Gerberviertel mit den malerischen Fachwerkhäusern, kleinen Gassen und typischen Dachgauben versprüht einen Hauch von Romantik. Das gotische Münster, schon von weitem sichtbar, gehört zu den großartigsten Sakralbauten Europas. Es besticht durch seine Kunstwerke innen wie außen: die Silbermann-Orgel, die Glasmalereien der Fenster, die astronomische Uhr und die figurenreiche Westfassade. Im Anschluss an die Besichtigung besteigt er den unvollendeten der beiden Türme. Der Blick von der hoch oben gelegenen Aussichtsplattform hinunter auf das Gewirr aus Dächern und Straßen ist großartig.

In Colmar hatten wir in erster Linie ein Auge auf das Unterlinden-Museum geworfen. Dort sahen wir uns den weltberühmten Isenheimer Altar von Matthias Grünewald und den Kreuzgang an. Doch auch sonst hatte der Ort einiges zu bieten: alte Bürgerhäuser, viel Fachwerk, ruhige Plätze mit Brunnen und malerische Gassen an der Lauch. Eine Einkehr stand ebenfalls auf dem Programm. In einer leider stark frequentierten Gaststätte aßen wir eine üppige Elsässer Schlachtplatte, die trotz der Massenabfertigung mundete.

Krakau

In Verbindung mit unserer zweiten Breslau-Tour kurz nach der deutschen Wiedervereinigung fuhren wir nach Krakau, wo wir zwei Tage blieben. Besonders beeindruckt waren wir vom Marktplatz, dem größten mittelalterlichen Platz in Europa – mit den Tuchhallen in der Mitte, der Marienkirche am Rande und den historischen Häusern rundherum. Bei den Tuchhallen handelt es sich um einen Backsteinbau im gotischen Stil mit markanten Spitzbogenarkaden im Erdgeschoss. In der Marienkirche mit den zwei unterschiedlich hohen Türmen ist vor allem der spätgotische holzgeschnitzte Marientodaltar von Veit Stoß sehenswert. Interessant sind auch das Königsschloss und insbesondere die Kathedrale auf dem Wawel. Die dreischiffige gotische Basilika besticht durch die vielen kleinen Kapellen mit den Grabmalen fast aller polnischen Könige, die hier zugleich gekrönt wurden.

Flugreise nach Kreta

Als weiteres Ziel hatten wir Kreta auserkoren. Wir flogen bis Iráklion, wurden vom Flughafen mit einem Taxi nach Réthimnon gebracht und checkten in einem erstklassigen Hotel ein, das sich aber sehr schnell als typisches Urlauberhotel entpuppte. Nichts gegen die Zimmer oder die Küche. Der Blick aufs Meer war großartig. Und Frühstücks- sowie Abendbüffet boten trotz des Massenandrangs eine reichliche Auswahl. Mehr noch: beim Gang zum Büffet wurden wir sogar mit einigen landesüblichen Gerichten überrascht.

Nerv tötend sind die Urlauber: die Sonnenanbeter, die schon frühmorgens alles in Beschlag nehmen, indem sie ihre Handtücher auf den Liegen ausbreiten; die Unruhegeister, die an jeder Animation teilnehmen müssen; und die Unruhestifter, die mit ihren Motorbooten – möglichst in Strandnähe – ständig hin und her rasen. Und selbst abends sind nur wenige Leute in der Lage, sich dem Rauschen des Meeres hinzugeben, in einem etwas abgelegenen Winkel der Anlage die Stille zu genießen oder in der zum Gelände gehörenden Taverne gemütlich beisammen zu sitzen und einen Ouzo zu trinken. Stattdessen müssen sie sich in der Bar vergnügen – bei möglichst lauter Musik und reichlichem Alkoholgenuss.

Von der Insel sahen die meisten ohnehin nichts – außer, dass sie mit dem Hotelbus ab und zu in die Altstadt fuhren, dort ihrer Kauflust frönten oder sich erneut dem Alkohol hingaben. Wir zogen zwar auch durch die kleinen Gassen mit den an ihren Haremsgittern zu erkennenden türkischen Häusern, warfen hier und da einen Blick in die winzigen Geschäfte und ließen uns am Meer in einem der zahlreichen Lokale nieder – wenn möglich an einem Tisch im Freien, wo wir eine Kleinigkeit aßen, ein Glas Wein tranken und dabei die Leute beobachteten, die sich über die Promenade wälzten. Doch damit gaben wir uns nicht zufrieden. Wir stiegen zur riesigen Fortézza, der von den Venezianern erbauten Festung hinauf und betrachteten Mauern und Wehrgänge, Schächte und Kasematten sowie eine leere Moschee. Dann gingen wir wieder hinunter zum malerischen Hafen mit seinem Leuchtturm und schauten uns in der Nähe die sogenannte Loggia – das schönste venezianische Gebäude Réthimnons, den imposantesten aller Brunnen und eines der Minarette an.

Mit dem Überlandbus besuchten wir einmal Chaniá, ein anderes Mal Iráklion. Ersteres war einst die Hauptstadt der Insel. Die Stadt verfügt ebenfalls über eine Altstadt mit romantischen Gassen, glänzt aber vor allem mit seinem rundum von Cafés, Tavernen und Souvenirläden umgebenen Hafen. Am Kai fallen die von mehreren Kuppeln gekrönte Janitscharenmoschee und neben der Mole mit dem Leuchtturm die Arsenale auf. Nicht weit vom Markt entfernt steht das höchste und seltsamste Minarett der Stadt mit einer Mischung aus venezianischen und türkischen Stilelementen. Ein Kuriosum ist die uneinheitliche Schreibweise der Ortsbeschilderung – abgesehen davon, dass diese oft nur in griechischer Schrift erfolgt. Chaniá wird zum Beispiel auch durch Haniá oder Xaniá ersetzt.

In Iráklion, der heutigen Hauptstadt Kretas, ragt die venezianische Festung heraus, deren Mauerring mit den gewaltigen Bastionen, vier Toren und tiefen Gräben den Hafen und die Altstadt umgibt. Einen Stadtbummel ließen wir uns zwar nicht entgehen, hatten aber in erster Linie das Archäologische Museum im Visier. Und wir wurden nicht enttäuscht. Die Schätze – übrigens die vollständigste Sammlung minoischer Kunst weltweit – übertrafen bei weitem unsere Erwartungen. Zu den herausragenden Stücken zählen der Diskos von Phaistós, die Schlangengöttinnen, der Stierkopf-Rhyton, die Sarkophage in Form von Truhen und Wannen sowie das Stierspielfresko.

Um Teile im Süden und Osten der Insel auf eigene Faust erkunden zu können, mieten sie für zwei Tage ein Auto. Sie müssen einsehen, dass bei den kurvenreichen Straßen deutlich mehr Kilometer zurückzulegen sind, sie folglich auch mehr Zeit benötigen. Hinzu kommen die Unwägbarkeiten der zum Teil in schlechtem Zustand befindlichen Straßen: Schlaglöcher, nicht beseitigte Ölspuren und wegbrechende Ränder der Asphaltdecken. Auch mit Maultieren oder Eseln müssen sie insbesondere auf den abgelegenen Strecken im Landesinneren rechnen.

Die Tour am ersten Tag führt sie ans Lybische Meer. Nach einer abenteuerlichen Fahrt durch die zerklüftete Bergwelt überwinden sie schließlich den achthundert Meter hohen Pass, um von dort durch die Impros-Schlucht ans Meer zu gelangen. Das Fischerdorf Chóra Sfakion lassen sie rechts liegen. Sie begeben sich auf direktem Weg zu der von Venezianern errichteten Burg Frangokastello, die den Widerstand der Kreter nicht zu brechen vermochte. Auch die Türken bissen sich die Zähne an diesem Volk aus. Anfang des 19. Jahrhunderts traten siebenhundert Freiheitskämpfer einer zehnfachen türkischen Übermacht entgegen, die lieber starben, als sich dem Feind zu unterwerfen. Von dort fahren sie weiter zum Kloster Préveli. Zunächst kommen sie am Káto Moní Préveli vorbei, in dessen gespenstisch wirkenden Ruinen sie sich eine Weile umsehen. Danach landen sie beim Moni Préveli, der hoch auf einem Felsen über dem Lybischen Meer thronenden Abtei, deren Anlage mit den großen Schatten spendenden Bäumen eine wahre Idylle ist. In der Kirche befinden sich wertvolle Ikonen. Das Kloster war Zentrum des Widerstands gegen die Türken und später, im Zweiten Weltkrieg, gegen die Deutschen.

Auf der Rückfahrt, kurz vor Réthimnon, machen sie noch einen Abstecher zu einem anderen Kloster – dem fünfhundert Meter hoch gelegenen Moni Arkádi, Kretas Nationalheiligtum. Hier besichtigen sie die Pulverkammer, die Zellen, die Küche und den Speisesaal sowie die Kirche. Gegen Ende des 19. Jahrhunderts hatten sich kretische Freischärler und an die tausend Zivilpersonen hinter den Klostermauern verschanzt. Nach dem Eindringen der Türken ließ der Abt Lunten an das Pulvermagazin legen. Dreitausend Menschen – Griechen und Türken gleichermaßen – flogen in die Luft. Auf Tischen und Bänken sind noch Säbelhiebe, in den Mauern Einschüsse und auf dem Klosterbanner Löcher zu erkennen.

Am zweiten Tag standen das minoische Knossós und die fruchtbare Lassithi-Hochebene auf dem Programm. Der zum Teil rekonstruierte Palast – rund zwanzigtausend Quadratmeter groß – gilt als der Höhepunkt der minoischen Kultur. Angesichts der zahlreichen Ruinen bedarf es aber großer Phantasie, um sich die einstige Pracht vorstellen zu können. Um einen Innenhof herum sind die Räume angeordnet. Hier ragen das dreiteilige Heiligtum, der Thronsaal mit dem Alabastersessel und die königlichen Gemächer heraus. Ein Beweis für die hoch entwickelte Zivilisation sind die sanitären Einrichtungen.

Sie setzen ihre Tour fort und gelangen nach etlichen Kilometern auf gut ausgebauten Straßen hinauf auf die mehr als achthundert Meter hoch gelegene Lassithi, die sich über etwa vierzig Quadratkilometer erstreckt. Die gesamte Anbaufläche ist von Gräben durchzogen. Die Bewässerung erfolgt mit Hilfe von Pumpen. Hin und wieder werden diese noch von alten Windmühlen angetrieben, deren mit weißem Segeltuch bespannte Flügel einst die Ebene beherrschten. Doch in zunehmendem Maße kommt Motorkraft zum Einsatz. Sie um-

runden die Hochebene einmal, verschaffen sich so ein Bild von dieser reizvollen Landschaft. Dabei kommen sie an einem Friedhof vorbei, dessen Gräber mit Fotos der Toten ausgestattet sind. Sie durchqueren eine Reihe von Dörfern, die wie ausgestorben wirken, und kehren in einer Taverne ein, die gerade von einer Busgesellschaft erlöst wird. Auf der Rückfahrt begegnen sie zufällig einem Einheimischen, der noch das typisch kretische Netz auf dem Kopf trägt.

Das letzte Teilstück verlief immer bergab bis Neápolis. Es war das letzte Mal, dass wir über eine dieser kurvenreichen Strecken fahren mussten. Schließlich erreichten wir Chersónissos, das einst verträumte, nun aber von Touristenmassen heimgesuchte Fischerdorf. Auf dem Weg zum Hotel waren wir fast allein unterwegs – begleitet von den spärlich bewachsenen Hängen der überwiegend kargen Landschaft.

Am Tag der Abreise wartete noch eine unangenehme Überraschung auf uns. Der Flug von Iráklion nach Deutschland wurde nirgendwo angezeigt. Am Schalter ließ man uns lange im Ungewissen. Von welchem Flugsteig unsere Maschine abflog, erfuhren wir buchstäblich erst in letzter Sekunde. Ein derartiges Chaos hatten wir noch auf keinem Flughafen erlebt.

Busreise nach Südfrankreich und Monaco

Mit unserem Konzertverein nahmen wir an einer einwöchigen Busrundreise durch Südfrankreich teil. Erster Standort war Avignon, das ich aus früherer Zeit bereits kannte. Diesmal herrschte buntes Treiben in der Innenstadt. Nur der Papstpalast war erneut geschlossen. Angenehm war ein Lokal, in dem wir zu später Stunde noch ein paar Bier trinken konnten und dabei von Englisch sprechenden jungen Damen freundlich bedient wurden. Unangenehm hingegen war der unfreundliche alte Drachen im Frühstücksraum des insgesamt akzeptablen Hotels.

Auch den nahen Pont du Gard kennt er bereits. Neu für ihn sind die Städte Nimes und Arles, wo sie die großartigen, noch gut erhaltenen römischen Arenen aus dem frühen 1. Jahrhundert nach Christus besichtigen. Und auch das Römische Theater in Orange, eines der am besten erhaltenen der antiken Welt, das als einziges noch die Kaiserstatue des Augustus besitzt, bekommt er erstmals zu Gesicht. Eine interessante Abwechslung nach all dem Sightseeing-Marathon bietet eine Weinprobe im hauseigenen Keller eines großen Weinguts in Châteauneuf-du-Pape, wo sie auch die alten Weinfässer bestaunen können.

Auf der Weiterfahrt ins italienische San Remo, dem zweiten und zugleich letzten Standort unserer Tour, legten wir in Grasse eine Pause ein. Dort sahen wir uns in einer Fabrik um, die aus dem in der Umgebung wachsenden Lavendel Parfüm herstellte. Die nächsten beiden Zwischenstationen, Cannes und Nizza, waren derart verregnet, dass wir auf Spaziergänge entlang des Boulevard de la Croisette in Cannes sowie auf der Promenade des Anglais in Nizza verzichten mussten. Stattdessen beschränkten wir uns auf die Einkehr in einem der Cafés.

Von San Remo fuhren wir am nächsten Morgen nach Frankreich zurück, um Monaco einen Besuch abzustatten. Wir hielten uns den ganzen Tag über im Fürstentum auf, das ich früher nur mal kurz gestreift hatte. Ausgangspunkt unserer Erkundungen war der Stadtbezirk Moneghetti, wo wir durch den hoch gelegenen Exotischen Garten spazierten. Vor allem meine Frau konnte sich an den tropischen Pflanzen berauschen. Ich genoss dafür umso mehr den grandiosen Blick hinunter auf das Mittelmeer und den lebhaften Hafen.

Von Moneghetti aus geht es hinüber nach Monaco-Ville, das auf einem weit ins Meer hinaus ragenden Felsen thront. Hier verfolgen sie die Wachablösung vor dem Schloss. Nach London, Kopenhagen und Athen üben derartige Zeremonien aber keinen besonderen Reiz mehr auf sie aus. Danach betreten sie die Cathédrale mit dem Grab der Fürstin Gracia Patricia, ehe sie in einer der schmalen Gassen gerade noch einen freien Tisch finden, um zu Mittag speisen zu können. Nach dem Essen fassen sie den Entschluss, das Ozeanographische Museum mit seinen wertvollen wissenschaftlichen Sammlungen unter die Lupe zu nehmen. Die Sammlungsstücke stammen überwiegend von Forschungsreisen des Fürsten Albert I. Auch Jacques Cousteau trug einen Teil dazu bei.

Den Abschluss unseres Monaco-Aufenthalts bildete ein Abstecher ins Spielcasino von Monte Carlo. Wir setzten am Automaten einen kleineren Betrag ein, gingen am Ende jedoch leer aus.

Bevor wir in San Remo unsere letzte Nacht verbrachten, zogen wir zu vorgerückter Stunde über die Via Matteotti in

Richtung Altstadt. In einem der Straßenlokale tranken wir ein, zwei Grappa und warfen zum Abschied noch einen kurzen Blick auf das dortige Casino, ohne allerdings weitere Glücksspiele zu riskieren.

Busfahrt in die Tschechische Republik

Der Konzertverein war es auch, mit dem wir – nach dem Fall des Eisernen Vorhangs und der Trennung zwischen Tschechen und Slowaken – die neu gegründete Tschechische Republik besuchten. Allein die Fahrt durch die dichten böhmischen Wälder – eine fast unberührte Natur mit hier und da kleinen Ortschaften, in denen die Zeit still zu stehen schien – war ein Vergnügen. Zudem war es von Vorteil, dass eine der Reiseteilnehmerinnen, eine gebürtige Tschechin, ihre alte Heimat bestens kannte und so dafür sorgte, dass aus der zweitägigen Bustour mehr als eine reine Touristenveranstaltung wurde. Überhaupt war die ganze Angelegenheit schon dadurch wesentlich angenehmer, dass die lästigen Grenzkontrollen wegfielen und niemand mehr wie früher den Fahrzeugunterboden absuchte und im Tank herumstocherte.

Erster Halt war Loket, das frühere Elbogen. Das romantische Städtchen entzückt mit einem langgestreckten Marktplatz und fein herausgeputzten Häusern. Einige von ihnen schmiegen sich an einen Hang und sind abwechselnd über leicht ansteigende Gassen und steile Treppen erreichbar. Oben auf der Bergkuppe thront eine imposante Burg. Andere Stufen führen hinunter zur Eger, die gemächlich dahinfließt. Von der Brücke, die das Tal überspannt, ist sie besonders schön zu sehen. Wir taten beides, blickten von der Burg auf den gepflegten Ort und von der Brücke auf das tief gelegene Tal mit dem erstaunlich breiten Fluss.

Kurz darauf erreichten wir Karlovy Vary, das einstige Karlsbad. Mehr als zwanzig Jahre waren inzwischen vergangen, seit wir diesen Platz das letzte Mal aufgesucht hatten. Aus dem stillen Fleckchen war ein Rummelplatz für Touristen und Geschäftemacher geworden. Teure Hotels und Läden beherrschten das Stadtbild. Vor allem russische und andere Millionäre hatten sich in dem Kurort breitgemacht. Das frühere Flair war unwiederbringlich verloren und offenbarte die Kehrseite des Kommunismus, die auch nicht der Weisheit letzter Schluss ist. Das einzige Vergnügen, das wir uns gönnten, war eine Fahrt mit der uns bis dahin unbekannten Standseilbahn zu dem hoch über der Stadt gelegenen Aussichtsturm "Diana" – erbaut 1914 mit einer Höhe von fünfunddreißig Metern.

Auf die Enttäuschung folgt eine angenehme Überraschung, die letztlich zu einem Erlebnis der besonderen Art wird. Becov, das ehemalige Petschau, hat von der Bausubstanz her zwar nicht viel zu bieten – außer dem restaurierten Barockschloss mit den gepflegten Parkanlagen. Was sie aber im Inneren des Gebäudes erleben, ist ein echter Höhepunkt. Die Rede ist von dem etwa vierzig Jahre lang verschollen gebliebenen Reliquienschrein St. Maurus aus dem 12. Jahrhundert – einem einmaligen romanischen Werk von europäischer Bedeutung. Mitte der neunziger Jahre des 20. Jahrhunderts haben Kriminalbeamte das wertvolle Stück im Boden der Petschauer Burgkapelle gefunden. In den Folgejahren wurde es exzellent restauriert.

Das Beeindruckende an der Besichtigung dieses Kunstwerks ist die Art und Weise, wie es präsentiert wird. Anhand von Modellen – ergänzt durch eine anschauliche Dia-Vorführung – lässt sich der Fortgang der Restaurierungsarbeiten verfolgen. Den mit Gold und Edelsteinen besetzten Reliquienschrein können sie anschließend im Original bewundern – in einem abgedunkelten Raum in einer dezent beleuchteten Glasvitrine. Selten hat sie eine kunstgeschichtliche Darbietung derart fasziniert.

Nach diesem Ereignis stand die letzte Station der Rundfahrt natürlich auf verlorenem Posten. Das Schloss in Lázne Kynzvart, zu Deutsch Königswart, machte wohl einen ordentlichen Eindruck. Es lag auch sehr schön in einem weitläufigen Park. Es beherbergte sogar eine gewaltige Sammlung mit zum Teil kuriosen Exponaten, die Fürst Metternich zusammengetragen hatte, der einst auf dem Wiener Kongress die Hauptrolle spielte. Doch mit Becov konnte das Anwesen dennoch nicht konkurrieren.

Busreise nach Masuren

Die nächste Busrundreise mit dem Konzertverein führte uns in den Norden Polens. Über Stettin, Danzig und Marienburg ging es nach Masuren und von dort wieder zurück über Thorn und Posen. Das Unternehmen gelang allein schon deshalb, weil die polnische Reiseleiterin Iwona viel Wissenswertes über Land und Leute zu berichten wusste. Darüber hinaus konnte sie auch treffende Vergleiche mit Deutschland anstellen, über das sie bestens informiert war.

Sie verstand es sogar, während längerer Fahrten die toten Phasen der müden Gesellschaft zu überbrücken, indem sie mit ein paar polnischen Witzen aufwartete.

Etwas enttäuscht waren wir von Szczecin – den Deutschen als Stettin geläufig, das außer der berühmten Hakenterrasse mit den prunkvollen Amtsgebäuden im Stil der wilhelminischen Zeit und einem schönen Blick auf Oder und Hafen nicht viel zu bieten hatte. Erwähnenswert sind allenfalls noch das Alte Rathaus und das Schloss – eine stattliche Anlage der pommerschen Herzöge mit Renaissance-Fassaden der italienischen Art. Deutlich zu erkennen war, dass noch längst nicht alles so schön restauriert war wie in Breslau und Krakau. Dafür hatten wir in einer von Einheimischen bevorzugten Kneipe einigen Spaß. Weil einem älteren weiblichen Vereinsmitglied das Bier zu kalt war, stellte die Wirtin das Glas samt Inhalt einfach in die Mikrowelle. Die kälteempfindliche Dame schien mit dem Ergebnis zufrieden gewesen zu sein. In diesem Zusammenhang musste ich an meine aus Ostpreußen stammende Großmutter denken, die, wenn sie einmal Bier trank, ebenfalls angewärmtes verlangte.

Als Highlight hingegen entpuppte sich Gdansk, die alte Hansestadt Danzig, die wir auf einem Umweg über das Land der Kaschuben erreichten. Aus der zerbombten Stadt haben die Polen ein echtes Kleinod hervorgezaubert – auch wenn böse Zungen behaupten, eine kümmerliche Nachbildung vor sich zu haben. Und obwohl die Stadt ein Touristenmagnet erster Güte ist, hielt sich der Andrang in den engen Gassen in Grenzen.

Bemerkenswert ist der Gang über den Langen Markt, das Zentrum der Rechtstadt – mit Rathaus und Artushof, in dem die reichen Patrizier ihre Gildeversammlungen abhielten. Doch nicht nur hier, sondern auch in den angrenzenden Gassen kann man die Bürgerhäuser mit den für Danzig typischen Giebeln bewundern – selbst wenn nur die Fassaden originalgetreu rekonstruiert wurden. Häufig sind mehrere Häuser über ein gemeinsames Treppenhaus erreichbar. In der Frauengasse sind sogar noch die Beischläge zu sehen – Terrassen, die in Höhe des Hochparterres davor gesetzt wurden. Sehenswert ist auf jeden Fall die Marienkirche, eine dreischiffige Hallenkirche mit Querschiff und einem unvollendeten Turm. Sie gilt als die größte mittelalterliche Backsteinkirche der Welt. Bei deren Begehung wandeln sie über zahlreiche in den Boden eingelassene Grabplatten. Nicht zuletzt lädt der Mottlau-Kai, der entlang des gleichnamigen Nebenflusses der Weichsel verläuft, zu einem Bummel ein. Das hier zu bestaunende Panorama reicht bis hinunter zum Krantor, dem Wahrzeichen Danzigs.

Vom Hotel aus wandern sie abends am Strand der Danziger Bucht entlang nach Zoppot, das heute Sopot heißt. Auf dem Hinweg stapfen sie durch tiefen Sand, was derart viel Kraft kostet, dass seine Frau mit ihren lädierten Knien nicht mehr in der Lage ist, die mit fast fünfhundertzwanzig Metern längste Mole der Ostseeküste zu bewältigen. Er erinnert sich daran, dass seine Großmutter in jungen Jahren oft ihren Urlaub hier verbracht hat. Trotz der Strapazen und der inzwischen eingetretenen Dunkelheit legen sie auch den Rückweg zu Fuß zurück, wählen statt des Strandes aber die beleuchtete Promenade.

Am nächsten Tag besuchten wir zunächst die Kathedrale von Oliwa, wo wir einem Orgelkonzert lauschten. Danach fuhren wir weiter nach Malbork mit der berühmten Marienburg, der von den Deutschen Ordensrittern errichteten größten Backsteinburg Europas.

Die komplexe Anlage am Ufer der Nogat besteht aus drei separaten Burgen: der Hochburg, die als Kloster für die Rittermönche diente – mit der Marienkirche und dem Hauptturm; der Mittelburg, dem Sitz der Verwaltung des Ordensstaats – mit dem Hochmeister-Palast; und der Vorburg mit Werkstätten und Waffenschmieden, Stallungen und Scheunen. Die Hochburg betritt man über eine Zugbrücke. Durch einen Mauerspalt über dem Torhaus konnte siedendes Wasser auf Eindringlinge geschüttet werden. Ein Kreuzgang verbindet die vier Gebäudetrakte. Die Wohn- und Schlafgemächer befinden sich im ersten Stock. Herzstück der Hochburg ist der Kapitelsaal, in dem drei Sehenswürdigkeiten besonders auffallen: das Fächergewölbe, das zusammen mit den tragenden Säulen einem steinernen Palmenhain gleicht; einige Fresken an den Wänden; und das Eichengestühl, auf dessen größtem Stuhl der Hochmeister thronte. Im Hochmeister-Palast der Mittelburg ragen Sommer- und Winterremter sowie das Vestibül heraus. Das Fächergewölbe im Sommerremter wird von nur einer Granitsäule getragen. Die zahlreichen Fenster lassen viel Licht herein. Der angrenzende Winterremter besitzt sogar einen Kamin und diente damals als Speisesaal. Das Vestibül, die repräsentative Vorhalle, verfügt über einen Brunnen und eine kleine Galerie, auf der Trompeter die geladenen Gäste begrüßten. Alles in allem bleibt festzuhalten, dass die für die Marienburg zuständige Führerin nicht annähernd an die Reiseleiterin Iwona herankommt. Dafür aber ist die gewaltige Burganlage umso beeindruckender.

Auf der Weiterfahrt Richtung Masuren kamen wir durch Olsztyn, das frühere Allenstein, und landeten gegen Abend endlich in Mragowo, dem ehemaligen Sensburg. Am Ziel unserer Reise, wo wir im besten Hotel weit und breit untergebracht waren, bis zu unserem Zimmer allerdings an die hundert Meter zurücklegen mussten, waren es immerhin nur ein paar Schritte bis zum See. Angenehm war auch, dass wir nach dem Abendessen im hoteleigenen Strandlokal zu angemessenen Preisen noch ein Bier oder einen Wodka trinken konnten.

Von Sensburg aus suchten wir zwei Orte auf, die durchaus interessant waren, aber nicht ganz unseren Vorstellungen entsprachen. Zum einen handelte es sich um die barocke Wallfahrtskirche Heiligelinde, deren Orgelvorführung mit sich drehenden Sternen, Posaune blasenden Engeln, läutenden Glocken und sonstigem Tinnef reichlich kitschig wirkte. Zum anderen war die ab Nikolaiken organisierte Bootsfahrt auf dem Spirding-See, dem größten masurischen Gewässer, zu viel des Guten. Mit eineinhalb Stunden zog sie sich doch sehr in die Länge.

Anders der Ausflug zur Wolfsschanze, Adolf Hitlers Hauptquartier, von dem aus die verbrecherischen Befehle der Nazi-Führung ergingen. Diesen Ort muss man gesehen haben – ähnlich wie das Nürnberger Reichsparteitagsgelände oder eines der vielen Konzentrationslager, um den Wahnsinn dieses Mannes und seiner Gefolgsleute hautnah spüren zu können. Die im dicht bewachsenen, ziemlich dunkel wirkenden Wald verstreut liegenden Bunker – riesige Betonklötze ohne Fenster, ohne direkte Luftzufuhr und mit fünf Meter dicken Wänden – wirken selbst nach der Sprengung noch gigantisch und unheimlich zugleich. Heute vergehen sich nicht die Nazis, sondern die Mücken an den Menschen, die meist sprachlos, aber kopfschüttelnd das Terrain durchstreifen. Ehrfürchtig halten sie am schlichten Gedenkstein in Form eines aufgeschlagenen Buches inne und lesen die darauf befindliche Inschrift: "Hier stand die Baracke, in der am 20. Juli 1944 Claus Graf Schenk von Stauffenberg ein Attentat auf Adolf Hitler unternahm. Er und viele andere, die sich gegen die nationalsozialistische Diktatur erhoben hatten, bezahlten mit ihrem Leben." Dem polnischen Führer der Wolfsschanze, der die Geschichte dieses beklemmenden Ortes gründlich recherchiert hat, ist es zu verdanken, dass sie Dinge erfahren, die ihnen bisher unbekannt waren: über den Bau der Bunkeranlage und über das, was sich in ihren Mauern abgespielt hat.

In Torun, zu Deutsch Thorn, dem Geburtsort des Astronomen Nikolaus Kopernikus, beginnt die Backsteingotik der Kreuzritter. Die mittelalterliche Altstadt – von den Resten einer Stadtmauer mit etlichen Toren umgeben – wurde bereits zum UNESCO-Weltkulturerbe erhoben. Es bedurfte aber einer umfassenden Restaurierung, um beispielsweise den Glanz einer Stadt wie Bamberg zu erlangen. Zu viele Gebäude der früheren Hansestadt befanden sich noch in einem trostlosen Zustand. Hervorzuheben ist hingegen das an flandrischen Vorbildern orientierte Rathaus aus dem 14. Jahrhundert. Erwähnenswert sind auch die vielstöckigen historischen Lagerhäuser am Ufer der Weichsel.

Letzte Station war Poznan, das einstige Posen. In der Nähe von Polens wichtigster Messestadt hatte meine Mutter das Licht der Welt erblickt. Viel sehen konnten wir von der Stadt nicht, weil wir erst am späten Nachmittag im Hotel angekommen waren. Dafür trafen wir uns am Abend mit unseren polnischen Freunden, die extra aus Breslau angereist waren. Gemeinsam begaben wir uns in die Altstadt, warfen auf dem Weg dorthin einen Blick in eine ehemalige Brauerei, die in ein gigantisches Shopping-Center verwandelt worden war, und bestaunten das angestrahlte Renaissance-Rathaus am Alten Markt – einen dreistöckigen Bau aus hellen Steinquadern mit einer von Arkadenloggien geprägten Fassade und einem über sechzig Meter hohen Uhrturm. Wie schon in Thorn feierten auch hier die Studenten ihren Semesterabschluss, wobei sie das gesamte Areal rund um das Rathaus bevölkerten. Unsere Freunde und wir kehrten in einer Brauereigaststätte ein, die der Professor für Zahnmedizin von Geschäftsreisen her kannte, speisten vorzüglich und tranken hausgebrautes Bier – natürlich auf deren Kosten. Die sprichwörtliche Gastfreundschaft ließen sie sich auch diesmal nicht nehmen. Und sie konnten es auch nicht lassen, uns zum Abschied noch ein Geschenk zu überreichen. So blieben uns nur ein Dankeschön und der Wunsch, uns bei einem Wiedersehen in Coburg revanchieren zu können.

Zweite Busfahrt nach Südtirol

Bei unserem zweiten Südtirol-Besuch standen mehrere Tagestouren mit Weihnachtsmarktbesuchen auf dem Programm: nach Meran, entlang der Südtiroler Weinstraße, zur Seiser Alm und ins Grödner Tal, nach Bozen und Brixen sowie nach Sterzing in Verbindung mit der Heimreise. Untergebracht waren wir in einem familiengeführten Bozener Hotel, in dem auch die Silvesterfeier stattfand.

In Meran lockte uns zum einen der historische Stadtkern mit den drei Stadttoren, der spätgotischen Pfarrkirche und der schönen Laubengasse; zum anderen das Kurviertel mit der Promenade an der Passer und dem Kurhaus. In der Laubengasse fallen die offenen Gewölbe in den Erdgeschossen und die reich verzierten Fassaden mit den Erkern in den Obergeschossen auf. Auf der Kurpromenade fand gerade der Weihnachtsmarkt statt. Sehenswert ist das Kurhaus, das im Jugendstil errichtet wurde. Neu für uns waren die unzähligen Liebesschlösser, die an einer Brücke über die Passer angebracht waren. Nachdem wir die Altstadt zu Fuß erkundet hatten, ruhten wir uns noch eine Weile im Café "Konditorei König" aus, in dem wir nur mit Mühe einen Platz ergattern konnten, und verzehrten ein Stück Meraner Torte – eine Spezialität des Hauses.

Auf der Fahrt entlang der Südtiroler Weinstraße streifen sie Orte wie Eppan, Kaltern und Tramin. Im Eppaner Ortsteil St. Pauls beherrscht die Pfarrkirche St. Pauls – auch Dom auf dem Lande genannt – das Ortsbild. Die spätgotische Hallenkirche stammt aus dem 15. Jahrhundert. Weithin sichtbar ist die barocke Zwiebelhaube. Im Innern sind der neugotische Hochaltar, das Triumphbogenkreuz am Chorgewölbe aus dem 14. Jahrhundert und die Madonna mit Jesuskind aus dem 15. Jahrhundert besonders sehenswert. Bekannt ist die Kirche vor allem wegen ihres aus neun Glocken bestehenden Geläuts.

In Kaltern warfen wir zunächst einen Blick auf den Kalterer See. Er ist einer der größten Seen Südtirols und zugleich einer der wärmsten Badeseen der Alpen. Beliebt sind die von hier stammenden Weine, wovon wir uns bei einer Weinprobe in einem der Weinkeller von Kaltern überzeugen konnten.

Endpunkt dieser Tagesfahrt war eine Sektkellerei in Mezzocorona, das bereits in der Provinz Trient liegt. Auch hier durften wir probieren. Gewöhnungsbedürftig war die Anordnung der Flaschenregale, die optisch einen schiefen Eindruck hinterließen – auch im nüchternen Zustand vor der Probe. Innenarchitektonisch betrachtet ein durchaus gelungener Trick.

Auf dem Weg ins Grödner Tal besuchen sie die Seiser Alm, ein Naturschutzgebiet mit einer Fläche von über fünfzig Quadratkilometern. Auf der größten Hochalm Europas nehmen sie an einer Pferdeschlittenfahrt teil. Eingehüllt in dicke Wolldecken geht es mit zwei Haflingern über die verschneite Alm. Während der halbstündigen Fahrt – bei Sonnenschein und blauem Himmel – bieten sich einzigartige Ausblicke auf die Dolomiten.

Im leider überlaufenen Grödner Tal machten wir erst in Wolkenstein und dann in St. Ulrich Station. In Wolkenstein fällt der achteckige Bau der Kirche "Maria Himmelfahrt" mit den etwa hundertfünfzig Quadratmeter umfassenden Farbglaskreationen auf. Außerdem waren überall im Ort die zahlreichen von Künstlern geschaffenen Schnee- und Eisskulpturen zu bewundern. In St. Ulrich besuchten wir das Museum Gröden mit seiner reichen Sammlung von

Grödner Holzschnitzereien aus dem 17. bis 20. Jahrhundert.

Am letzten Tag besuchten wir Bozen und Brixen. Ausgangspunkt unseres Rundgangs durch Bozen war der Waltherplatz mit dem an Walther von der Vogelweide erinnernden Denkmal. Hier befindet sich der Dom, zu dessen wertvollsten Stücken die Kanzel aus Sandstein, eine Pietà und spätgotische Fresken zählen. Freude bereitete uns das Schlendern durch die Laubengasse bis zum Obstmarkt. Ähnlich wie in Meran befinden sich im Erdgeschoss der Häuser – zur Gasse hin – die Laubengänge mit den Geschäften und dahinter die Gewölbe mit den Lagern. Manche Keller reichen bis zu vier Stockwerke in die Tiefe. In den oberen Etagen sind die Wohnungen untergebracht, die um einen Lichthof herum angeordnet und über Außentreppen erreichbar sind.

Höhepunkt ist das Südtiroler Archäologie-Museum mit dem berühmten Gletschermann "Ötzi", der vor über fünftausend Jahren gelebt hat. Bekleidet war er mit einer Mütze, Oberbekleidung, Beinkleidung, einem Gürtel, einem Lendenschurz, einem Paar Schuhe und einer Grasmatte. Zur Ausrüstung gehörten unter anderem ein Kupferbeil, ein Dolch mit Dolchscheide, ein Bogen und ein Köcher mit zwei schussbereiten Pfeilen sowie eine Rückentrage. Die gut erhaltene Mumie – eine Weltsensation – befindet sich in einer Kühlzelle und kann durch eine vierzig mal vierzig Zentimeter große Wandöffnung betrachtet werden.

In Brixen, das sich heute den Bischofssitz mit Bozen teilt, sind überall Spuren der Institution Kirche zu finden:

Dom, Frauenkirche, Johanneskapelle, Diözesanmuseum, Priesterseminar, Klarissen- und Kapuzinerkloster sowie Pfarrkirche St. Michael. Wir beschränkten uns auf eine Besichtigung des Doms. Auffallend in diesem barocken Kirchenbau sind die vielen Altäre, Haupt- und Chororgel, die Bischofsgräber und der Kreuzgang mit gotischen Fresken, die Szenen der Heiligen Schrift darstellen.

Auf der Rückfahrt machten wir noch in Sterzing, der nördlichsten Stadt Italiens halt. Der Brennerpass und die Grenze zu Österreich befinden sich in fünfzehn Kilometer Entfernung. Der mittelalterliche Stadtkern besitzt prächtige Bürgerhäuser mit Erkern und Treppengiebeln, malerische Gassen, mittelalterliche Plätze und eine herrliche Bergkulisse. Geprägt wird das Ortsbild vom Zwölferturm, dem Wahrzeichen der Stadt.

Busreise in die Toskana

Bei einer weiteren Busfahrt mit dem Konzertverein war die Toskana das Ziel. Bei den Tagestouren wandelten wir auf den Spuren von Giacomo Puccini, ließen uns aber Florenz und Pisa nicht entgehen. Zentrale Anlaufstation war Montecatini Terme, das mondänste Thermalbad der Region. Mit den zur Fin-de-Siècle-Architektur gehörenden Trinkhallen und den von Parkanlagen umgebenen Hotels aus der Zeit der Belle Époque besitzt der Kurort einen besonderen Charme. Auch unser Hotel war in die Jahre gekommen, hinterließ aber einen gepflegten Eindruck. Angenehm war die Einnahme der Mahlzeiten auf der Terrasse, was dem gemäßigten Klima zu verdanken war. Abends unternahmen wir noch einen Rundgang durch das Kurviertel, ehe wir mit der Standseilbahn nach Montecatini Alto hinauffuhren, um dort in einem der nostalgischen Straßencafés einzukehren und den Blick auf das beleuchtete Montecatini Terme zu genießen.

Die Standseilbahn startet an der Talstation. Auf Schienen fährt sie in gemächlichem Tempo den steilen Berg hinauf. Auf der Strecke verkehren zwei rote Wagen, deren Abteile treppenförmig angelegt sind, um die Schräge auszugleichen. Die Wagen sind fest mit einem Drahtseil verbunden, das in der Bergstation über eine Seilscheibe geführt wird. Sie halten sich ungefähr im Gleichgewicht . Der talwärts fahrende Wagen begegnet dem bergwärts fahrenden in der Mitte der Strecke, wo eine Ausweichstelle angelegt ist. Die 1898 eingeweihte Bahn ist die älteste noch betriebene Standseilbahn in Italien. Mit etwa tausendfünfzig Meter Länge überwindet sie einen Höhenunterschied von gut zweihundert Metern. Der stärkste Anstieg liegt bei über achtunddreißig Prozent. Die Bahn verkehrt bis Mitternacht alle dreißig Minuten. Die Fahrtdauer beträgt etwa sieben Minuten bis zur Ankunft in der Berg- beziehungsweise Talstation.

Die Giacomo Puccini betreffende Spurensuche begannen wir in Lucca, wo sich – schräg hinter seiner Bronzestatue – sein Geburtshaus und nicht weit davon entfernt sein Stammcafé "di Simo" befindet. In letzterem kehrten wir ein.

Doch Lucca hat mehr zu bieten. Allen voran die Piazza dell' Anfiteatro, im Volksmund Piazza del Mercato genannt. Das Oval eines ehemaligen römischen Amphitheaters ist noch deutlich zu erkennen. Auf dem wunderschönen Platz wird seit Jahrhunderten Markt abgehalten. Etliche zwei- bis sechsgeschossige Bürgerhäuser säumen das weiträumige Areal, wobei das oberste Stockwerk meist zurückversetzt gebaut wurde, so dass es vom Platz aus nicht sichtbar ist. Hinter den über fünfzig Rundbögen in den Erdgeschossen warten Geschäfte und gastronomische Einrichtungen, die auch von außerhalb des Ovals zugänglich sind, auf Kundschaft. Vier größere Bögen bilden die Eingangstore zur Piazza.

Auch zwei Kirchen sind sehenswert. Beim Dom San Martino und der Kirche San Michele in Foro besticht vor allem die Fassade durch ihre reiche Gliederungsvielfalt. Es handelt sich zweifellos um zwei der prächtigsten Beispiele dieser typisch toskanischen Bauform. Im Dom fallen zudem das Sakramentshaus, der San Regolo-Altar, das "Volto Santo" genannte Holzkruzifix und der Marmorsarkophag für die sehr jung im Kindbett verstorbene Frau des damaligen Herrschers von Lucca auf.

Nicht zuletzt sind noch die über vier Kilometer lange, zwölf Meter hohe und bis zu zwölf Meter breite, aus Ziegelsteinen errichtete und von einer doppelten Baumallee gekrönte Stadtmauer, die heute begehbar ist, sowie der Torre Guinigi mit seinen auf dem Dach sichtbaren Steineichen erwähnenswert.

Weiter ging es mit der Spurensuche in Viareggio, dem Seebad mit Palmenallee und Gebäuden der Fin-de-Siècle-Architektur. Hier war Puccini im "Gran Caffè Margherita" regelmäßig zu Gast. Nicht weit davon entfernt – am Rande von Torre del Lago Puccini, nahe dem Ufer des Lago di

Massaciuccoli – steht seine Villa, in der er lebte und arbeitete. Dort befindet sich auch seine Grabstätte. Wir besichtigten das Haus, dessen Einrichtung im Original erhalten blieb, und nahmen an einer Bootsfahrt über den See teil, der zu seinen beliebtesten Jagdrevieren gehörte.

Auf der Rückfahrt nach Montecatini Terme erwartete uns noch eine ausgiebige Weinprobe mit Imbiss im kleinen sonnigen Städtchen Montecarlo.

In Pisa gilt ihr Interesse der Piazza dei Miracoli mit dem berühmten aus Camposanto, Baptisterium, Dom und Campanile bestehenden Ensemble. Auf dem Camposanto, dem Heiligen Feld, wo die Bürger früher begraben wurden, betrachten sie die in offenen Säulengängen aufgestellten antiken Sarkophage und einige aus dem 14./15. Jahrhundert stammende Fresken. Im Baptisterium, der größten Taufkapelle der Welt – aus weißem Marmor auf rundem Grundriss erbaut – sehen sie sich ebenfalls um. Hier ragt die sechseckige, auf sieben Porphyr-Säulen ruhende Marmorkanzel heraus. Sie ist die erste freistehende Kanzel überhaupt. Den Dom hingegen können sie mangels vorbestellter Eintrittskarten nicht besichtigen. Abschließend bleibt ihnen noch der faszinierende Anblick des freistehenden Campanile, der als "Schiefer Turm" das fotogenste Bauwerk auf dem Platz ist.

Ein Tagesausflug führte uns nach Florenz. Weniger erfreulich war die deutlich verspätete Zugankunft in Montecatini Terme. Und auch die brütende Hitze sowie der Andrang der Touristen verleideten uns ein wenig den Aufenthalt in der Stadt der Künste, Paläste, Kirchen und Museen. Wenigstens war die Innenstadt einschließlich des historischen Zentrums für den Autoverkehr weitgehend gesperrt.

Nichtsdestotrotz: die Wiege der Renaissance, die einst von der mächtigen Dynastie der Medici regiert wurde und heute zum UNESCO-Weltkulturerbe gehört, war schon immer eine der florierenden Metropolen Europas und entschädigte uns für manche Unannehmlichkeit. Den Mittelpunkt der Stadt bilden drei recht unterschiedliche Plätze: die Piazza della Repubblica mit dem Triumphbogen "Arcone", wo wir zwischenzeitlich in einem Café einkehrten; die Piazza della Signoria mit dem Palazzo Vecchio – heute Rathaus – und der Loggia dei Lanzi; sowie die Piazza del Duomo mit der Kathedrale Santa Maria del Fiore und dem Baptisterium San Giovanni.

Beeindruckt sind sie vom Palazzo Vecchio, dessen Turm mit vierundneunzig Meter in die Höhe ragt, und dessen Eingang von berühmten Skulpturen flankiert wird – darunter dem "David" von Michelangelo. Auch die Loggia dei Lanzi, ein Arkadenbau, gefällt ihnen. Nach ihrem Vorbild wurde die Feldherrnhalle in München errichtet.

Die Kathedrale Santa Maria del Fiore, kurz Dom genannt, ist eine der flächenmäßig größten Kirchen Europas, erscheint innen aber nicht so eindrucksvoll wie außen, wo die Kuppel, eine technische Meisterleistung der frühen Renaissance, die Silhouette der Stadt bestimmt. Am Baptisterium San Giovanni hingegen, einem oktogonalen Bauwerk, können sie mit den drei bronzenen Portalen, darunter die Paradiespforte, eine Kostbarkeit bewundern.

Der letzte Teil des Rundgangs führte uns an den Uffizien mit den Kunstsammlungen vorbei zum Ponte Vecchio und abschließend zur Franziskanerkirche Santa Croce. Während wir für den Besuch der Uffizien keine Eintrittskarten mehr bekamen, konnten wir Santa Croce kostenfrei betreten. Und das hatte sich gelohnt. Hier befinden sich nämlich die Grabmäler so berühmter Persönlichkeiten wie Michelangelo, Galilei, Machiavelli und Rossini.

Ein besonderes Erlebnis für sie ist das Betreten des Ponte Vecchio, einer der ältesten Segmentbrücken der Welt. Das aus dem 14. Jahrhundert stammende Bauwerk beherbergt eine Reihe von Goldschmiede- und Juweliergeschäften. Die Rückseiten der Läden hängen wie mehrstöckige Erker über der Brücke. Über der Ladenzeile befindet sich ein Teil des Vasarikorridors, einer Verbindung zwischen dem Palazzo Vecchio und dem Palazzo Pitti. Von den drei in der Mitte der Brücke angeordneten Arkadenbögen bietet sich ein herrlicher Ausblick auf den Arno.

Auf der Heimfahrt feierten wir im Bus noch den sechzigsten Geburtstag meiner Frau, der reichlich mit Sekt begossen wurde. Auch das war – wie der hinter uns liegende Besuch der Toskana – ein Ereignis der besonderen Art.

Teil V

Fernweh

Flugreise nach New York

Bei einer vom Gerätehersteller organisierten Flugreise von Köln nach New York – einem Geschenk für treue Großkunden, verdiente Mitarbeiter und die firmeneigene Tischtennismannschaft – ist auch er dabei. An Bord des Jumbo-Jet wird fröhlich gefeiert, dem Alkohol reichlich zugesprochen. Er und ein paar andere lassen es lieber sein. Der Flug verläuft zunächst ruhig. Die Sicht ist klar, der Blick auf den inzwischen erreichten Atlantik mit hier und da auftauchenden Frachtern großartig. Die Stunden vergehen. Der Alkohol fließt nach wie vor in Strömen. Kurz vor der US-Metropole gerät das vollbesetzte Flugzeug in ein Unwetter. Durch die Fenster ist nichts mehr zu sehen. Die große Maschine wird regelrecht hin und her geschleudert, sackt zwischendurch ab, als befände sie sich im freien Fall. Vielen Passagieren steht die Angst ins Gesicht geschrieben. Manche greifen zu den Tüten und übergeben sich. Der Großteil verfällt in Panik, ringt nach Luft, greift nach der ausgelösten Sauerstoffmaske. Ihm und ein paar anderen ist die Situation auch nicht geheuer, selbst wenn sie auf derartige Maßnahmen verzichten können. Schlimm ist nur, dass die Zeit bis zur Ankunft nicht vergehen will, ihnen allen wie eine Ewigkeit vorkommt. Dann endlich setzt der Flieger auf dem John-F.-Kennedy-Flughafen zur Landung an – in strömendem Regen und tristem Grau. Schließlich spüren sie wieder den Boden unter ihren Füßen, atmen erleichtert auf. Sie sind noch einmal davongekommen.

Die Unterbringung erfolgte in einem Hotel nahe Times Square und Broadway – in einem der vielen Hochhäuser mit auf der Rückseite angebrachten Feuerleitern, vollklimatisierten Zimmern und amerikanischem Frühstück, also "ham and eggs". Um einen ersten Eindruck von der Millionen-Stadt zu bekommen, stand eine Bootstour um Manhattan herum auf dem Programm – auf East und Hudson River mit der sogenannten Circle Line.

Gleich zu Beginn fasziniert ihn der Blick auf die Freiheitsstatue und auf die berühmte Skyline – das vom Wasser aus zu sehende New Yorker Motiv. Die unterschiedlich hohen Wolkenkratzer wirken aus der Ferne wie ein gigantischer Stelenwald – allen voran die Türme des kurz vor der Einweihung stehenden World Trade Centers und, im Hintergrund, das Empire State Building. Auf dem East River unter mehreren Brücken hindurch gleitend – unter anderen der alten Brooklyn-Bridge – sind bedeutende, unmittelbar am Ufer gelegene Bauwerke wie UNO-Gebäude und Yankee Stadium zu bestaunen. Dazwischen tauchen ganze Viertel mit Wohnhochhäusern, am Ende auf dem Hudson River vor Anker liegende U-Boote und Kreuzfahrtschiffe auf.

Meine Kollegen und ich – wir waren insgesamt zu siebt – besuchten auch die anderen Sehenswürdigkeiten, die vom Schiff aus nicht zu sehen waren. Wir durchquerten die Stadt mit Hilfe von Subway und Bus, durchstöberten das aus Avenues, Streets und dem diagonal verlaufenden Broadway bestehende Straßengeflecht. Interessant fanden wir die New Yorker Börse in der Wall Street, das Rockefeller Center und, bekleidet mit den Trikots des firmeneigenen Tischtennisvereins, die Sportarena Madison Square Garden. Im Empire State Building fuhren wir sogar mit dem Aufzug bis zur Aussichtsplattform in der 102. Etage.

Der Blick von oben ist grandios. Man kann sich rundherum umschauen, indem man eine dreihundertsechzig-Grad-Drehung vollzieht. Überall blicken sie auf Wolkenkratzer, die sich in einem scheinbaren Wettkampf um die größte Höhe gegenüberstehen und deren Glasfassaden die Besucher bei Sonneneinstrahlung blenden. Sie beobachten tief unten in den Straßenschluchten den endlosen Fahrzeugstrom, dessen Geräuschkulisse hier oben kaum wahrgenommen wird. Und in Richtung Landspitze – beim Schwenk von links nach rechts, vom East River zum Hudson River – folgen sie den Schiffen, die sich im Schneckentempo fortbewegen, ehe sie schließlich beim Central Park innehalten, dessen üppiges Grün das mitten in der Stadt liegende Gelände in eine Oase der Ruhe verwandelt.

Interessant waren die Besuche der verschiedenen Viertel, von denen jedes einen anderen Charakter offenbart. Greenwich Village ist das Zentrum der Künstler und Intellektuellen, der Broadway das Herz der Theater- und Kinoszene und die Bowery die Gegend der Obdachlosen, deren Schlafstätten oft auf Bürgersteigen und vor Hauseingängen zu finden sind. Andere Viertel laden hingegen zum Essen ein: Chinatown, wo man gut und billig speisen kann; Little Italy, das mit Pasta und Calzone lockt; und Germantown, das überwiegend bayerische Küche anbietet. Bleibt noch Harlem, das berüchtigte Viertel der dunkelhäutigen Bevölkerung.

Sie gehen als Gruppe durch den Stadtteil, den die Weißen als Ghetto betrachten. Er macht Filmaufnahmen mit der Super-8-Kamera, lässt die Kollegen drum herum einen Schutzwall errichten. Er nimmt alles vor die Linse, was die Umgebung zu bieten hat:

fragwürdige Typen, die häufig in Schlägereien verwickelt sind; geparkte Autos mit demolierten Karosserien und aufgeschlitzten Reifen; verwahrloste Häuser mit eingeschlagenen Fensterscheiben und Spuren von Brandstiftung – die ganze Palette krimineller Energie. Sie stellen sich gemeinsam die Frage, ob den Schwarzen, die hier hausen, Neigung zu Gewalt im Blut liegt, oder, wie ihre Vermutung nahelegt, deren Verhalten eher im praktizierten Unrecht seitens des Staates und der Gesellschaft zu suchen ist. Abgeschreckt von dieser Art von Demokratie treten sie den Rückzug an.

Was kulturelle Veranstaltungen betrifft, sahen wir uns in der Metropolitan Opera Giacomo Puccinis "Tosca" mit Anna Moffo und Donald Grobe an. Einen für uns eher ungewöhnlichen Revueabend erlebten wir in der Radio City Music Hall.

Auf der Bühne wird zunächst getanzt – in einer Mischung aus Tanz und Ballett, mit Musik aus Lautsprechern. Erst wird ein Tango von einem Dutzend junger Paare dargeboten, dann eine Ballettnummer von einer Prima Ballerina und einer Gruppe von Tänzern mit zum Teil akrobatischen Einlagen. Anschließend verschwinden die Darsteller. Die Rückwand öffnet sich. Ein Puppentheater zeigt seine Künste, spielt ein paar Szenen mit Figuren, die, dem Jubel der Zuschauer nach zu urteilen, offenbar vom Fernsehen her bekannt sind. Zum Schluss dann der Höhepunkt: die Rückwand wird wieder geschlossen; aus dem sich öffnenden Bühnenboden taucht ein komplettes Orchester samt Dirigent auf; und aus den Seitenwänden kommt jeweils eine Orgel zum Vorschein. Das folgende Konzert ist ihm unbekannt, erinnert ihn aber an Wagnersche Musik. Das Publikum, das die Revue für ein Picknick nutzt, ist begeistert, klatscht Beifall, trommelt sogar mit den Füßen. Nach dem Abgang des Orchesters verzehren die Besucher erst seelenruhig die Reste ihres Proviants, ehe sie sich nach und nach auf den Heimweg begeben.

Meine Kollegen und ich nahmen die Gelegenheit wahr, New York bei Nacht zu erleben. Schließlich wohnten wir gleich um die Ecke von Times Square und Broadway, wo es von Leuchtreklame nur so wimmelte.

Es flimmert überall. Die Namen von Produkten blinken, wechseln die Farbe, treten zusätzlich in Aktion: so eine Schnapsflasche, aus der Flüssigkeit herausläuft, und eine Zigarette, deren Qualm sich ausbreitet. Auf einem Laufband werden Nachrichten verbreitet – Informationen aus aller Welt, Börsenwerte, Wetterberichte, Sportergebnisse. Und auf einer überdimensionalen, hauswandgroßen Tafel werden elektronisch Bilder erzeugt: schreibt eine Hand einen Namen oder einen Text, den sie anschließend wieder wegwischt; erscheinen lachende und weinende Gesichter, ein fliegender Raubvogel, äsende Rehe, Pferde beim Trabrennen mit den Fahrern im Sulky, rasende Autos, ein schwimmendes Boot mit Angler, ein startendes Flugzeug, eine wehende US-Flagge, Sportler beim Golf- und Rugbyspiel, sowie ein Feuerwerk. Vor lauter Flimmern tun ihnen am Ende die Augen weh.

Flugreise nach Kairo

Unsere erste gemeinsame Auslandsreise außerhalb Europas, sieben Jahre nach meinem New York-Flug, führte uns nach Kairo, in die Hauptstadt Ägyptens. Dass wir nicht wie Pauschaltouristen mit dem obligatorischen Besichtigungsprogramm abgespeist wurden, hatten wir dem Bruder und dem Schwager eines in Coburg lebenden Ägypters zu verdanken, die sich rührend um uns kümmerten.

Bedauerlich ist nur, dass sie die rechtzeitig reservierte Bahnfahrt ins Tal der Könige nicht antreten können. Nach dem Genuss von Fruchtsaft, der im Hotel mit Eiswürfeln serviert wird, hat er sich nach Auskunft des herbeigerufenen Arztes, der in Deutschland studiert hat und die deutsche Sprache bestens beherrscht, eine schwere Magen-Darm-Infektion zugezogen – um es einfach zu sagen: die Ruhr. Erstaunlich ist allerdings, wie rasch der Genesungsprozess von statten geht. Ganze zwei Tage lang muss er das Bett hüten, dann ist er wieder fit. So hat er wenigstens noch genügend Zeit, um die größte Metropole Afrikas und die Pyramiden von Gizeh, eines der antiken Sieben Weltwunder, kennenzulernen.

Den Anfang machten wir im neuzeitlichen Kairo. Mittelpunkt mit dem zentralen Busbahnhof ist der Platz der Befreiung. Nordöstlich davon befindet sich das Hauptgeschäftsviertel, das fast europäischen Charakter besaß. Hier hatten die Waren in den Läden, im Gegensatz zum Basar, feste Preise. Die am Nil entlang führende Corniche el-Nil, von Hotels und Repräsentationsbauten gesäumt, gilt hingegen als die eigentliche Prachtstraße. Wo wir auch hinkamen, erstickte die Stadt fast im Verkehr. Um den Lärm halbwegs in Grenzen zu halten – an die Regeln hielt sich sowieso kaum jemand – wiesen Schilder auf das Hupverbot hin. Selbst vor Bussen und Straßenbahnen machte das Chaos nicht halt, drängelten sich die Fahrgäste in der geöffneten Tür oder saßen auf den Puffern der Züge. Dann die Überraschung: mitten im Nil, auf der Insel Gesira, erlebten wir die eher beschauliche Seite der Stadt. Hier ragt der Kairo-Turm hundertsiebenundachtzig Meter in die Höhe – eine Stahlkonstruktion in Form eines Lotosblütenstengels. Der Andalusische Garten lockte mit farbenprächtigen Kacheln, Bassins und Wasserspielen im andalusisch-maurischen Stil die Besucher an. Vor allem Studenten hockten lesend oder zeichnend auf den Terrassen. Doch auch die Kehrseite der Medaille wollten wir uns nicht entgehen lassen und warfen einen Blick in ein Armenviertel. Wir begegneten überwiegend Einheimischen in arabischen Gewändern, wurden aber nur gelegentlich von Bettlern belästigt. Dennoch fühlten wir uns nicht so recht wohl in unserer Haut, zumal wir auf eigene Faust unterwegs waren – ohne die sonst übliche Begleitung unserer Gastgeber.

Faszinierend – wenn auch völlig fremd für sie – ist das bunte Treiben, das sie auf ihren Streifzügen beobachten können: fliegende Teehändler, Eselgespanne, Karren ziehende Männer mit vermummter weiblicher Schubhilfe, auf dem Kopf Behälter balancierende Frauen, Schuhputzer, Backgammon spielende oder Wasserpfeife rauchende Männer, vor Moscheen Betende, bei geöffnetem Fenster auf dem Fensterbrett nähende Schneider, mit bloßer Hand Körbe mit Sand füllende und auf der Schulter davontragende Bauarbeiter.

Nicht minder interessant war das Alte Kairo mit der auf fünfhundert Metern erhaltenen Stadtmauer, vor der Eselgespanne parkten; den Mameluckengräbern, in denen wohlhabende Bürger, Sultane und Würdenträger ihre letzte Ruhe fanden; sowie dem Wohnhaus eines ehemaligen Universitätsrektors, dessen mittelalterliche Einrichtung erhalten geblieben war – vom schönen Innenhof, den eine Palme zierte, einmal abgesehen.

Ein Erlebnis ist der Basar Chân el-Chalili. In dem Gassen-an-Gassen-Marktgewirr sind die Verkaufsstände mit Matten oder Leinenbahnen notdürftig überdacht. Die meist winzigen Läden sind nachts mit Falt- oder Rollläden samt Schloss gesichert. Das vielfältige Angebot liegt eng beieinander, versuchen sich Kupfer- und Messingschmiede, Teppich-, Lederwaren- und Gewürzhändler, Drechsler, Schuh- und Glasmacher gegenseitig zu übertrumpfen. Dank dem Schwager des Coburger Apothekers, der sie begleitet, werden sie überall mit offenen Armen empfangen, bekommen eine Tasse Tee angeboten und werden als Deutsche geradezu hofiert – vielleicht auch deshalb, weil die Juden im Dritten Reich nichts zu lachen hatten. Natürlich werden sie mit angeblich günstigen Preisen gelockt. Seine Frau findet Gefallen daran, zu feilschen, was hier üblich, ihm aber unangenehm ist. Am Ende lassen sie sich hier und da zum Kauf überreden. Wovon sie am meisten angetan sind, ist die einmalige Atmosphäre – ein Hauch von orientalischer Betriebsamkeit gepaart mit einem Schuss Gelassenheit. Nirgendwo fühlen sie sich misstrauisch beobachtet oder ernsthaft belästigt, blicken trotz des relativ geringen Lebensstandards in scheinbar zufriedene Gesichter.

In einer islamisch geprägten Stadt wie Kairo durfte eine Besichtigung der wichtigsten Moscheen natürlich nicht fehlen. Dazu gehört zum einen die Sultan-Hassan-Moschee mit zwei Minaretten, von denen eines mit sechsundachtzig Metern das höchste in Kairo ist. Den Grundriss bildet ein unregelmäßiges Fünfeck. Alle Räume sind zum Mausoleum hin ausgerichtet. Erwähnenswert sind im Hof der Waschbrunnen, ferner die Gebetshallen für die vier orthodoxen Schulen des Islam, die Gebetsnische und -kanzel sowie hinter einer Bronzetür das quadratisch angelegte Mausoleum mit dem Marmorsarkophag von Sultan Hassans Sohn und einem alten Koranständer. Zum anderen ist die innerhalb der Zitadelle errichtete Mohammed-Ali-Moschee ein Muss. Den Hof des Zentralkuppelbaus mit zwei vierundachtzig Meter hohen schlanken Minaretten umgeben überdachte Säulengänge. In der Mitte steht der Reinigungsbrunnen. Von der Zitadelle aus bietet sich ein herrlicher Blick auf Kairo.

Rein zufällig erleben sie in der Altstadt eine dem Geburtstag des Heiligen El-Hoseyn gewidmete Prozession, an der nur Männer teilnehmen. In den Gassen versammeln sich zahlreiche Schaulustige: Männer, die sich nicht dem endlosen Zug anschließen, Frauen und Kinder, Touristen. Eskortiert werden die Gläubigen von berittener Polizei. Die einen schicken Gebete zum Himmel – laut flehend, mit theatralischen Handbewegungen. Andere tanzen und trommeln, machen den Eindruck, als befänden sie sich in einem Freudentaumel. Wieder andere tragen Transparente mit arabischen Schriftzeichen, die sie natürlich nicht entziffern können, oder schwenken Fahnen. Trotz der überwiegend weißen Gewänder, der Galabiya, wirkt das Ganze äußerst bunt, wozu Kopfbedeckungen, Schlaginstrumente, Spruchbänder und Banner wesentlich beitragen.

Dieses Ereignis sollte bei weitem nicht das letzte sein. Zunächst folgten wir einer Einladung unserer Gastgeber.

So besuchten wir den Schwager des in Coburg lebenden Ägypters, der denselben Beruf wie dieser ausübte, in dessen Apotheke, wo den Patienten keine Packungen, sondern stückweise Pillen ausgehändigt wurden. In dessen Wohnung – mit eher barocker Möblierung – lernten wir dann seine Familie kennen. Auch beim Bruder, einem Polizeioffizier, waren wir zu Gast: einmal bei ihm und seiner Familie daheim, wo wir verspätet eintrafen, weil der Taxifahrer irrtümlich erst zur DDR-Botschaft gefahren war; ein anderes Mal im Polizeiklub, unmittelbar am Nil gelegen, wo wir vorzüglich speisten und uns über die früh eintretende Dunkelheit und rasche Abkühlung wunderten. Übrigens: in den höheren Kreisen Ägyptens, denen die beiden Akademiker angehörten, leben die Männer mit nur einer Frau zusammen. Die im Islam zulässige Polygamie ist allenfalls noch in einfacheren Schichten zu finden – vornehmlich auf dem Land.

Später hatte der Schwager noch einige Überraschungen parat: je einen Ritt auf einem Elefanten und einem Kamel, was für mich als wenig Reitbegeisterten einer Tortur gleichkam, sowie ein Picknick auf der Terrasse eines Wochenendhauses mitten in der Wüste. Und damit wir wirklich nichts versäumten, erlebten wir zu guter Letzt noch eine Hochzeit mit Bauchtanz in unserem Hotel und ein Abendessen in einem typisch ägyptischen Lokal, wo wir im von Palmen gesäumten Innenhof saßen, dem einzigartigen Vogelgezwitscher lauschten und die Landesküche mit heimischem Rotwein und einem Dattelschnaps genossen.

Absoluter Höhepunkt der Reise war zweifelsfrei der Besuch des Ägyptischen Museums in Kairo und der Pyramiden in Gizeh. Das Museum glänzt unter anderem mit Fundstücken aus dem Grab des Tutanchamun, von denen wir einige erst später in Hannover zu Gesicht bekamen, einer Schmucksammlung ägyptischer Goldschmiedekunst, dem Gipsabdruck des dreisprachigen Rosetta-Steins, der als Schlüssel zur Entzifferung der Hieroglyphen diente, sowie dem Mumiensaal, in dem zum Beispiel Ramses II. ruht.

Von den drei Pyramiden interessiert sie vor allem die Cheopspyramide, in die sie allein – nur in Begleitung eines Führers und des gastgebenden Apothekers – aufsteigen dürfen. Durch einen nur ein Meter zwanzig hohen Gang gehen sie in gebückter Haltung etwa zwanzig Meter abwärts, steigen dann auf einer Eisenstiege achtunddreißig Meter bergan und betreten die große Galerie mit einer Länge von siebenundvierzig, einer durchschnittlichen Breite von eineinhalb und einer Höhe von achteinhalb Metern. Von dort gelangen sie in die eigentliche Grabkammer mit einer Grundfläche von rund zehneinhalb mal fünf Metern und einer Höhe von fünf Meter achtzig – gut zweiundvierzig Meter über dem Erdboden gelegen. Sie befinden sich inmitten von über zwei Millionen Kubikmetern Mauerwerk. Zu sehen ist nur der Granitsarkophag – geöffnet und leer. Deckel und Mumie sind verschwunden. Auch Beigaben wurden nicht gefunden. Der Eindruck tief im Innern dieses gewaltigen Bauwerks von zweihundertdreißig Metern Seitenlänge und einer Höhe von hundertsiebenunddreißig Metern lässt sich kaum beschreiben, selbst wenn das schmucklose Innere ein wenig enttäuscht.

Nach dem Verlassen der Pyramide laufen sie noch hinunter zum Sphinx. Die aus natürlichem Felsstock herausgehauene Löwengestalt mit dem Haupt eines Pharaos – von Einschusslöchern schießwütiger Mamelucken übersät – ist über dreiundsiebzig Meter lang und zwan-

zig Meter hoch. Von hier aus ist das gigantische Panorama mit den drei Pyramiden besonders gut zu sehen.

Flugreise nach Moskau und Leningrad

Die nächste Flugreise, diesmal nach Moskau, von dort weiter mit der Bahn nach Leningrad und wieder zurück mit dem Flugzeug nach Frankfurt am Main, stand zunächst unter keinem guten Stern. Mein gültiger Reisepass lief früher ab, als dies nach den Einreisebestimmungen der Sowjetunion erlaubt war. Offenbar hatte die für die Visaerteilung zuständige Stelle auf die Einhaltung dieser Frist nicht geachtet. Nach einigem Hin und Her am Moskauer Flughafen drückte der Passkontrolleur schließlich ein Auge zu, so dass wir grünes Licht für die Einreise bekamen. Das Hotel, in dem wir untergebracht wurden, war ein riesiger Kasten – ohne Flair und mit einer Aufseherin auf jeder Etage, bei der wir jedes Mal den Zimmerschlüssel abholen mussten. Und die junge Führerin, die ständig nur von Parteitagen und den Errungenschaften des Kommunismus faselte, war alles andere als eine Bereicherung.

Dabei war die sowjetische Hauptstadt durchaus sehenswert. Ihr Kern ist von insgesamt fünf Ringstraßen umgeben, deren Alter sich ähnlich wie das der Ringe eines Baumes ablesen lässt: je weiter sie sich vom Zentrum entfernen, desto jünger sind sie. Mittelpunkt dieses städtebaulichen Gebildes ist der Rote Platz mit dem Kreml, der Basilius-Kathedrale und dem Kaufhaus GUM. An der Kremlmauer befinden sich das Lenin-Mausoleum und das Grabmal des Unbekannten Soldaten mit der ewigen Flamme.

Der von einer Mauer mit zahlreichen Türmen umschlossene Kreml, die Schaltzentrale der Macht, besteht aus etlichen weltlichen und kirchlichen Gebäuden, wobei die Kirchen bei den Bolschewisten eher Museumscharakter besitzen. Zu den historisch bedeutendsten Profanbauten zählen das ehemalige Arsenal, vor dem eine Vielzahl von Kanonen an die geschlagene Armee Napoleons erinnert; der ehemalige Senat mit dem Arbeitszimmer und der Wohnung Lenins; der Facettenpalast, in dem die Empfänge ausländischer Gesandter stattfanden; der Große Kremlpalast, der dem Zaren und seiner Familie während der Aufenthalte in Moskau als Residenz diente; sowie die Rüstkammer, in der die Kriegstrophäen und Hoheitszeichen der Zaren aufbewahrt wurden. Bei den wichtigsten Sakralbauten handelt es sich um die Mariä-Entschlafens-Kathedrale, die Krönungskirche der russischen Zaren; ferner um deren Hauskirche, die Mariä-Verkündigungs-Kathedrale – mit einem wertvollen Ikonostas; und schließlich um die Erzengel-Kathedrale, die Grabkirche der Zaren. Ansonsten sind noch erwähnenswert: der Glockenturm "Großer Iwan", mit einundachtzig Metern Höhe einst das höchste Bauwerk Moskaus und zugleich der wichtigste Wachturm des Kreml; die Glocke "Zar-Kolokol", mit zweihundert Tonnen die größte der Welt; und die Riesenkanone "Zar-Puschka", dem Kaliber nach ebenfalls die größte auf unserem Planeten. Beim Rundgang durch den Kreml bleibt ihnen auch die unangenehme Seite des Regimes nicht erspart. Sie passieren eine Baustelle, auf der nicht Bauarbeiter, sondern unter bewaffneter Aufsicht stehende Sträflinge arbeiten müssen. Ob sich politische Gefangene darunter befinden, lässt sich nicht feststellen. Zumindest kann dies nicht ausgeschlossen werden.

Ein kurioses Bauwerk ist zweifellos die Basilius-Kathedrale. Zehn säulenförmige Kapellen bilden einen einheitlichen Baukörper, ohne dass eine Kapelle der anderen gleicht. Die größte unter ihnen ragt fast sechzig Meter in die Höhe. Im Innern der Kirche fallen die herrlichen Fresken und die wertvollen Ikonen auf. Im Gegensatz zur Kathedrale, dieser wunderbaren Schöpfung russischer Kunst aus dem 16. Jahrhundert, wurde das Kaufhaus GUM erst Ende des 19. Jahrhunderts errichtet. Die Gesamtlänge seiner Verkaufstische erreichte zweieinhalb Kilometer und lockte täglich weit mehr als dreihunderttausend Käufer an. Was uns überraschte, war die Art und Weise, wie die gekauften Waren berechnet wurden – nämlich mit Hilfe eines Abakus. Für ein Land, das bereits den Weltraum erobert hatte, war das ein Zeichen großer Rückständigkeit.

Vor dem Lenin-Mausoleum, einem Museumsbau aus Granit und Marmor, hat sich eine riesige Schlange gebildet, die relativ zügig vorankommt. Am Eingang werden die Besucher auf zwei parallel angeordnete Reihen verteilt – und zwar so, dass sich beim Umrunden des Leichnams die größere Person hinten, die kleinere vorn befindet. Als der Längere von beiden muss er sich hinter seine Frau stellen. Dann geht es zweireihig in den abgedunkelten Raum hinein – in einem großen Bogen um den nur schwach erleuchteten Kristallsarkophag herum. Der aufgebahrte Lenin ist gut zu erkennen. Ob es sich tatsächlich um seine sterblichen Überreste handelt, lässt sich weder bestätigen noch dementieren. Gemunkelt wird, dass sich eine Wachsfigur hinter dem Glas befindet. Vor Jahren hatte ihm noch Stalin Gesellschaft geleistet, bis man den Tyrannen nach der Entstalinisie-

rung aus dem Mausoleum verbannte und an der Kremlmauer verscharrte. Mit der Teilnahme an dem nicht enden wollenden Trauerzug möchten ausländische Touristen nur ihre Neugier befriedigen. Für Russen kommt das Ereignis einer Wallfahrt gleich.

Nicht nur auf dem Roten Platz, auch anderswo gab es Anziehungspunkte: so die Lomonossow-Universität auf den Lenin-Bergen – ein Wolkenkratzer aus den fünfziger Jahren im typischen Baustil der Stalin-Ära; und außerhalb der Stadt den ehemaligen Herrensitz Kolomenskoje mit der Himmelfahrts-Kirche und den Anwesen der Zaren Iwan IV. und Peter I.

Die Sehenswürdigkeiten, auch die stellenweise kuriosen Erlebnisse im Lenin-Mausoleum und im Kaufhaus GUM waren es nicht allein, die uns in Erinnerung blieben. Auch zwei Veranstaltungen gehörten dazu: ein Folklore-Abend im Tschaikowski-Saal, bei dem einige Kosakentänze mit akrobatischen Einlagen vorgeführt wurden; sowie eine Aufführung des Balletts "Iwan Grosny" im Bolschoi-Theater. Besondere Freude bereitete uns eine Fahrt mit der Metro, deren Netz sich von der Stadtmitte aus strahlenförmig ausbreitet und von einer Ringlinie durchschnitten wird – also fast einem Spinnennetz ähnelt. Hier konnte ich meine wenigen noch vorhandenen Russisch-Kenntnisse anwenden. Zumindest kam ich mit den in kyrillischer Schrift ausgewiesenen Stationen bestens zurecht. Auffallend war, dass fast jeder U-Bahnhof sein eigenes architektonisch-künstlerisches Gepräge besaß, geradezu prunkvoll wirkte, hell erleuchtet und strahlend sauber war - im eher tristen Ostblock ein ungewohntes Bild.

Abschließend nehmen sie sich Zeit für einen Besuch der Volkswirtschaftsausstellung. Sie betreten erwartungsvoll den Pavillon "Kosmos", vor dem eine Trägerrakete gen Himmel ragt. Mit solch einer Rakete wurde Juri Gagarin, der erste Kosmonaut der Welt, ins All befördert. Im Innern betrachten sie die ersten künstlichen Erdsatelliten und Weltraumraketen, einige Sputnik-Raumschiffe, die Forschungsstation Salut, Landekapsel und Orbitaleinheit samt Schleudersitz und Ausrüstung der Kosmonauten des Raumschiffs Sojus, geophysikalische Raketen, Planetensonden für Flüge zum Mars und zur Venus und die Mondfähre Lunochod zwei. Die umfassende Schau sowjetischer Raketentechnik und Kosmonautik beeindruckt sie und ringt ihnen Bewunderung ab, wenn sie daran denken, dass Menschen den Mut für derartige Abenteuer aufgebracht haben und nach wie vor aufbringen – wohl wissend, dass auch die perfekteste Technik nicht vollkommen sein kann.

Nach drei Tagen hatten wir genug gesehen, konnten uns immerhin ein halbwegs realistisches Bild von der sowjetischen Hauptstadt machen, durften positive, mussten aber auch negative Eindrücke mit nach Hause nehmen. Nun war die zweite russische Metropole, das ehemalige St. Petersburg, an der Reihe, stand der Wechsel von der Moskwa an die Newa bevor. Von Moskau ging es mit dem Nachtzug nach Leningrad – in Vierer-Schlafabteilen, mit verrammelten Fenstern und beschlagenen Scheiben. Vermutlich sollten wir von der trostlosen Einöde zwischen den beiden Großstädten nicht allzu viel mitbekommen. Am nächsten Morgen waren wir am Ziel.

Leningrad hinterlässt einen völlig anderen Eindruck, was vor allem an den Menschen liegt. Die Leute wirken lockerer, nicht so verkniffen. Die Partei scheint nur ein notwendiges Übel zu sein. Allein am Stadtbild ist zu erkennen, dass die Bevölkerung eher unangepasst ist. Die schlimmsten Auswüchse der sowjetischen Architektur wusste sie stets zu verhindern. Auch die Führerin namens Lydia, eine Kunsthistorikerin, zeigt mehr Interesse an Kunstschätzen als am parteipolitischen Geschwafel. In dieser Stadt kommt man sich in der Tat freier vor.

Zu besichtigen gab es auch hier eine ganze Menge: den Schlossplatz mit Winterpalast, Generalstab, Admiralität und Triumphsäule, die Isaak-Kathedrale, die Peter-Pauls-Festung, den Panzerkreuzer "Awrora" und das Smolnyj-Institut.

Der im russischen Rokokostil errichtete Winterpalast mit seiner in den Farben grün und weiß gehaltenen Fassade, die durch das schräg einfallende nördliche Licht besonders betont wird, diente den letzten sechs Zaren als Residenz. Prunkstück ist die Ermitage, ein vierhundert Säle umfassendes, mit kostbaren Kandelabern, Säulen, Decken und Böden ausgestattetes Museum. Mehr als zwei Millionen Objekte altrussischer, italienischer, spanischer, niederländischer, flämischer, deutscher, französischer und englischer Kunst können hier bestaunt werden.

Der Generalstab, zur Zarenzeit Sitz der Armee und des Außenministeriums, besteht aus zwei durch einen Triumphbogen verbundenen Gebäuden – mit einer sechshundert Meter langen, gelb und weiß gestalteten Fassade.

Wahrzeichen der Stadt ist der Turm der im klassizistischen Stil erbauten Admiralität, dessen goldene Spitze einer Nadel gleicht und schon von weitem zu erkennen ist. Die siebenundvierzig Meter hohe und sechshundert Tonnen schwere Triumphsäule in der Mitte des Schlossplatzes gilt als das höchste Denkmal dieser Art auf der Welt und erinnert an den russischen Sieg über Napoleon.

Die Isaak-Kathedrale mit der von Engelsfiguren umgebenen riesigen Goldkuppel besitzt im Innern eine Besonderheit: das Foucaultsche Pendel – mit vierundfünfzig Kilogramm und dreiundneunzig Metern Länge das größte der Welt. Es dient dazu, die Drehung der Erde um ihre eigene Achse nachzuweisen.

In der mit Schutzwällen aus rotem Backstein versehenen Peter-Pauls-Festung ist vor allem die Kathedrale sehenswert. Die im holländischen Stil, bewusst als Gegenstück zu den orthodoxen Gotteshäusern errichtete Kirche mit der schlanken Goldspitze war die Grabkirche der Zaren seit Peter I. Außerdem lohnt sich ein Besuch der Verliese, in denen die politischen Gefangenen ihr trauriges Dasein fristeten. Täglich um zwölf Uhr wird eine Kanone abgefeuert, um offiziell die Mittagszeit anzuzeigen.

Der vor Anker liegende Panzerkreuzer "Awrora" hat mit der neueren Geschichte zu tun. 1917 wurde von hier aus mit einem Schreckschuss das Zeichen zum Angriff auf den Winterpalast gegeben und damit die Oktoberrevolution eingeläutet. Das Kriegsschiff kann besichtigt werden. Vor allem sowjetische Touristen posieren gern davor.

Auch das Smolnyj-Institut hängt mit der Revolution zusammen. In diesem Gebäude planten die Bolschewisten die Machtübernahme. Hier wohnte und arbeitete während dieser Periode Lenin.

Die Stadt an der Newa besitzt – im Gegensatz zur fernen Hauptstadt an der Moskwa – ihren eigenen Charme. Das zeigte sich beim Bummel über den verkehrsarmen Newskij-Prospekt, dem fünf Kilometer langen Boulevard mit Cafés, einem Kaufhaus und interessanten Läden – darunter Leningrads größte Buchhandlung "Dom Knigi", in der ich ein russisches Plakat erwarb. Das spürten wir auf den beiden Klosterfriedhöfen mit den Gräbern von Dostojewskij, Tschaikowskij und Rimskij-Korsakow, die trotz der allgegenwärtigen Konfrontation mit dem Tod eine Wohlfühlatmosphäre ausstrahlten. Und nicht zuletzt ging es sogar in der Metro geruhsamer zu, deren prunkvolle Bahnhöfe mit Säulen und Deckengewölben, Skulpturen und Mosaiken nur äußerlich an die Moskauer U-Bahn erinnerten.

Sie nehmen die Gelegenheit wahr, den Leningrader Zirkus zu besuchen. Das weite Rund füllt sich nach und nach. Die Zirkusluft riecht man förmlich. Dann beginnt die Vorstellung, wechseln sich Clowns, Artisten und Tierdressuren ab. Die erste Glanznummer führt ein Elefant vor, der über sieben kleine Podeste balancieren muss. Der Koloss bewegt sich vorsichtig über den Parcours, demonstriert erstaunliche Standfestigkeit, hält auf dem mittleren Podest inne, bleibt auf einem Bein stehen und dreht sich elegant um die eigene Achse. Beifall brandet auf. Dann folgt der absolute Höhepunkt, eine Num-

mernfolge mit schwer dressierbaren Braunbären. Was sie zeigen, ist unglaublich. Zwei treten im Ring zum Boxen an, einer läuft mit Rollschuhen auf einem mit Hindernissen gespickten Rundkurs Slalom, zwei sitzen sich auf einer Wippe gegenüber und katapultieren sich abwechselnd in die Höhe, einer turnt am Reck und der letzte hält mit der Peitsche einen Kreisel in Bewegung. Das Publikum tobt. Das gesamte Programm – darunter auch die Darbietungen auf dem Hochseil und die Flugnummern mit vierfachem Salto – ist derart beeindruckend, dass sie noch lange davon zehren werden.

Was wir ebenfalls nicht vergessen konnten, war ein betrunkener Finne, der in einem der Fahrstühle des mehrstöckigen Hotels lag und mit diesem immer wieder auf und ab fuhr. Vermutlich hatte er dem Wodka allzu sehr zugesprochen. Kurios ist auch die Sperrstunde an der Newa. Damit die großen Schiffe den Fluss passieren können, werden um null Uhr alle einundzwanzig Zugbrücken hochgezogen. Wer dann kein Boot besitzt, hat vor dem Morgengrauen keine Chance, ans andere Ufer zu gelangen.

Vor ihrem Abschied aus Leningrad machen sie noch einen Abstecher zum Schloss Peterhof. Der in Gelb und Weiß gehaltene Palast, dessen Fassade über zweihundertfünfzig Meter lang ist, sollte als ein zweites Versailles am Finnischen Meerbusen entstehen. Noch eindrucksvoller als das Bauwerk ist allerdings der Park mit den zahlreichen Wasserspielen – darunter der Großen Kaskade, die eine einmalige Pracht entfaltet. Inmitten der Grünanlagen sind zwei spezielle Springbrunnen installiert. Den ahnungslosen Besucher erwartet dort eine feuchtfröhliche Überraschung.

Flugreise nach Israel

Das Ziel unserer letzten großen Fernreise vor der deutschen Wiedervereinigung war Israel. Mit von der Partie war die inzwischen siebzehnjährige Tochter. Was uns gleich nach der Ankunft nervte, wir aus Sicherheitsgründen aber Zähne knirschend akzeptieren mussten, war die penible Kontrolle der Pässe und des Gepäcks am Flughafen Ben Gurion. Vor allem der unaufgeräumte Koffer der Tochter machte der Beamtin zu schaffen, die sich mehrmals die Haare raufte, letztlich aber kapitulierte und den Weg für die Einreise freigab. Mit Bussen wurden wir nach Tel Aviv gebracht, wo wir unsere Zimmer in einem Hotel nahe dem Mittelmeerstrand bezogen. Viel Zeit blieb uns nicht – stand doch am nächsten Tag die mehrtägige Rundfahrt bevor. Die moderne Stadt reizte uns weniger. Vielmehr wollten wir das angrenzende Jaffa kennenlernen. Wir schlenderten durch die Altstadt mit ihren malerischen und oft überdachten Gassen, streiften das lebhafte Künstler-Viertel und gingen abschließend hinunter zum Hafen. Von dort spazierten wir am schönen Strand entlang zurück zum Hotel.

Für die Tour durch Israel stand ein ausgezeichneter Führer mit Namen "Dany" zur Verfügung – ein aufgeschlossener junger Mann, der es mit seiner Religion nicht so genau nahm. Von Nachteil war die riesige Gruppe, was uns bei bisherigen Gruppenreisen erspart geblieben war. Gleich zwei Busse waren im Einsatz, karrten die Reiseteilnehmer von einem historischen Ort zum anderen.

Am folgenden Tag fuhren wir über Netanya, wo wir einen Betrieb der Diamantenverarbeitung besichtigten, nach Caesarea, dessen römischen Äquadukt wir bestaunten – eine doppelte Wasserleitung, deren Wasser von einer Quelle sechs Kilometer nördlich der Stadt stammte. Auf der Weiterfahrt warfen wir vom Berg Karmel einen Blick auf Haifa und dessen Hafen, ehe wir in Akko landeten, wo wir die Nacht nicht in einem Hotel, sondern im Gästehaus eines nahe gelegenen Kibbuz verbrachten. Ein erster Höhepunkt war die unterirdische Stadt der Kreuzfahrer. Das noch erhaltene Refektorium besteht aus einem großen, rechteckig angelegten Raum, dessen Kreuzrippengewölbe von drei gewaltigen Rundsäulen getragen wird. Von hier aus führt ein dreihundertfünfzig Meter langer Gang als Geheimverbindung zum Hafen, der leider nicht begehbar war.

Am dritten Tag stand Safed auf dem Programm, ein religiöses Zentrum orthodoxer Juden mit mehreren Synagogen. Wir besichtigten die Synagoge des Joseph Caro, ein Bethaus mit eigener Atmosphäre. Danach legten wir an der Jordanquelle bei Banyas, nicht weit von der libanesischen Grenze entfernt, eine Pause ein. An diesem Fluss, in der Nähe von Jericho, wurde Jesus getauft.

Wenig später erreichen sie die Golanhöhen. Die Spuren des Sechs-Tage-Krieges sind in der entmilitarisierten Zone noch deutlich zu erkennen. Überall liegen völlig verrostete Panzer und sonstige Militärfahrzeuge in der kargen Landschaft. Hinweisschilder mit hebräischer Aufschrift – von Kugeln durchsiebt – zeigen Spuren der Kämpfe. Überhaupt bietet das Gelände, auf dem wohl mancher Soldat sein

Leben gelassen hat, ein gespenstisches Bild. Kein Lebewesen ist von hier oben zu erkennen. Es herrscht trostlose Einöde. Das Betreten des Kilometer breiten Streifens abseits des befestigten Weges ist verboten. Warntafeln weisen auf mögliche Gefahren hin – auf Munitionsreste, vielleicht auch auf Minen. Das Ganze ist Sperrgebiet. Nur weit unten im Tal ist besiedeltes Land zu erkennen – vorn eine Station der UN-Truppen, dahinter das syrische El Quneitra.

Den Schlusspunkt der Etappe bildete die Synagoge von Kapernaum. Das über dem See Genezareth gelegene, zum Teil wieder aufgebaute Gotteshaus besitzt reiche Ornamente mit typisch orientalischen Symbolen wie Blumen, Trauben und Granatäpfel. Gleich neben dem Bauwerk ist ein Mosaikfußboden aus dem 7. Jahrhundert sehenswert. Wie die Evangelisten Matthäus, Markus und Lukas berichten, hielt sich Jesus hier die meiste Zeit auf, um zu lehren und Kranke zu heilen. Die anschließende Bootsfahrt über den See endete in Tiberias, wo in der Nähe der nächste Kibbuz auf die Reisegruppe wartete.

Von dort fuhren wir am nächsten Tag nach Nazareth mit der Verkündigungskirche. Eine enge dunkle Treppe führt hinunter zur Krypta, wo angeblich die Geburt Jesu verkündet wurde. Ein Abstecher brachte uns noch kurz auf den Berg Tabor, den fast sechshundert Meter hohen Ort der Verklärung Christi. Interessant ist die Taborkirche. Sie greift auf den im 4. bis 6. Jahrhundert in Syrien entwickelten Kirchenbau zurück, dessen Fassade von zwei vorspringenden Türmen und einem giebelbekrönten Torbogen dazwischen gekennzeichnet ist. Weiter verlief die Fahrt am

Jordan und der jordanischen Grenze entlang zum Toten Meer.

Das Gewässer ist sechsundsiebzig Kilometer lang, maximal sechzehn Kilometer breit und bis zu vierhundertdreiunddreißig Meter tief. Infolge des hohen Salzgehalts von über siebenundzwanzig Prozent ist kein Leben möglich. Das Wasser trägt den Schwimmer angeblich ohne jegliche Bewegung, erfordert aber den Schutz von Augen, Nase und Mund. Er als Nichtschwimmer will die Probe aufs Exempel machen und steigt vorsichtig in das kühle Nass. Ohne sein Zutun werden die Beine sofort nach oben gezogen. Der ganze Körper bleibt auf dem Rücken liegen. Und tatsächlich: das Wasser trägt ihn. Es treibt ihn zwar ein wenig vom Ufer weg, was ihn in leichte Panik versetzt – aus Angst davor, noch weiter abgetrieben zu werden. Doch er schafft es, mit vorsichtigen Handbewegungen wieder näher ans Ufer heranzukommen. Frau und Tochter amüsieren sich. Als erfahrene Schwimmerinnen haben sie kein Problem mit dem feuchten Element. Die Siebzehnjährige begeht allerdings den Fehler, Brust- statt Rückenschwimmen auszuprobieren. Passiert ist nichts, aber die Haut, vor allem Augen, Nase und Mund müssen mit Hilfe der Dusche gründlich gereinigt werden.

Ganz in der Nähe stiegen wir zum mehr als vierhundert Meter aufragenden Felsen mit den Ruinen von Massada hinauf – mit schönem Blick auf das Tote Meer. Die Festung spielte im Jüdischen Krieg eine bedeutende Rolle. Nach langer Belagerung entschlossen sich die Römer zum Bau einer riesigen Rampe, um diese letzte Bastion endgültig einzunehmen. Erst dreiundsiebzig nach Christus gelang ihnen das Vorhaben, das ihnen allerdings einen erschütternden Anblick bot. Die Verteidiger hatten alles Wertvolle verbrannt und ihre Familien und sich selbst getötet. Neunhundertsechzig Männer, Frauen und Kinder kamen bei dem Massensuizid ums Leben. Nur zwei Frauen und fünf Kinder überlebten zufällig. In Erinnerung an dieses Ereignis legen die israelischen Rekruten bis heute ihren Eid hier ab. Sehenswert sind die Reste vom Nordpalast des Herodes an der Spitze des Felsens.

Nicht weit von diesem Schauplatz entfernt übernachten sie ein letztes Mal in einem Kibbuz. Bei dieser typisch israelischen Einrichtung handelt es sich um Siedlungen, die von allen Bewohnern gemeinschaftlich verwaltet werden. Der gesamte Besitz ist Gemeingut der Mitglieder. Für die geleistete Arbeit erhalten sie Unterkunft, Verpflegung und Taschengeld. Die Ausbildung der Kinder ist ebenfalls gewährleistet. Im Durchschnitt leben zwei- bis vierhundert Menschen in einem Kibbuz. Etwa zweihundertdreißig solcher Dorfgemeinschaften gibt es in Israel. Ursprünglich wurden sie als Landwirtschaftsbetriebe gegründet, im Lauf der Zeit aber um Kleinindustrie erweitert und zwecks Förderung des Tourismus mit Gästehäusern ausgestattet. Die Zimmer entsprechen durchaus dem üblichen Hotelstandard. Das Essen nehmen die Besucher gemeinsam mit den Mitgliedern ein. Sie machen natürlich mit der koscheren Küche Bekanntschaft, in der Schweinefleisch verboten ist und Milchprodukte nicht zusammen mit Fleisch genossen werden dürfen. Was ihn jedes Mal schockt, ist das Verhalten der meist älteren Reiseteilnehmer, die wie Ausgehungerte das respektable Büffet stürmen und plündern, so dass er und sein Anhang oft darum kämpfen müssen, noch etwas Essbares zu ergattern.

Je weiter wir in den überwiegend heißen und trockenen Süden vordrangen, desto mehr fielen uns die Wasserbehälter und Sonnenkollektoren auf den Dächern der Häuser auf. Sonne ist ganzjährig vorhanden. Und wenn der Himmel mal Tränen vergießt, wird das kostbare Regenwasser aufgefangen und nur äußerst sparsam genutzt. Geradezu beispielhaft ist die künstliche Bewässerung, mit der öder Wüstenboden urbar gemacht wird. Ganze Plantagen wurden auf diese Weise schon aus dem Boden gestampft.

Auf dem Weg nach Jerusalem besuchten wir in der Negev-Wüste einen Beduinenstamm. Auf Kamelen zog die Gruppe durch die kärgliche Wüste zum Zeltlager, wobei ein paar Leute und ich lieber zu Fuß gingen. Dort wurden wir herzlich empfangen und genossen die ungeheure Gastfreundschaft – eine großzügige Bewirtung mit Kaffee, Tee und Fladenbrot.

Letzte Station war Bethlehem mit der Geburtskirche – ein festungsähnlich wirkendes, von Klosterbauten umschlossenes Gebäude mit einem Durchlass von nur einem Meter zwanzig Höhe. Die durch einen Silberstern markierte Stelle in der Grotte gilt als Geburtsplatz Jesu. Am Ende unserer Rundreise, bei der wir alle Klimazonen des Landes erlebten, erreichten wir Jerusalem, wo wir die letzten Tage in einem Hotel wohnten.

Die Stadt ist ein Traum. Schon der Blick vom Ölberg ermöglicht einen ersten Eindruck von der Schönheit dieses Schmelztiegels, in dem sich die unterschiedlichsten Rassen und Religionen beggegnen. Hier oben, im Garten Gethsemane, betete Jesus mit seinen Jüngern nach dem Abendmahl, bevor er gefangen genommen wurde. Von hier aus ist auch die gewaltige Mauer mit ihren acht Toren gut zu überblicken. Der Schutzwall wurde im 16. Jahrhundert unter türkischer Herrschaft errichtet. Damaskus- und Jaffator sind die schönsten Tore.

Beim Gang durch die Stadt wandeln sie zunächst auf den Spuren Jesu. Sie bewältigen die insgesamt vierzehn Stationen seines Leidensweges von der Verurteilung zum Tode durch Pontius Pilatus über die Kreuzigung bis zur Grablegung, schreiten die Via Dolorosa mit dem Ecce-Homo-Bogen ab und begeben sich am Ende in die Grabeskirche mit dem Kalvarienberg und dem Grab Christi. Das jetzige Gotteshaus, ein unübersichtliches Gebilde, ist zum Teil in mehreren Stockwerken übereinander angeordnet und befindet sich im Besitz von sechs verschiedenen Konfessionen. Auf dem Kalvarienberg ist noch das Loch zu erkennen, in dem einst das Kreuz stand, sowie die Felsspalte, die sich nach der Kreuzigung geöffnet haben soll. Die Grabstätte mit dem eigentlichen Grab – zwei Meter lang und mit einer riesigen Marmorplatte bedeckt – erinnert den Besucher, auch wenn er sich zu keiner Religion hingezogen fühlt, unweigerlich an das Martyrium dieses Mannes. Der Streit der Christen untereinander um die Rechte der Grabeskirche veranlasste Sultan Saladin im 12. Jahrhundert, zwei moslemischen Bürgern Jerusalems die Schlüsselgewalt über die Stätte zu übertragen. Diese Funktion wird noch heute von deren Nachfahren wahrgenommen.

Die Stadt gilt zugleich als eine der Heiligen Stätten des Islam. Deutlich wird dies an den beiden Moscheen im Tempelbezirk. Vom Ende des 7. Jahrhunderts erbauten Felsendom aus ritt Mohammed angeblich für eine Nacht in den Himmel. Der prachtvolle achteckige Bau mit einer

Kuppel aus vergoldetem Aluminium und Außenwänden mit herrlichen Fayencen besitzt vier Tore. Das Innere ist von einer erlesenen Ausstattung wie Goldgrundmosaiken geprägt. In der Mitte ragt der Heilige Fels heraus. In der gegenüber liegenden El Aksa-Moschee – achtzig Meter lang, fünfundfünfzig Meter breit und aus sieben Langschiffen bestehend – fallen vor allem die holzgeschnitzte Kanzel aus dem 12. Jahrhundert, die Gebetsnische und die Frauenmoschee ins Auge. Zwischen beiden Bauwerken steht der Reinigungsbrunnen.

Die bedeutendste jüdische Stätte stellt ohne Zweifel die Klagemauer dar. Sie erinnert die Juden bis heute an die Zerstörung ihres Tempels siebzig nach Christus durch Titus. In die Ritzen zwischen den Steinen der achtundvierzig Meter langen und achtzehn Meter hohen Mauer stecken die religiösen Juden kleine Zettel mit Wünschen, Danksagungen und Gebeten. Schwarz gekleidete Männer – mit dem Gesicht zur steinernen Wand gerichtet – beten unter lautem Wehklagen und teilweise heftigen Körperbewegungen. Frauen beten in einem abgetrennten Bereich.

Rein zufällig erleben sie das Bar Mizwa-Fest, bei dem Dreizehnjährige – mit dem Tallit auf den Schultern und der Kippa auf dem Kopf – in der Thora lesen müssen, ehe sie anschließend in die jüdische Glaubensgemeinschaft aufgenommen werden. Danach feiern die Familien mit dem Rabbiner. Es wird Kuchen angeschnitten und verteilt, ein überaus fröhliches Fest veranstaltet. Die zum Altar umfunktionierten Wagen, auf denen die Thora präsentiert wird, werden abtransportiert. Die Gesellschaft zieht sich geschlossen zurück. Ein buntes Spektakel neigt sich dem Ende zu, ehe in den eigenen vier Wänden weitergefeiert wird.

Die Christen stellen trotz der vielen Heiligen Stätten eine Minderheit dar. Die alles beherrschende Sprache ist das Hebräische, das übrigens, wie das Arabische, von rechts nach links geschrieben wird. Auch bei den berühmten Schriftrollen vom Toten Meer mit Teilen aus dem Buch Jesaja – im Schrein des Buches zu bewundern – handelt es sich um hebräische Texte, die wohl zu den ältesten erhalten gebliebenen der Bibel zählen. Das Dach des Gebäudes wurde der Form jener in Qumran gefundenen Tongefäße nachempfunden, in denen die Schriftrollen Jahrhunderte lang schlummerten.

Erwähnenswert ist noch die Knesset, ein moderner Bau mit dem Sitz des israelischen Parlaments und dem siebenarmigen Leuchter "Menorah" davor. Besonders sehenswert sind die zwölf Glasfenster von Marc Chagall in der Synagoge der Universitätskliniken – mit Vögeln, Fischen, Blumen und jüdischen Symbolen in den dominierenden Farben blau, grün, gelb und rot verziert. Nicht zuletzt ist der Jüdische Friedhof am Ölberg, der bis in die biblische Zeit zurückreicht, einen Besuch wert.

Erschütternd sind hingegen die Zeugnisse des Holocaust im Museum Yad Vaschem. Hier wird an die sechs Millionen jüdischen Opfer des Naziterrors im Zweiten Weltkrieg erinnert. Die Namen der Vernichtungslager sind in den Boden eingelassen. In der Mitte brennt eine ewige Flamme. Unschön war die Reaktion einer amerikanischen Besuchergruppe, die uns anpöbelte – wohl wissend, dass wir altersbedingt mit dem Nationalsozialismus rein gar nichts zu tun gehabt haben konnten.

Eine Besonderheit, auch für den jüdischen Staat, ist das streng orthodoxe Judenviertel Mea Shearim. Die Männer tragen lange schwarze Rockmäntel, Hüte mit breitem Rand, Vollbart und Seitenlocken. Tafeln weisen auf die Beachtung der hier herrschenden Sitten hin. Die Bewohner verweigern die Anerkennung des Staates Israel. Zahlreiche Synagogen, rituelle Bäder, Talmudschulen und Büros von Thoraschreibern prägen das Bild dieses Stadtteils, ebenso die flachen Häuser mit hölzernen Balkonen, die schmalen Straßen mit kleinen Werkstätten und Läden sowie das Fehlen von Kinos und Cafés. Viele Frauen sind schwanger. Je mehr Kinder gezeugt werden, desto religiöser ist das Paar.

Die hier Lebenden verweigern die Zahlung von Steuern, das Leisten des Wehrdienstes, die Benutzung öffentlicher Verkehrsmittel und jeglichen Müßiggang. Sie sind statt dessen immer in Eile, zahlen in Dollar oder anderen Währungen, verfügen über eine eigene Verwaltung und Gerichtsbarkeit, gehen nicht zur Wahl, leben mit einem ausländischen Pass und schicken ihre Kinder in Talmudschulen. Die Reisegruppe kann froh sein, dass sie nicht am Sabbat hier unterwegs ist. Um dessen Ruhe zu gewährleisten, soll es vorgekommen sein, dass durchfahrende Autos und Busse ahnungsloser Besucher mit Steinen beworfen wurden. Seitdem sperrt die Polizei das Viertel für jeglichen Fahrzeugverkehr.

Am Ende waren wir uns alle einig, dass die Reise durch das Heilige Land ein unvergessliches Erlebnis war – wenn auch die Kontrollen am Flughafen bei der Ausreise übertrieben wurden. Und weil mein Englisch nicht unbedingt den Erwartungen des abfertigenden Beamten entsprach, geriet ich mit diesem kurz aneinander, was einen kleinen

Wermutstropfen in einer sonst eher friedlichen Atmosphäre zurückließ.

Flugreise nach Mexiko

Nächstes Ziel war Mexiko. Leider mussten wir einige Abstriche machen: zum einen hatten wir einen langweiligen, noch dazu schwer verständlichen Reiseführer; zum anderen waren wir einem Fahrer ausgeliefert, der mit einem Tempo durch das bergige Land raste, dass einem schwindlig werden konnte. Zu bemängeln waren zudem die katastrophalen hygienischen Verhältnisse auf Toiletten abseits der touristischen Zentren, der Schmutz in den großstädtischen Slums, vielen Kleinstädten und Dörfern, sowie die ständige Belästigung durch mitunter recht aggressive Bettler. Selbst die Küche ließ gelegentlich zu wünschen übrig. Auf die Tortillas hatte ich irgendwann keinen Appetit mehr. Wenigstens gab es an den Getränken wie Bier, Rotwein und Tequila nichts auszusetzen.

Dafür erhalten sie Einblicke in eine ihnen fremde Welt, die in gewisser Weise fasziniert. Allein der Anflug auf Mexico City ist ein einmaliges Erlebnis. Das bei der abendlichen Ankunft zu Füßen liegende riesige Lichtermeer sorgt dafür, dass einem fast der Atem stockt. Man kann sich kaum vorstellen, dass in diesem Moloch von einer Stadt sechzehn bis achtzehn Millionen Einwohner leben, die sich in der ungewöhnlichen Höhe von über zweitausendzweihundert Metern ausbreiten.

Die Besichtigung der Stadt begann auf der Plaza de la Constitución, allgemein "Zócalo" genannt, mit der Catedral Metropolitana und dem Palacio Nacional. Allein die Schätze in der Kathedrale sind kaum zu beziffern. Zahlreiche vergoldete Altäre schmücken die größte Kirche des Kontinents, verwandeln das Gotteshaus in einen Tresor – eine schier unvorstellbare Ansammlung von Reichtümern, wenn man die Armut des überwiegenden Teils der Bevölkerung bedenkt. Und selbst der Anfang des 16. Jahrhunderts unter Cortés errichtete Nationalpalast, ein in drei Stockwerken rundherum von Arkaden umgebener Monumentalbau mit einem Brunnen in der Mitte des Innenhofes und großartigen Fresken im Treppenhaus – mit Szenen der mexikanischen Geschichte seit der spanischen Eroberung – offenbart die Pracht dieses an Kulturgütern reichen Landes. Mehr noch: es zeigt den Stolz eines in der Vergangenheit so oft geschundenen Volkes. Wie sehr dieser Stolz in den Menschen verwurzelt ist, wird dem Fremden an jenem Tag bewusst, an dem der Präsident der Republik – alljährlich zur Erinnerung an den Beginn des Freiheitskampfes Anfang des 19. Jahrhunderts – auf dem Balkon die Freiheitsglocke läutet und der Zócalo die Massen kaum noch aufnehmen kann.

Nicht viel anders steht es um die Religion. Die überwiegend katholischen Gläubigen beten nicht nur in der Kathedrale oder einer der vielen über das ganze Land verstreuten Kirchen, sondern auch und zwar in ganz besonderem Maße in der Basilica de Nuestra Señora de Guadalupe, dem größten und berühmtesten Heiligtum ganz Lateinamerikas. Die moderne Basilika gleicht im Innenraum einem Amphi-

theater, bietet Platz für zwanzigtausend Menschen und besitzt ein auf einem Umhang aus Fasern hinterlassenes Gnadenbild der Jungfrau Maria. Die Gläubigen pilgern entweder einzeln oder in geschlossenen Prozessionen zu dieser Wallfahrtskirche. Viele rutschen auf einem Teil des steinigen Weges sogar auf Knien.

Was die kulturellen Schätze Mexikos angeht, muss man das Museo Nacional de Antropologia gesehen haben. Es gehört architektonisch sicherlich zu den schönsten Museen der Welt, aber auch zu den bedeutendsten, was die Kunstschätze vergangener Kulturen angeht – verfügt es doch unter anderem über den berühmten Kalender- oder Sonnenstein der Azteken aus dem 15. Jahrhundert. Der schwere Basaltmonolith mit einem Durchmesser von fast dreieinhalb Metern wiegt vierundzwanzig Tonnen.

Seltsame Dinge können sie ebenfalls erleben. Auf der Plaza Santo Domingo sitzen wochentags unter den Arkaden die Briefeschreiber, die jedermann mieten kann, und tippen auf ihren alten Schreibmaschinen. Dieser Service wird genutzt, wenn jemand kein derartiges Gerät besitzt oder des Schreibens nicht mächtig ist – was angesichts vieler Analphabeten noch recht häufig vorkommt. Gelegentlich gibt es leichte Erdstöße, die an ein Vibrieren erinnern, aber längst nicht von der Stärke sind, die er auf dem Henninger Turm in Frankfurt am Main erlebt hat. Ein für Europäer gar ungewöhnlicher Anblick sind – und das gilt für das ganze Land – die zahlenmäßig großen Familien mit Scharen von Kindern. Ein Beweis für die Männlichkeit fast jeden Familienoberhaupts, vor allem in den weniger gebildeten Schichten. In Erstaunen versetzt das Bemühen des Reiseführers, die Villen-

viertel zu zeigen. Der überwiegenden Armut pflegt er generell aus dem Weg zu gehen.

Unterhaltsam waren die Besuche im Palacio de Bellas Artes und in Xochimilco. In ersterem wohnten wir einer Aufführung des berühmten "Ballet Folklórico" bei, bewunderten die Azteken-, Indianer- und Mexikanertänze und staunten nebenbei über den riesigen Bühnenvorhang aus farbigem Glasmosaik des New Yorker Juwelierhauses Tiffany.

In letzterem, den sogenannten schwimmenden Gärten, nehmen sie an einer Kanalfahrt teil. Ganze Großfamilien bevölkern die geschmückten Boote, breiten den Inhalt ihrer Proviantkörbe aus, essen und trinken, was Küche und Keller daheim entbehren können, und tanzen vergnügt zu den Klängen der Mariachikapellen. Dazwischen bahnen sich Kähne von Händlern, die lauthals Blumen und Tortillas anbieten, den Weg durch das dichtbevölkerte Kanalsystem. Hinzu kommen die Touristenboote, die, wie die anderen auf dem Wasser gleitenden Fahrzeuge, flach gebaut und mit langen Sitzbänken sowie einem Zeltdach ausgestattet sind. Vorn stehen die Musiker mit Gitarre und Geige in der Hand sowie dem Sombrero auf dem Kopf, die mit zunehmender Zeit die sauberen Töne vermissen lassen. Hinten jongliert der Steuermann das Gefährt durch den dichten Verkehr, wobei er geschickt mit dem langen Staken hantiert. Das ganze Spektakel bereitet zweifellos viel Spaß, wirkt aber insgesamt ein wenig kitschig.

Für ein Erlebnis der besonderen Art sorgte der Bruder des Ismaninger Hoteliers, mit dem wir ein Treffen vereinbart hatten. Er tauchte mit seinem alten Mercedes vor dem Hotel auf – erfreut darüber, Besucher aus seiner bayerischen Heimat begrüßen zu können. Die Kontaktaufnahme hatte sich gelohnt – unabhängig von der gegenseitig empfundenen Sympathie, die in den Jahren danach zu etlichen Besuchen in seinem neuen Hotel im Raum Halle-Leipzig-Bitterfeld führen sollte. So konnten wir einen Blick in seine Wohnung werfen; lernten seine mexikanische Frau kennen, die hervorragend deutsch sprach; konnten ihn, der ausgezeichnete Ortskenntnis besaß, in ein typisch mexikanisches Restaurant einladen; und ließen uns zum Ausklang in eine kurios anmutende Kneipe entführen, in der sogenanntes Meterbier aus langen, bis auf den Boden reichenden Gläsern getrunken wurde. Dabei bestand die Gefahr, beim Leeren des Glases den Inhalt auf der Kleidung wiederzufinden. Alles in allem war dies ein schöner Abschluss in der Hauptstadt Mexikos, der ersten Station unserer Reise.

Der erste kulturelle Höhepunkt nach dem Nationalmuseum ist der Gang durch das weiträumige Areal von Teotihuacán. Wer diese riesige Anlage einst errichtete, welches Volk hier lebte und aus welchen Gründen der Ort letztlich aufgegeben wurde, ist nicht bekannt. Die Azteken, die erst später hierher kamen, gaben dem Gelände den Namen "Ort der Götter", weil sie nicht glauben konnten oder wollten, dass Menschen zum Bau derartiger Ungetüme fähig waren.

Die Hauptachse bildet die schnurgerade Via Sacra mit den eindrucksvollen Stufenplattformen. Drei Pyramiden ragen aus der Bebauung heraus: die Sonnen- und die Mondpyramide sowie diejenige des Quetzalcóatl. Letztere gilt als archäologisches Juwel. Die Sonnenpyramide erhebt sich auf einer Grundfläche von gut zweihun-

dertzwanzig Metern im Quadrat und erreicht über fünf Terrassen eine Höhe von dreiundsechzig Metern. Die über vier Terrassen ansteigende Mondpyramide mit wesentlich kleinerem Grundriss ist hingegen zwanzig Meter niedriger. Worauf sie nicht verzichten, ist der Aufstieg auf eines dieser gigantischen Bauwerke. Mutig wie sie sind, entscheiden sie sich ausgerechnet für die Sonnenpyramide. Der Blick von oben entschädigt sie für vieles. Nur der Abstieg fällt seiner Frau schwer, hat sie doch mit ihren lädierten Knien Mühe, die extrem hohen Stufen zu überwinden.

Nächste Station war die Stadt Cuernavaca, der Wohnsitz vieler Künstler, mit einem Anfang des 16. Jahrhunderts unter Cortés erbauten und am parkartigen Zócalo gelegenen Palast – mit einer von Wandgemälden geschmückten Loggia im Obergeschoss. Während der Fahrt tauchte immer wieder der Popocatépetl in der Ferne auf – mit über fünftausendvierhundert Metern der höchste Berg Mexikos.

Einen weiteren, wenn auch recht fragwürdigen Höhepunkt stellte der Besuch der Hacienda Hermosa dar, wo wir drei Tage lang wohnten. Das rundum von ärmlichen Siedlungen umgebene, durch eine Mauer getrennte Gelände verfügte über festungsartige Gebäude, in deren Gewölben eine Großküche, ein Speiseraum, Aufenthaltsräume und Gästezimmer untergebracht waren. Hinzu kamen eine Kapelle mit Glockenturm; ein Swimmingpool, der einem kleinen See glich und von einer Bogenbrücke überspannt wurde; eine Allee gleich hinter der Einfahrt; ein von Palmen gesäumter Weg und zahlreiche Grünanlagen. Sogar eine kleine Arena, in der die perversen Hahnenkämpfe stattfanden, war vorhanden – samt der Zucht von Kampfhähnen und deren Training. Positiv hervorzuheben waren die zahlreichen exotischen Pflanzen und das extrem laute Vogelgezwitscher, wodurch wir uns in eine urwaldähnliche Oase versetzt fühlten. Gewöhnungsbedürftig waren die Geckos, die nachts an den Gewölbemauern der Gästezimmer klebten.

Rein zufällig erleben sie die Dreharbeiten eines mexikanischen Filmteams. Die Szenen erscheinen eher banal. Einmal muss eine Schönheit mit sichtbaren Spuren von Zellulitis am Pool entlanglaufen, ein anderes Mal auf einem Tisch liegen, auf dem flambiert wird. Die Sequenzen werden zigmal wiederholt. Der Regisseur gestikuliert ständig. Der Kameramann fährt mitsamt der Technik hin und her, um die richtige Einstellung zu finden. Einer hantiert mit der Klappe, ruft wohl bei jeder neuen Aufnahme eine Nummer. Ein anderer rennt nervös hin und her, während ein Dickleibiger ein Segel aufstellt. Ein Hagerer schreit irgendwas in die Runde. Und ein Haufen Statisten stehen, sitzen oder liegen herum, nehmen eine Pose ein oder warten auf ihren Einsatz. Ein einziges Gewusel, Hektik und Chaos erfüllen die Naturbühne.

Unterwegs an die Pazifikküste machten wir einen Abstecher nach Taxco. Die unter Denkmalschutz stehende Stadt liegt reizvoll an den Hängen des zentralen Hochlandes. Die hier betriebenen Silberminen kannten schon die Azteken. Ein Bummel durch die Kopfsteinpflastergassen hatte sich kaum gelohnt, war der Ort doch trotz mancher hübschen Plätze, Brunnen, Kirchen und pittoresken Häuser ziemlich langweilig – vom überteuerten Silberschmuck ganz abgesehen.

Am Ende unserer Reise erreichten wir Acapulco, die angebliche Perle am Stillen Ozean. Die fünf Kilometer lange Bucht, mit Hotelhochhäusern und Luxuswohnblocks zubetoniert, wird Tag und Nacht vom Touristenrummel am Strand und im Wasser heimgesucht. Ausflugsschiffe, Motorboote mit Wasserskiläufern oder Gleitschirmfliegern im Schlepptau, Wellenreiten auf sogenannten Bananen, Grillabende und Tanzveranstaltungen nach Einbruch der Dunkelheit lassen nie Ruhe aufkommen. Da war ein Spaziergang zum parkartigen Marktplatz mit Bänken, Brunnen und einem Glockenspiel, wo sich Einheimische und Erholung suchende Fremde gleichermaßen einfinden, eine gute Alternative.

Zu später Stunde nehmen sie noch die Gelegenheit wahr, den berühmten Felsenspringern zuzuschauen. Oberhalb der nur fünf Meter breiten Felsenbucht von La Quebrada beziehen die Wagemutigen Stellung und stürzen sich von einer fast vierzig Meter hohen Klippe in die Tiefe. Mit dieser abenteuerlichen Darbietung ist das offizielle Programm beendet. Auf wundersame Weise hat er die Tour bis dahin unbeschadet überstanden, als er kurz vor der Abreise doch noch Moctezumas Rache zu spüren bekommt.

Flug nach Hongkong

Das wohl ungewöhnlichste Erlebnis stand uns noch bevor: eine Rundreise durch China. Soviel kann schon vorweg gesagt werden: beim Überschreiten der Grenze dieses Riesenreiches hatten wir den Eindruck, auf einem anderen

Stern gelandet zu sein. Aber dazu später mehr. Zunächst flogen wir nach Hongkong, das als britische Kronkolonie trotz der Übermacht asiatischer Gesichter eher an eine Millionenmetropole in Nordamerika erinnerte. Wolkenkratzer an Wolkenkratzer standen regelrecht Spalier, erinnerten mich an New York, als ich zum ersten Mal die Skyline erblickte und jenes unglaubliche Bild vor Augen hatte, das ich in dieser Dimension von Europa her nicht gewohnt war.

Die Zeit zum Eingewöhnen war kurz. Schon bald nach dem Einchecken im Hotel zogen wir los und fuhren mit der "Star Ferry" von Kowloon hinüber nach Hongkong. Wir begegneten während der Überfahrt allen möglichen Schiffen – nur keinen alten Dschunken, entdeckten auch Frachter, die besser verschrottet worden wären, und erreichten schließlich den Anleger, über den die Passagiere in Scharen zu den Straßenbahnen und Bussen eilten. Ein paar Touristen bestiegen die am Pier wartenden Rikschas, um sich durch Victoria kutschieren zu lassen. Auch wir wagten den Versuch, mit einem öffentlichen Verkehrsmittel den Central District zu erkunden. Wir nahmen aber statt des zweirädrigen Vehikels oder eines Doppeldeckerbusses die gleichfalls doppelstöckige Tram, die wir sonst noch nirgendwo gesehen hatten – jede in einer anderen Farbe lackiert und in den Stoßzeiten im Minutentakt unterwegs.

Am Abend kehren sie mit ihrer fünfzehnköpfigen Gruppe in einem Restaurant ein und verteilen sich auf zwei runde Tische mit je einer drehbaren runden Glasplatte darauf. Das echt chinesische Essen wird rasch serviert – für seine Begriffe zu schnell und mit zu vielen

Gängen auf einmal. Alle greifen zu Stäbchen - auch er, der sich reichlich unbeholfen anstellt. Was ihn aber nervt, ist vor allem die Tatsache, dass kaum jemand den Porzellanlöffel benutzt. Stattdessen wühlt jeder mit seinen Miniaturstangen in den Schüsseln herum, isst von der gewählten Speise und stochert erneut mit dem Holzbesteck in den Schalen herum. Und weil alle begriffen haben, dass er sich vor derartigem Essgebaren ekelt, lassen sie ihm den Vortritt und geben ihm ein bis zwei Minuten Vorlaufzeit, damit er sich mit dem Nötigen eindecken kann. Seine Frau spielt hier und da den Vorkoster – ist er doch gegen jede Art von Fisch allergisch.

Am nächsten Tag gab es das volle Programm: eine Fahrt mit der Bergbahn auf den über fünfhundertfünfzig Meter hohen Victoria Peak – mit grandioser Aussicht auf den Hafen, die Stadt mit ihren Wolkenkratzern und Kowloon; einen Besuch des Tinhan-Tempels an der Joss House Bay, der berühmtesten Kultstätte zu Ehren der Schutzpatronin der Fischer, wo Massen von Räucherstäbchen angezündet wurden; eine Tour mit dem Sampan – einem flachen chinesischen Hausboot – entlang der von Dschunken gesäumten Wassergassen von Aberdeen; und, nach Einbruch der Dunkelheit, eine erneute Fahrt auf den Victoria Peak – mit dem unvergesslichen Blick auf das zu Füßen liegende Lichtermeer.

Vor dem Abschied von Hongkong bummeln sie noch über die Nathan und Jordan Road sowie über den Chinesischen Nachtbasar im dichtbevölkerten Viertel "Yan Ma Tei" von Kowloon. Sie kaufen nichts, sondern sehen sich nur um und wundern sich darüber, dass jeder zweite, der auf dem Markt unterwegs ist, mit einem Handy telefoniert – ein in Europa zu dieser Zeit völlig ungewohntes Bild. Und noch etwas sorgt bei ihnen für ungläubiges Staunen: sämtliche Baustellen, selbst die von Hochhäusern, sind mit den äußerst elastischen Bambusstangen eingerüstet – aus europäischer Sicht wohl eher eine Horrorvision.

Rundreise durch die Volksrepublik China

Mit einem recht modernen Zug fahren sie von Hongkong nach Guangzhou, das früher Kanton hieß. Sie kommen an endlosen Reisfeldern und einzelnen Fabriken vorbei. Am Ziel eingetroffen, glauben sie in der Tat, sich in einer anderen Welt zu befinden. Gewöhnungsbedürftig sind vor allem die Menschenmassen, die, einem Heer von Ameisen gleich, die Straßen bevölkern und zu Fuß, auf Fahrrädern oder Mopeds, mit dreirädrigen pedalgetriebenen oder motorisierten Minilastwagen unterwegs sind. Mitten im Gewühl tauchen Schubkarren und Leiterwagen auf, bahnen sich Zugmaschinen den Weg, die großen Rasenmähern gleichen und mit einer Deichsel vom Anhänger aus gelenkt werden. Hier und da mischt sich das eine oder andere Auto darunter. Der gesamte Verkehr wirkt chaotisch, funktioniert aber irgendwie – wenn auch mit einem Hupkonzert und ständigem Fahrradgebimmel. Überall ist es laut, knattern unentwegt irgendwelche Motoren.

Das Hotel entsprach nicht nur internationalem Standard. Vielmehr handelte es sich um eine Luxusherberge. Allein der Blick aus dem Fenster des Hotelzimmers war das Geld wert – konnten wir doch aus dem zehnten Stock hinunter auf den breiten Perlfluss sehen, auf dem reger

Schiffsverkehr herrschte. Auch das Frühstück ließ keine Wünsche offen, bot ein chinesisches, ein amerikanisches und ein für Europäer gängiges Büffet. Alles war extrem sauber, der Service überaus freundlich. Mit Ausnahme des Hotels in Chengde am Ende unserer Reise bewegten sich die übrigen Hotels auf dem gleichen Niveau – wenn auch der Ausblick in Guangzhou der schönste blieb. Umso schlimmer war es um die Hygiene in öffentlichen Toiletten und Waschräumen bestellt. Überhaupt ging es abseits der touristischen Zentren nicht gerade reinlich zu, obwohl fast ständig jemand mit einem Besen den Hof oder den Gehweg fegte.

Das Mittag- und Abendessen, das uns meist in einem landestypischen Restaurant außerhalb unserer Unterkunft serviert wurde, lief überall nach dem gleichen Ritual ab. Es glich im Großen und Ganzen dem in Hongkong. Im Gegensatz zu der in Deutschland gängigen chinesischen Küche gab es allerdings nur wenig Reis. Noch seltener waren Reiswein und Reisschnaps zu bekommen. Schmackhaft war das Bier der Marke "Qingdao", das aus einer ehemals deutschen Brauerei stammte. Eine Besonderheit stellten die "Dim Sum" genannten Teigtaschen mit verschiedenen Füllungen dar, die in Bambuskörbchen gereicht wurden. Übrigens wurde nicht in der offiziellen Landeswährung Renminbi mit dem Yuan als Einheit bezahlt, sondern mit FEC, was Foreign Exchange Certificates bedeutet – also speziell von Touristen verwendet wurde. Auf Trinkgeld konnte dabei verzichtet werden, weil es generell nicht angenommen werden durfte.

Sehenswert sind in der international bekannten Messestadt sowohl der Tempel Hualin Si, der eine imposante Bilderserie von fünfhundert Luohan beherbergt, was so viel wie Mönche heißt, welche die Erleuchtung erlangt haben, als auch der Liu Rong Si, der Tempel der sechs Banyan-Bäume aus dem 6. Jahrhundert, dessen Blumenpagode aus dem 11. Jahrhundert mit siebenundfünfzig Metern die höchste der Stadt ist und die ich bis zur obersten Plattform bestieg.

Ein Erlebnis ist der Qingping-Markt, der als einer der aufregendsten freien Märkte in China gilt. Hier wird alles Mögliche feilgeboten: Fleisch und Fisch, Obst und Gemüse, ein Riesenangebot, das einem verdeutlicht, dass die Versorgung der Bevölkerung – zumindest was das Lebensnotwendige angeht – weitgehend sichergestellt und für ein Milliardenvolk eine erstaunliche Leistung ist. Der besondere Ruf des Marktes ist auf das immense Angebot lebender Tiere zurückzuführen. Hunde und Katzen, Kaninchen und Hühner warten in Käfigen zusammengepfercht auf Abnehmer, ebenso Fische aller Art in mit Wasser gefüllten Bottichen sowie frei herumkriechende Schildkröten, die viel zu langsam sind, um sich aus dem Staub machen zu können. Die hinter Gittern ausgestellten Tiere wechseln beim Verkauf lediglich den Käfig, der, wie die Hühner mit ihren zusammengebundenen Beinen, mit der Hand getragen oder am Fahrradlenker hängend transportiert wird. Das gleiche gilt für Fische und Schildkröten, die in Eimern landen. Wer die zum Verzehr bestimmten Kreaturen nicht selbst schlachten kann oder will, lässt sie gleich vor Ort töten, von Fell, Gefieder, Haut oder Panzer befreien, komplett ausnehmen und fachgerecht zerlegen.

Der anschließende Flug nach Guilin verlief reibungslos – trotz der meist älteren Maschinen sowjetischer Bauart. Außer einem Lächeln der Stewardess gab es keinen nennenswerten Bordservice. Kurios war, was die Reisenden alles in die Kabine schleppten: so zum Beispiel lebende Fische in mit Wasser gefüllten Plastikbeuteln. Im Vergleich zu Guangzhou erweckte Guilin eher den Eindruck einer Provinzstadt. Am Straßenrand verkaufte ein Mann Bambusstangen, ein zweiter reparierte Fahrräder, ein dritter saß an einem Tisch und erstellte Kalligraphien, die anhand von Schriftzeichen Gefühle, Stimmungen und Charaktereigenschaften ausdrücken sollen, wobei Schriftgestaltung und Malerei kaum voneinander zu trennen sind. Und weil wir – bedingt durch das noch nicht lange zurückliegende Massaker am Tian'anmen-Platz in Peking – weit und breit die einzigen Langnasen waren, wurde vor allem ich, der die relativ kleinen Schlitzaugen deutlich überragte, ständig von kichernden Zwergen umringt, die unbedingt mit mir fotografiert werden wollten.

Nennenswerte kulturelle Sehenswürdigkeiten hat die Stadt nicht zu bieten. Dafür standen umso mehr Besichtigungen von Einrichtungen der Gegenwart auf dem Programm. Den Anfang machte eine Textilfabrik, in der wir durch Weberei, Stickerei und Näherei geführt wurden, wo unter anderen auch Kinder nach Vorlagen arbeiten mussten. In einer Klinik wurden Massagen angeboten, ließen sich einige Reiseteilnehmer an Stirn, Oberlippe, Nacken, Schultern und Rücken behandeln. Die gesamte Einrichtung machte nicht gerade einen Vertrauen erweckenden Eindruck. Auch der Aberglaube schien eine Rolle zu spielen, hing doch unter dem Fenster ein toter Fisch.

Letzte Station ist eine bäuerliche Kommune etwas außerhalb von Guilin. Aus einem Teich holen junge Männer und Frauen Wasser, das jeder von ihnen in zwei Behältern zu einer Teeplantage schleppt – mit Hilfe einer Bambusstange, die auf den Schultern aufliegt. Alte Frauen bewässern die in langen Reihen angelegten Beete, benutzen dabei eine Schöpfkelle und schütten das kostbare Nass Meter um Meter über die Pflanzen. Andere Dorfbewohner legen auf einem betonierten Untergrund Weizen zum Trocknen aus und verteilen diesen gleichmäßig mit einem Besen. Ein alter Mann steht vor einer aus Holz gebauten, seltsam aussehenden Maschine und mahlt damit bereits getrocknetes Getreide. Und wieder ein anderer reiht Lehmziegel aneinander, die er mit Hilfe eines zangenförmigen Holzgriffs aus einer Form auf den Boden gleiten lässt. Mittendrin spielen Kleinkinder. Sie tragen der Einfachheit halber einen offenen Hosenschlitz und bestaunen die Besucher mit offenem Mund, als wären sie Außerirdische.

Wo wir auch hinkamen: überall wurden wir mit chinesischer Schrift konfrontiert. Wir erfuhren aus der Reiselektüre lediglich, dass bei den Zeichen im Chinesischen abbildende und daraus zusammengesetzte zu unterscheiden sind, ferner solche, die über einen Laut- und einen Bedeutungsbestandteil verfügen. Zu den abbildenden Schriftzeichen gehört zum Beispiel der Baum. Bei den zusammengesetzten würden in diesem Fall zwei Bäume den Wald darstellen. Komplizierter wird es, wenn verschiedene Wörter gleich ausgesprochen werden, so etwa das Pferd und der Kosename für Mutter. Um nun den Kosename für Mutter abzubilden, wird als Lautbestandteil das Pferd und als Bedeutungsbestandteil die Frau nebeneinander gezeigt.

Den ersten von insgesamt vier Höhepunkten erleben sie bei einer Fahrt auf dem Li-Fluss. Bei dem Schiff handelt es sich um ein typisches Touristenboot mit Bordküche, die kein umwerfendes, aber ein durchaus passables Essen zustande bringt – natürlich mit reichlich Fisch, was ihm weniger behagt, noch dazu mit chinesischer Musikbegleitung, die für europäische Ohren nicht unbedingt geeignet ist. Auch gewaschen und gespült wird an Deck. Die Waschfrau tritt mit nackten Füßen auf der in einer Wanne liegenden Tischwäsche herum, ehe sie diese zum Trocknen aufhängt. Ein junger Mann spült das in einer Schüssel gesammelte Geschirr und trocknet es ab.

An den Karstformationen, einer zerklüfteten Landschaft mit hier und da steil aufragenden Felswänden, können sie sich gar nicht satt genug sehen. Die unzähligen Berge gleichen Zuckerhüten und spiegeln sich im klaren Wasser. An jeder Flussbiegung wartet ein neues Panorama, wird ein weiteres Schauspiel der Natur geboten. Hinter den grünen Vorhängen von Bambuswedeln tauchen vereinzelt Siedlungen auf, aus denen Rauch aufsteigt. Kinder tummeln sich im Wasser. Hin und wieder zieht ein Touristen- oder Frachtboot vorüber. Sie begegnen Wasserbüffeln und Kormoranfischern auf Bambusflößen – mit einem Korb darauf, in dem die gefangenen Fische aufbewahrt werden. Wie Hühner auf der Stange sitzen die auf Beute wartenden Vögel neben dem Korb. Ihre Hälse sind mit einem Ring oder einer Schnur abgebunden, damit sie die Fische nicht hinunter schlucken können.

Dann passiert etwas, womit niemand gerechnet hat. Das Boot wird von einem entgegenkommenden gerammt, erhält am Bug einen kräftigen Schlag gegen Backbord, wird ein wenig eingedrückt und treibt auf das Ufer zu. Der Motor stottert zunächst. Dann säuft er ab. Die Angst geht um, dass die Barkasse sinken könnte. Doch der Fluss scheint nicht sehr tief zu sein. Schließlich startet der Motor wieder und kommt allmählich auf Touren. Nur ein paar hundert Meter bleiben bis zur Anlegestelle, an der die Fahrt ohnehin zu Ende ist. Sie haben noch einmal Glück gehabt.

Auf dem Markt, der die ankommenden Touristen anlocken soll, kauft er – den Schreck noch ein wenig in den Gliedern – eine Mao-Mütze, setzt sie auf und erntet ein chinesisches Lächeln. Offenbar ist der Große Vorsitzende doch nicht mehr die Leitfigur, die er einmal war. Der einstige Kult um seine Person wird längst nicht mehr so ernst genommen.

Von Guilin aus benutzten wir ein weiteres Mal das Flugzeug. Diesmal ging es nach Shanghai. Sehenswert sind in der mit dreizehn Millionen Einwohnern größten Stadt Chinas nur der Bund und die Altstadt. Die Gebäude am Bund vermitteln noch einen Eindruck von der einstigen Macht und dem Einfluss des Geldadels, als die Weltmächte das Sagen, Chinesen und Hunde hingegen nichts zu melden hatten. Vom Huangpu aus wirkt die Silhouette wie das London der zwanziger und dreißiger Jahre, beherrscht der Uhrturm "Big Chin" das aus Kolossalbauten bestehende Ensemble.

Ganz anders die Altstadt, in deren Gassen die vollgehängten Wäscheleinen von Fenster zu Fenster gespannt sind und das Heer der Drahtesel riesige Fahrradstellplätze füllt. Der etwas abseits gelegene Yu-Garten versetzt hingegen in vergangene Zeiten des alten China. Inmitten dieses Viertels gehen sie über die berühmte Zick-Zack-Brücke und kehren im vierhundert Jahre alten Teehaus ein.

In dieser riesigen Stadt, die sich durch einen regelrechten Bauboom fast täglich veränderte, herrschte starker Autoverkehr. Die Fahrzeuge standen kilometerlang im Stau und sorgten dafür, dass über der Millionenmetropole eine ständige Dunstglocke hing. Inmitten des Verkehrslärms und dieses nach Abgasen stinkenden Nebels versuchten die Polizisten der Lage Herr zu werden. Wir quälten uns zu Fuß durch die überfüllten Straßen und begaben uns ins Kaufhaus Nummer eins: zum einen, um wieder mal frei atmen zu können, zum anderen, um das Warenangebot in Augenschein zu nehmen. Und wir waren erstaunt, dass es so ziemlich alles zu kaufen gab, ohne allerdings sicher zu sein, ob sich der Durchschnittsbürger das alles leisten konnte. Immerhin mussten die meisten von ihnen keine Großfamilie mehr ernähren, weil sie per Gesetz nur noch ein Kind haben durften. Interessant war auch, zu erfahren, dass jeder Chinese von der Geburt bis zum Tod in einer "Danwei" genannten Einheit organisiert ist, die sämtliche persönlichen und beruflichen Dinge für ihn erledigt.

Was er sich nicht entgehen lässt, sind die Schattenboxer, derentwegen er als Spätaufsteher schon in aller Herrgottsfrühe unterwegs ist, um die Darbietungen nicht zu versäumen. Teils allein, teils in Gruppen postieren sich die Taiji-Liebhaber in den Grünanlagen, demonstrieren die alte chinesische Bewegungs- und Kampfkunst mit vorgegebenem Bewegungsablauf und folgen den strengen Blicken des mit Trillerpfeife ausgerüsteten Vorturners. Beim Anblick der Übungen werden Erinnerungen in ihm wach, als er in der Schule vor lauter Steifheit zur Lachnummer wurde. Bei den hier Versammelten wirkt alles sehr viel lockerer. Er glaubt es fast mit Gummifiguren zu tun zu haben.

Vor Antritt einer Schiffstour blieb uns ein wenig Zeit zum Besuch einer Teppichknüpferei. Wir sahen den jungen Frauen bei der Arbeit zu, schauten uns im umfangreichen Teppichlager um und stellten beim Blick in eines der Büros mit Erstaunen fest, dass die eng beieinander hockenden Angestellten wie im Moskauer Kaufhaus GUM noch mit dem Abakus rechneten. Dann war es soweit. Die abschließende Fahrt mit einem vollbesetzten Dampfer über den Huangpu sollte den nicht enden wollenden Hafen präsentieren, ließ mit zunehmender Zeit aber Langeweile aufkommen, weil sich das Ganze bis zur Mündung in den Yangzi zu sehr in die Länge zog – von der ebenso langen Rückfahrt ganz zu schweigen. Unterwegs passierten wir vor Anker liegende Kreuzfahrtschiffe, begegneten Frachtern und Containerschiffen sowie Schleppern und Kähnen, zogen an riesigen Hafen- und Industrieanlagen vorüber und begaben uns zu fortgeschrittener Zeit unter Deck, um der Vorführung einer Gruppe von Jongleuren beizuwohnen. Erst als wir wieder festen Boden unter den Füßen hatten, wurde die Stimmung besser, fieberten wir erwartungsvoll dem nächsten Ziel entgegen.

Erneut stand ein Flug auf dem Programm. Diesmal ging es nach Xi'an, das zwar eine aus der Ming-Zeit stammende und um den Altstadtkern herum führende Mauer besitzt, dessen größte Attraktion sich aber dreißig Kilometer östlich der Stadt befindet: die Terrakotta-Figuren – der zweite Höhepunkt in der Volksrepublik.

Das Museum zeigt fünfhundert Soldaten und deren Offiziere, die bisher ausgegraben wurden. Man schätzt, dass die gesamte, zum Schutz des unterirdischen Palastes bestimmte kaiserliche Armee von Qin Shi Huangdi etwa siebentausend Mann umfasst. Ungläubiges Staunen entlädt sich beim Anblick dieses gewaltigen Heeres, in dem jede Figur schon von der Größe her beeindruckt. Noch größer wird die Sprachlosigkeit, wenn man die fein herausgearbeiteten Gesichter betrachtet und dabei feststellt, dass jeder Mann mit einer anderen Frisur, mit oder ohne Bart und mit unterschiedlicher Mimik aufwartet – einem Lächeln, einem grimmigen Blick, einer nachdenklichen Miene, einem Ausdruck von Entschlossenheit, einem Zeichen von Ergebenheit. Auch die Uniformen verraten einiges, lassen aufgrund des Rangabzeichens entsprechende Schlüsse zu, ob es sich um einen Soldaten der Vorhut oder einer Spezialeinheit, um einen Bogenschützen oder einen Offizier handelt.

Ehe wir unsere Reise fortsetzten, besuchten wir noch eine Folklore-Veranstaltung mit Musik und Tanz aus der Tang-Zeit. Wir erfreuten uns an den farbenprächtigen Seidenbändertänzen junger Frauen und den akrobatischen Tanzeinlagen junger Männer, die beide mit wechselnder Bühnenbeleuchtung dargeboten wurden.

Die anschließende Bahnfahrt nach Luoyang hat schon vor Abfahrt des Zuges eine Überraschung parat. Massen von Reisenden hocken mit ihrem Gepäck rund um den Bahnhof auf dem kalten Boden und müssen warten. Erst nachdem ihre Gruppe – unmittelbar nach der Ankunft mit dem Bus – den Zug bestiegen hat, dürfen die Wartenden auf den Bahnsteig und von dort in die bereitstehenden

Waggons. Beim Ansturm auf die Abteile spielen sich einem Tumult ähnelnde Szenen ab. Angesichts dieses Chaos sind sie heilfroh, dass man ihnen den Vortritt gelassen hat, ihnen ein derartiger Kampf um die freien Plätze erspart geblieben ist. Im Zug erleiden sie dann weiteres Ungemach. Ununterbrochen werden sie von einem Lautsprecher berieselt, mit chinesischen Ansagen und chinesischer Musik malträtiert.

Luoyang erinnerte uns ein wenig an Guilin. Nach Shanghai und Xi'an befanden wir uns wieder einmal in der Provinz. Beim Rundgang durch die Stadt entdeckten wir einen Siegelschneider, einen Klempner und eine Korbflechterin, die im Freien arbeiteten; ferner einen Frisier- und Rasiersalon, einen mit Metallringen zaubernden alten Mann, eine schreiende Denunziantin, Männer beim Spiel mit Schriftzeichen – einer Art chinesischem Scrabble, und eine Frau, die am Flussufer ihre Kleider wusch. Durch Zufall gerieten wir in eine Hochzeitsgesellschaft. Unser chinesischer Reiseführer brachte dem Hochzeitspaar ein Ständchen, spielte zur allgemeinen Verblüffung der Reisegruppe auf einer Flöte die Melodie des deutschen Volksliedes "Alle Vögel sind schon da", was großen Beifall auslöste.

Ungemein sehenswert sind die dreizehn Kilometer südlich der Stadt gelegenen Longmen-Grotten – eine Ansammlung von Buddha-Statuen in allen Größen von wenigen Zentimetern bis zu über siebzehn Metern. Offiziell spricht man vom Buddhistischen Grottentempel am Longmen. In der Sandsteinwand befinden sich über tausenddreihundertfünfzig Höhlen mit mehr als siebenundneunzigtausend Sta-

tuen. Die Mönche haben insgesamt vier Jahrhunderte an den in den Stein gehauenen Figuren gearbeitet.

Auch in Luoyang fanden Besichtigungen von Einrichtungen der Gegenwart statt. Den Anfang machte eine Keramikfabrik, in der Tierfiguren aus Ton gefertigt und bemalt wurden. Im Hof waren noch die alten Brennöfen zu sehen. In einer Apotheke deckten wir uns mit China-Öl ein. Wir erfuhren, dass in den alten Schubfächern aus Holz die heimischen Heilkräuter, Tinkturen, Pulver, Pillen und Salben verstaut waren. Und in einer Wohnung betrachteten wir die einfache Möblierung – nur mit einem Mao-Bild und einer Kalligraphie an der Wand geschmückt. Der Mann mit blauer Mao-Jacke zeigte stolz seine Parteiorden.

Letzte Station war ein in der Nähe gelegenes Dorf mit Höhlenwohnungen, die ein- oder zweistöckig angelegt waren. Die Räume waren dunkel, das Mobiliar spärlich, die Eingänge aus Ziegeln gemauert. Das Leben spielte sich draußen auf dem Hof ab – auf engstem Raum mit Kuh und Hängebauchschwein. Die Anwesen wirkten ein wenig verwahrlost, die aus Lößterrassen bestehende Landschaft äußerst karg. Ein auf der Straße in einer Kurve liegengebliebener Lastwagen wurde lediglich mit ein paar um das Fahrzeug herum ausgelegten Steinen gesichert und nicht, wie in Europa üblich, mit einem Warndreieck.

Ein höchst interessanter Ausflug führt sie zum Shaolin-Kloster – fünfundvierzig Kilometer von Luoyang entfernt. Zunächst werfen sie einen Blick in das Kloster, besuchen anschließend die "Wu Shu"-Kampfstätte, wo sie das Training der Schüler verfolgen, und begeben sich danach in einen Seitenhof, in dem ihnen die Kampfkünste von den Meistern vorgeführt werden, die von Stößen und Tritten des deutschen Reiseleiters völlig unbeeindruckt bleiben. Auch nach dem Zerschlagen von Ziegelsteinen mit der Handkante auf Boden, Arm und Kopf zeigen sie keine sichtbare Wirkung. Zum Schluss fahren sie zum einige hundert Meter vom Kloster entfernten Pagodenwald. Die eindrucksvolle Nekropole umfasst zweihundertsechzig Stupas zwischen einem und fünfzehn Metern Höhe aus dem 9. bis 19. Jahrhundert. In ihnen wurde die Asche der verstorbenen Äbte bestattet.

Von Luoyang hieß es Abschied nehmen. Der Nachtzug brachte uns nach Peking. Im geschlossenen Schlafabteil mit vier Betten waren wir gut untergebracht. Nur die Sauberkeit in den Zugtoiletten ließ zu wünschen übrig. Laut und lebhaft ging es in den offenen Schlafabteilen mit sechs Betten zu – typisch chinesisch eben. Diese Waggons waren nicht klimatisiert, total verqualmt und hoffnungslos überfüllt.

In Chinas Hauptstadt wurden wir kurz nach dem Einchecken im Hotel zu allererst auf den Tian'anmen-Platz geführt, wo uns die Halle des Volkes präsentiert wurde, in der der Volkskongress tagt, was aber niemand sonderlich interessierte. Vielmehr reizte uns der Kaiserpalast, auf dessen wuchtige Mauern wir gebannt starrten – wenn auch das Portrait Mao Zedongs, wie er jetzt genannt wurde, über dem Portal störte.

Der Kaiserpalast, der größte und besterhaltene Komplex klassischer Gebäude Chinas, ist der dritte Höhepunkt auf ihrer Reise. Mit gut neunhundertsechzig Metern von Nord nach Süd und über siebenhundertfünfzig Metern von Ost nach West, von einer etwa zehn Meter hohen Mauer mit Wachtürmen an den vier Ecken und einem breiten Wassergraben umgeben, verfügt das riesige Areal über mehr als neuntausend Räume. Hier lebten vierundzwanzig Ming- und Qing-Kaiser mit ihren Familien und der Dienerschaft – mitsamt den Hofbeamten und Kaiserwitwen sowie einem Heer von Eunuchen und Konkubinen.

Erst hinter dem Haupttor beginnt die Verbotene Stadt, die kein Fremder betreten durfte – andernfalls er mit dem Leben büßte. Über Marmorbrücken geht es zum Tor der höchsten Harmonie, von dort weiter zu den drei Haupthallen, von denen gleich die erste die eigentliche Thronhalle war. Größte Aufmerksamkeit wird dem Drachenthron zuteil, vor dem sich jeder, der dem Kaiser gegenüber trat, auf den Boden werfen musste. Die übrigen Hallen waren weniger bedeutend, dienten Regierungs- und Wohnzwecken. Für ihn ist es unfassbar, dass ein Mensch, der sich als Himmelssohn betrachtete, derart selbstherrlich regieren und nach Belieben über Leben und Tod seiner Untertanen entscheiden konnte.

Sehenswert ist auch der Himmelstempel, eine fast drei Quadratkilometer große, von Mauern umgebene Anlage mit der Halle der Erntegebete, Chinas schönstem und harmonischstem Sakralbau. Der Rundbau liegt auf einer kreisrunden dreistufigen Marmortreppe und beherrscht optisch das gesamte Gelände. Rein zufällig erlebten wir einen international besetzten Kinderchor, der vor der Halle – im Beisein des chinesischen Fernsehens – einige internationale Lieder sang.

An einer angemeldeten Veranstaltung nehmen sie ebenfalls teil. Sie besuchen in einem Theater eine Peking-Oper. Die Handlung ist schwer zu durchschauen. Dafür stechen Bühnenbild und Figuren allein schon farblich ins Auge. Musik und Gesang bestehen aus schrillen Tönen. Alles ist laut und wirkt exotisch. Die Texte werden in einem altertümlichen Dialekt gesprochen und gesungen, der auf einer Anzeigetafel neben der Bühne mit chinesischen Schriftzeichen erläutert wird, damit den Inhalt auch heutige Chinesen verstehen.

Eine besondere Spezialität der Küche war die Peking-Ente, die nicht, wie in Europa üblich, samt Fleisch serviert wird. Im Reich der Mitte kommt nur die knusprige Haut auf den Tisch. Das Fleisch landet beim Personal, was lange Gesichter zur Folge hatte. Neu für uns waren außerdem die Spucknäpfe, die – mit Ausnahme der von Ausländern frequentierten Hauptgeschäftsstraßen – überall an den Straßenrändern zu finden waren. Den Kauf einiger Mitbringsel hatten wir bis Peking zurückgestellt. Hier erwarben wir ein paar typische, aus Lack und Jade hergestellte Souvenirs im Freundschaftsladen, wo wir mit Kreditkarte bezahlen konnten.

Ein Tagesausflug führte uns zu den Ming-Gräbern und zur Großen Mauer. Das Gräberfeld liegt in einem Heiligen Bezirk, wo wir über die sogenannte Geisterallee mit beidseitig der Straße aufgestellten Tierfiguren zu den Grabstätten gelangten. Geöffnet wurde bisher nur das Grab des Wanli-Kaisers. Ein Treppenschacht führt zu den Gewölben der einzelnen Kammern hinunter. Alles wirkt kahl, trostlos und eng. Auch die Särge des Kaisers und seiner beiden Gemahlinnen sind schmucklos. Wenn man bedenkt, dass zwanzig- bis dreißigtausend Arbeiter sechs Jahre lang an der Anlage schuften mussten, fällt das Ergebnis eher bescheiden aus.

Den letzten der vier Höhepunkte in China erleben sie bei Badaling, wo sie in relativ kleiner Besucherzahl die Große Mauer besteigen. Über steile Treppen geht es hinauf auf die Mauerkrone, die im Durchschnitt fünf Meter breit ist. Ihr Erbauer war Qin Shi Huangdi, der erste Kaiser des Riesenreiches, der auch die Terrakotta-Armee bei Xi'an erschaffen ließ. Der Mann schien ein großes Sicherheitsbedürfnis zu haben: versuchte er doch, sich zu Lebzeiten mit der landesweiten Mauer vor dem Einfall fremder Völker und im Tode mit der Ehrfurcht gebietenden Armee vor der Plünderung durch Räuber zu schützen. Das gewaltige Bauwerk ist – wenn auch nicht überall in gutem Zustand – bis zu sechstausend Kilometer lang und als einziges der Erde vom Mond aus zu erkennen. Es legt sich wie ein Band über das bergige Land und ist noch bis zu dem Punkt sichtbar, wo die Bergkette am Horizont abtaucht. Den Anblick dieses Wunderwerkes wird er sein Leben lang nicht vergessen.

Zum letzten Mal nahmen wir die Bahn, fuhren mit dem Zug nach Chengde – nicht mehr weit von der Inneren Mongolei entfernt. Wie schon angedeutet, war das Hotel keine Offenbarung. Wir fanden nicht mal ein sauberes Bett vor und erlebten so die erste und einzige Enttäuschung in China, was den Komfort unserer Herberge betraf. Auch in der Hotelhalle zeigte sich der Unterschied zu den Luxusunterkünften, mit denen wir bisher verwöhnt wurden. Überall zog es fürchterlich, was einigen Teilnehmern der Reisegruppe eine hartnäckige Erkältung einbrachte.

In der Stadt – zum dritten Mal nach Guilin und Luoyang befanden wir uns in der Provinz – spielte sich das Leben trotz der Eiseskälte überwiegend auf der Straße ab.

Garküchen lockten mit allen möglichen Angeboten, die zu probieren sich niemand so recht traute. Fußgänger und Radfahrer bewegten sich mit weißem Mundschutz durch die Gassen, wobei keiner so recht wusste, wovor sich die Leute eigentlich zu schützen versuchten: vor drohenden Sandstürmen aus der Wüste Gobi oder den Minustemperaturen. Und auf der zentralen Kreuzung, deren Verkehr von einer Ampelanlage mit optischem Zeitzähler geregelt wurde, stand ein Polizist und ermahnte jeden Verkehrssünder per Lautsprecher.

Als erstes besuchen sie die acht äußeren Tempel, von denen der Putuo Zongsheng Miao im Stil des Potala von Lhasa erbaut wurde. In diesem größten Tempel von Chengde hält sich ein ganzer Pulk von Mönchen auf, die in ihren gelb, rot und violett gekleideten Kutten im Gebetsraum verharren und in monotonem Einerlei ihre Gebete singen. Ein älterer Mönch versucht vergeblich, die neugierige Gruppe von der Zeremonie fernzuhalten.

Zum Abschluss unseres China-Besuchs spazierten wir durch die Parkanlagen der Kaiserlichen Sommerresidenz. Wir blickten fröstelnd auf den zugefrorenen See und dessen schmale Seitenarme, über die wie Katzenbuckel gewölbte Brücken führten, und mieden die eiskalten Bänke, die im Sommer zum Verweilen einluden. Wir bewunderten die stattlichen Palastbauten, an deren Dachenden zahllose Eiszapfen hingen, sowie die alles überragende Pagode, die wie ein Leuchtturm am Ufer thronte. Und wir überquerten den See auf einem künstlich angelegten Pfad. Dabei sahen wir den Schlittschuhläufern zu, die sich mal mehr, mal weniger elegant über das Eis bewegten. Am Ende unseres Rundgangs beobachteten wir geduldig den Sonnenuntergang und warteten ab, bis der glutrot leuchtende Stern über der Eisfläche verschwunden war. Danach verabschiedeten wir uns von diesem Land, das wir fast vier Wochen lang bereist hatten, wo wir immer wieder aufs Neue eine uns fremde Welt erleben durften – mit Kulturschätzen und Menschen, die uns gleichermaßen faszinierten.

Flug auf die Insel Djerba

Die letzte große Reise auf einen anderen Kontinent traten wir gemeinsam mit einer Gruppe Bekannter aus dem Raum Coburg nach Djerba an. Die größte, zu Tunesien gehörende nordafrikanische Insel ist die regenärmste im gesamten Küstengebiet und eignet sich daher besonders für den Fremdenverkehr, aber auch für die Anpflanzung von Dattelpalmen und Olivenbäumen. Die Bevölkerung wird von den Ibaditen beherrscht, einer religiösen Splittergruppe des Islam, gefolgt von einigen Berbern und ein paar Juden.

Auffallend sind die Behausungen der Inselbewohner. Die weiß leuchtenden, kubisch geformten, "Dar" genannten Häuser bestehen aus drei Räumen: dem in der Mitte gelegenen Wohnzimmer mit der einzigen Tür und den beiden an den Seiten befindlichen und durch Vorhänge getrennten Schlafzimmern. Das eine ist ebenerdig angelegt und besitzt eine Kuppel. Das andere liegt etwas erhöht, ist über Stufen erreichbar und verfügt über einen mit Fenstern versehenen Aufsatz.

Großfamilien bauen mehrere dieser Häuser aneinander, so dass ein als "Haouch" bezeichneter Komplex entsteht.

Typisch ist auch der "Menzel" genannte, von einem Wall oder einer Hecke umgebene Garten, der fast jedes dieser Anwesen umgibt. Hier sind vor allem Obstbäume und Gemüsebeete zu finden. Die Bewässerung erfolgt gelegentlich noch mit Hilfe eines Ziehbrunnens. Zwischen dessen aufgesetzten Pfeilern ist eine Laufrolle angebracht, über die der mit Wasser gefüllte Behälter aus der Tiefe nach oben gezogen wird.

Wenn wir uns im Hotel aufhielten, gab es reichlich Gelegenheit, um am Pool auf einer Liege zu entspannen oder im angrenzenden Mittelmeer zu baden, wobei ich mich als Nichtschwimmer mit Wassertreten am Strand begnügte. Als störend empfand ich ein durch den Sand trampelndes Dromedar samt seinem Begleiter, der den Urlaubern irgendwelche Souvenirs andrehen wollte. Auch ein seltener Fund hatte sich schnell herumgesprochen: eine am Ufer verendete Riesenschildkröte, von der niemand wusste, wo sie eigentlich herkam. Erwähnenswert sind noch die Abende in der Hotelhalle, wenn wir miteinander plauderten und dabei den Feigenschnaps "Boukha" probierten.

Unabhängig davon hatten wir ein Inselprogramm zusammengestellt und eine Rundfahrt durch Südtunesien gebucht. Als erstes fuhren wir mit dem Linienbus in den Inselhauptort Houmt Souk. Dort bummelten wir durch die malerischen Basar-Gassen, wobei wir immer wieder von Händlern belästigt wurden, die unbedingt ihre Ware loswerden wollten. In einem der üblicherweise nur von Männern besuchten Cafés legten wir eine Pause ein. Dann begaben wir uns zur Festung Bordj el Kebir, stiegen sogar zu den Geschützgalerien hinauf. Zum Ausklang kehrten wir in einem Restaurant im Zentrum ein, entschieden uns für das tunesische Nationalgericht Couscous und wählten die Variante mit Hammelfleisch – natürlich mit Hartweizengrieß als Grundlage. Auf den Bus zurück ins Hotel warteten wir vergebens, so dass wir ein Taxi nehmen mussten, das zu allem Übel auch noch eine Reifenpanne hatte. Entsprechend spät trafen wir am Hotel ein.

Nächstes Ziel, ebenfalls mit dem Linienbus zu erreichen, war Guellala, das bekannte Dorf der Töpfer im Süden Djerbas. Die Lehmvorkommen in der Nähe haben zum Erhalt der ältesten Töpfertradition Tunesiens beigetragen. Noch immer wird hier ein großer Teil der Keramik in halb unter der Erde liegenden Ziegelöfen gebrannt. Für meine Frau, die in manche Werkstatt und fast jeden Laden hineinschaute, war der Ausflug durchaus interessant. Immerhin klappte diesmal die Rückfahrt zum Hotel. Der Bus hielt sogar pünktlich in der Ortsmitte.

Weitere Sehenswürdigkeiten steuern sie mit einem Taxi an. Der Fahrer kutschiert sie zu einem erschwinglichen Preis an Orte, die ihren eigenen Reiz haben. Auf den Rundgang durch eines der erwähnten Menzel, das noch einen Ziehbrunnen besitzt, folgt die Besichtigung einer stillgelegten ibaditischen Moschee, deren kreideweiße Anlage mit der wehrhaften Mauer, den kleinen Fensteröffnungen und dem schmalen Zugang sie an die Bornholmer Rundkirchen erinnert. Außerdem erhalten sie Gelegenheit, sich in der prächtig ausgestatteten Synagoge La Griba umzusehen und den Gebeten der betagten jüdischen Gemeindemitglieder zu lauschen. Jahre später wurde ein Anschlag auf das Gotteshaus verübt, das erhebliche Schäden anrichtete und einige Menschenleben kostete.

Nach Midoun, der letzten Station, die uns auf der Insel noch interessierte, nahmen wir ein gemietetes Fahrrad, strampelten die paar Kilometer über die staubige Straße und stellten jenseits der Hotelanlagen verblüfft fest, dass die Bewohner ihren Unrat einfach in die Landschaft kippten. Hin und wieder begegneten wir Leuten mit negroidem Einschlag, was auf ehemals schwarze Sklaven zurückzuführen ist. Endlich am Marktplatz angekommen, gab es nichts außer ein paar Andenkenläden zu sehen. Die Enttäuschung war groß. Wir mussten einsehen, dass der Ritt auf dem Drahtesel für die Katz war, die unangenehme Rückfahrt aber noch bevorstand.

Busreise durch Südtunesien

Die Rundfahrt durch Südtunesien verlief zunächst über den sogenannten Römerdamm, der sich zwischen El Kantara Ile auf Djerba und El Kantara Continent auf dem Festland sechseinhalb Kilometer in die Länge zieht. Von dort ging es weiter über Zarzis nach Medenine mit dem malerischen Ghorfa-Komplex. Der typische Speicherhof, um den sich aus Lehmziegeln erbaute, aufeinander geschichtete, über Steintreppen erreichbare Tonnengewölbe gruppieren, wurde einst als Vorratslager benutzt.

Über einen Umweg gelangen sie zu dem Höhlendorf Matmata. In den Lehmboden wurden bis zu zehn Meter tiefe, meist runde und einen Durchmesser von etwa zehn Metern erreichende Schächte gegraben. Drum herum wurden die einzelnen Wohnhöhlen angelegt. In besonders großen Höhlen ist manchmal noch ein Webstuhl zu sehen. Das eigentliche Leben der Leute spielt sich in den Innenhöfen ab, wo auch gekocht und Brot gebacken wird.

Über Gabès und Kebili fuhren wir weiter nach Tozeur, dem Endpunkt der Tour.

Zunächst muss der Salzsee Schott el Djerid auf einem Damm von siebzig Kilometer Länge überquert werden. Soweit sie blicken können, beherrschen Salzkrusten das Landschaftsbild. Beim Halt an einem Erfrischungsstand nehmen sie die Möglichkeit für einen kleinen Spaziergang auf dem See wahr. Vorsichtig testen sie die wenig Vertrauen erweckende Salzschicht auf ihre Tragfähigkeit. Sie sind erstaunt. Die weiß schimmernde Decke hält.

In Tozeur angekommen, verbrachten wir die Nacht in einem maurisch anmutenden Hotel, dessen Zimmer dank der gekachelten Wände angenehm temperiert waren. Am nächsten Tag bewunderten wir zunächst die in Lehmziegelarchitektur errichteten Häuser im ältesten Viertel der Oase. Durch hervortretende Steine, die durch die Schattenbildung auch zur Kühlung des Mauerwerks beitragen, entstehen vielfältige geometrische Muster. Danach besuchten wir das sogenannte Paradies, einen Garten mit exotischen Pflanzen und einem kleinen Zoo. Dort wurden mit in der Wüste lebenden Tieren wie Skorpionen, Schlangen und so weiter alle möglichen Kabinettstückchen vorgeführt. Von artgerechter Haltung der Tiere konnte wohl eher nicht die Rede sein.

Am frühen Nachmittag treten sie die Rückreise an und kommen noch vor Einbruch der Dunkelheit in Douz an. In dem abseits der Hauptroute gelegenen Ort ziehen es die meisten vor, auf einem Kamel in die Wüste zu reiten. Er legt den Weg lieber zu Fuß zurück. Sie erklimmen die berühmten Sanddünen von El Hofra, beobachten andächtig den Sonnenuntergang über der Sahara und haben Glück, dass nur wenige Touristen dieses ungewöhnliche Schauspiel verfolgen.

Den Rest der Strecke kannten wir weitgehend. Am Ende landeten wir auf der Fähre, die uns von Djorf nach Adjim auf Djerba hinüberbrachte. Dabei fielen uns zum ersten Mal die kleinen Tonkrüge auf, mit denen die dort Zuflucht suchenden Tintenfische gefangen werden.

Anhang

Zeittafel

Auslandsreisen
Teil II

Breslau/Niederschlesien	1980, 1990, 1992, 1995, 1998, 2001, 2006, 2011

Teil III

Insel Bornholm	1984 – 1985, 1988 – 1992, 1996 – 2002, 2004 – 2006

Teil IV

Zandvoort/Luganer See	1960
Holland/Belgien	1961
Liechtenstein/Schweiz/Italien/Österreich	1962
Oslo	1964
Amsterdam	1965
Insel Texel	1968
Barcelona	1971 – 1972
Salzburg/Innsbruck	1975
London	1976
Rom	1977
Paris	1977
Budapest	1978

Kopenhagen/Oslo/Insel Rømø	1981
Zoutelande	1981 – 1982
Rotterdam/Delft/ Den Haag	1981
Belgien/Luxemburg	1982
Südtirol	1982, 2008
Griechenland	1982
Prag	1983
Wien/Wachau	1985, 1987, 1990
Schweiz/Mailand	1986
Nordfrankreich	1987
Venedig	1987
Steiermark/Jugoslawien	1988
Dänemark/Schweden	1988
Plattensee	1988
Insel Mallorca	1990
Lissabon	1990
Zürich/Luzern	1990
Straßburg/Colmar	1990
Krakau	1990
Insel Kreta	1998
Südfrankreich/Monaco	2000
Tschechische Republik	2006

Masuren	2008
Toskana	2009

Teil V

New York	1973
Kairo	1980
Moskau/Leningrad	1982
Israel	1985
Mexiko	1991
Hongkong/China	1991
Insel Djerba/Südtunesien	1993 – 1994